Gartenmöbel selber bauen

Gartenmöbel selber bauen

21 einfache Projekte zum Nachbauen

Stevie Henderson und Mark Baldwin

Widmung
Für die Leute von Cannons!

Übersetzung aus dem Amerikanischen von Thilo Kumbernuß, Helmbrechts

Die Originalausgabe erschien 1998 unter dem Titel "Great outdoor 2 x 4 furniture" im Verlag Lark Books, 50 College St., Asheville, NC 28801, USA

e-mail: buch@callwey.de
http://www.callwey.de

Die Deutsche Bibliothek – CIP-Einheitsaufnahme

Gartenmöbel selber bauen : 21 einfache Projekte zum Nachbauen / Stevie Henderson ; Mark Baldwin. [Übers. aus dem Amerikan. von Thilo Kumbernuß. Hrsg.: Deborah Morgenthal. Fotogr.: Evan Bracken]. München : Callwey, 1999
Einheitssacht.: Great outdoor 2 x 4 furniture <dt.>
ISBN 3-7667-1378-7

Lektorat: Deborah Morgenthal
Gestaltung: Kathleen Holmes
Illustrationen: Thomas Stender
Zeichnungen: Orrin Lundgren
Fotografie: Evan Bracken

Satz: Manuela Treindl, Regensburg
Druck: Oceanic Graphic Printing Productions, Ltd

Printed in Hong Kong 1999 by Oceanic Graphic Printing Productions, Ltd
ISBN 3-7667-1378-7

Inhalt

Einführung

Falls Sie schon immer Ihre eigenen Gartenmöbel bauen wollten, es Ihnen aber an Erfahrung in der Holzbearbeitung mangelt, dann ist dieses Buch genau das richtige für Sie! Alle auf diesen Seiten vorgestellten Projekte sind „machbar“ – selbst wenn Sie noch niemals zuvor Möbel gebaut haben. Wenn Sie sich zutrauen, ein Brett auf ein anderes zu nageln, dann können Sie diese Projekte bauen.

Jedes dieser Gartenmöbel ist im Hinblick darauf entworfen worden, die komplizierteren Holzbearbeitungsmethoden auszuklammern und die Konstruktion so zu vereinfachen, daß ein Neuling sie verstehen kann. Fühlen Sie sich frei, einfach zu Hammer und Säge zu greifen und eines der Projekte – oder alle – in diesem Buch nachzubauen. Dabei gibt es viel Abwechslung: unter anderem einen Gartenstuhl, einen Eßtisch, eine Umtopfbank, drei verschiedene Arten von Blumenkästen, eine Gartenbank, eine Laube mit Flechtwerk und einen Hängemattenständer.

Wir hoffen, daß Sie genau das richtige Projekt für Ihren Rasen, Ihren Garten, Ihren Balkon oder Ihren Bootssteg finden werden. Weil wir in Florida leben, können wir das ganze Jahr über draußen sein, und so werden unsere Gartenmöbel genauso oft genutzt wie die Möbel im Haus. Deshalb wissen wir, daß es wichtig ist, praktische und stabile Stücke zu bauen, die etwas aushalten. Egal wo Sie leben, wir denken, Sie werden Ihre Freude daran haben, die Modelle in diesem Buch nachzubauen und zu benutzen.

Materialien, Werkzeuge und Techniken

Dieses Buch ist für Neulinge in der Holzbearbeitung geschrieben, die stabile, schöne und praktische Möbel und Accessoires für ihre Veranda und ihren Garten bauen möchten. Wenn Sie schon einmal einen Hammer in der Hand gehalten haben und wissen, was ein Nagel ist, dann können Sie auch die Projekte in diesem Buch nachbauen. Es gibt nichts Geheimnisvolles am Arbeiten mit Holz. Wie jede andere Erkundung auch erfordert es ein bißchen Geduld und ein wenig Grundwissen, um anzufangen. Wir schlagen vor, daß Sie zuerst dieses Kapitel durchlesen, ehe Sie mit einem Projekt beginnen.

Wenn Sie ein erfahrener Holzhandwerker sind, der in einer mit elektrischen Standmaschinen gut ausgestatteten Werkstatt arbeitet, denken Sie bitte immer daran, daß diese Anweisungen für den Anfänger bestimmt sind. Viele Arbeitsschritte in diesem Buch lassen sich eben nicht sinngemäß und sicher auf große, elektrische Standmaschinen übertragen. Wir schlagen deshalb vor, daß Sie die Anweisungen entsprechend Ihren leistungsfähigeren Werkzeugen und Ihrem größeren Wissensstand abändern. Informieren Sie sich über die Leistungsgrenzen Ihrer Werkzeuge und überfordern Sie diese nicht.

Materialien

Der Bau von Gartenmöbeln erfordert die Verwendung von Materialien und Oberflächenmitteln, die sich gegen die Naturelemente stemmen. Es gibt eine große Auswahl an Hölzern, Leimen, Befestigungsmaterialien und Oberflächenmitteln. Mit ein wenig Grundwissen können Sie die richtige Auswahl aus den angebotenen Materialien treffen. Die Wahl fällt leichter, wenn Sie zuerst Ihre eigenen Vorstellungen bezüglich des Standorts, Ihres Budgets und des gewünschten Erscheinungsbilds klar definieren.

Zuerst müssen Sie überlegen, wo Sie Ihr fertiggestelltes Projekt aufstellen wollen. Draußen und draußen sind noch lange nicht dasselbe. Wird die Bank, die Sie bauen, geschützt auf eine überdachte Terrasse gestellt, oder steht sie auch während eines Schneesturms im Winter mitten im Hof? Wollen Sie ein richtiges Erbstück bauen, das für die Ewigkeit gedacht ist – egal was es kostet? Bauen Sie ein Möbelstück, das zu bereits vorhandenen Möbeln dazugestellt werden und auch dazu passen soll? Die Antworten auf Fragen wie diese bestimmen für jedes Holzprojekt, das Sie in Angriff

nehmen, jedesmal neu, welches Holz, welcher Leim, welches Befestigungsmaterial und welche Oberflächenmittel geeignet sind.

Holz

Grundsätzlich wird Holz eingeteilt in Weichholz und Hartholz. Wie der Name nahelegt, ist Weichholz normalerweise weicher und deswegen leichter zu bearbeiten als Hartholz. Es ist auch viel billiger. Aus diesem Grund ist Weichholz gewöhnlich eine gute Wahl für den Neuling in der Holzbearbeitung. Wir haben alle Projekte in diesem Buch aus Fichtenholz gebaut, einem kostengünstigen Weichholz. Aber Sie könnten sie auch aus Hartholz bauen. Weichholz wird aus immergrünen Nadelbäumen wie Fichte und Kiefer gewonnen. Hartholz stammt von Laubbäumen wie Eiche, Ahorn, Kirsche und Nußbaum, welche ihre Blätter in jedem Herbst abwerfen.
Weil diese Projekte für den Gebrauch im Garten entworfen wurden (was nicht bedeutet, daß Sie sie nur im Garten benutzen dürfen!), möchten Sie sehr wahrscheinlich Holz verwenden, das den Unbilden der Witterung standhält. Kernholz, das dichte, tote Holz aus den inneren Zonen des Baums, weist Feuchtigkeit und Insekten weit effektiver ab als das Splintholz, das es umgibt. Jedoch benötigt dieses Kernholz Jahre, um sich zu entwickeln, und die allermeisten bis ins hohe Alter hinein gewachsenen Bäume wurden schon vor langer Zeit geschlagen. Heutzutage stammt das meiste im Handel angebotenen Holz von schnellgewachsenen Bäumen, die noch keinen nennenswerten Anteil an Kernholz aufweisen.
Einige Arten sind von Natur aus resistent gegen Fäulnis und Insektenbefall. Bei den heimischen Arten gehören Eiche und Lärche zu den widerstandsfähigen Holzarten, die ohne chemischen Holzschutz auskommen können. Dabei ist Eiche aber ein sehr hartes Holz und relativ teuer, während Lärche ebenso einfach zu bearbeiten ist wie Fichte oder Kiefer und relativ preiswert ist.
Sie können unbehandelte Fichte für diese Projekte verwenden, solange Sie das Holz sorgfältig grundieren und streichen oder lasieren. Falls das Möbelstück, das Sie bauen, über einen längeren Zeitraum den Elementen ausgesetzt wird, empfehlen wir Ihnen, ein widerstandsfähiges Holz wie Lärche zu verwenden.

Imprägniertes Holz

Es gibt ölige und salzige Holzschutzmittel zur vorbeugenden Verwendung gegen holzzerstörende Pilze und Insekten. Diese können als Druck-, Vakuum- oder Tauchimprägnierung eingebracht werden. Wenn Sie imprägniertes Holz kaufen, wird es vermutlich druckimprägnierte Ware sein. Wie die Bezeichnung nahelegt, werden bei dieser Methode die Holzschutzmittel unter Druck in die Zellen des Holzes gepreßt, um dieses vor zerstörenden Organismen zu schützen. Auf diese Weise behandeltes Holz hält theoretisch um einiges länger als unbehandeltes. Allerdings sollten Sie auch bei imprägniertem Holz zuerst Ihren gesunden Menschenverstand walten lassen und zum Beispiel Tisch- und Stuhlbeine nicht tagelang in Kontakt mit feuchtem Erdreich auf einer regennassen Wiese stehen lassen. Denken Sie bitte immer daran, daß dieses vorimprägnierte Holz Chemikalien enthält. Tragen Sie also grundsätzlich eine Staubmaske, wenn Sie imprägniertes Holz sägen. Verbrennen Sie niemals behandelte Holzabfälle. Vielleicht tragen Sie auch lieber Lederhandschuhe, wenn Sie wegen möglicher Hautreizungen durch den Kontakt mit diesem Holz beunruhigt sind. Wenn Sie imprägniertes Holz angefaßt haben, waschen Sie sich auf alle Fälle die Hände, ehe Sie etwas essen, und waschen Sie Ihre Arbeitskleidung getrennt von Ihrer übrigen Kleidung.

Den Ausschlag bei der Wahl des Holzes wird wahrscheinlich die Größe Ihres Budgets geben. Die Kosten des Materials, das für ein Gartenprojekt benötigt wird, gehen in Abhängigkeit zu seiner Witterungsbeständigkeit in die Höhe. Unbehandelte Fichte können Sie verwenden, wenn die Oberfläche sorgfältig behandelt wird und das Möbel an einem geschützten Platz steht. Imprägnierte Fichte verträgt auch einen Standort auf dem Balkon oder der Veranda. Darüber hinaus gibt es natürlich noch teurere Holzarten, die sogar direkten Bodenkontakt aushalten.

Auswahl des Holzes

Ganz gleich, welche Qualitätsstufe Sie kaufen, immer sollten Sie jedes einzelne Brett auf Schäden und Fehler hin untersuchen. Ein wenig zusätzliche Zeit für diese Inspektion in der Holzhandlung wird Ihnen später Stunden der Verzweiflung ersparen und somit diesen Aufwand rechtfertigen. In manchen Baumärkten wird es vielleicht nicht möglich sein, bestimmte Bretter auszusuchen; in diesem Fall schlage ich vor, das Geschäft anderswo zu tätigen. Obwohl es möglich (aber äußerst zeitaufwendig) ist, einige Fehler im Holz zu korrigieren, ist es viel einfacher, von Anfang an untadelige Bretter zu kaufen. Es macht überhaupt keinen Sinn, unbrauchbares Holz zu kaufen, mag es auch noch so günstig sein.

Viele große Baumärkte kaufen ihr Holz von verschiedenen Lieferanten ein, und das bedeutet, daß selbst Bretter aus dem gleichen Regal ein und desselben Geschäfts in der Breite leicht voneinander abweichen können. Oberflächlich betrachtet mag das nach nicht sehr viel aussehen. Aber selbst ein Unterschied von nur 1 mm in der Breite von zwei Brettern kann bedeuten, daß Ihr Projekt nicht optimal zusammenpassen wird. Wenn Sie also Holz für ein spezielles Projekt kaufen, legen Sie die Bretter übereinander, um sicherzustellen, daß sie alle gleich breit sind.

Wenn Sie die Bretter überprüfen, untersuchen Sie diese auf Verwerfungen hin, besonders auf Verbiegungen und Schüsselungen. Ein Brett kann seiner Länge nach durchgebogen sein, und eine Schüsselung ist eine Verwerfung von Seitenkante zu Seitenkante quer über die Breite eines Bretts. Wenn Sie nur kurze Holzstücke zuschneiden und die Verwerfungen minimal sind, werden sie nach der Fertigstellung Ihr Projekt wahrscheinlich nicht beeinträchtigen. Wenn Sie aber lange Bretter benötigen, suchen Sie so lange, bis Sie Bretter finden, die über die gesamte Länge wirklich gerade sind.

Eine gute Methode, vor dem Kauf zu überprüfen, ob das Holz durchgebogen ist oder sich geworfen hat, besteht darin, das Ende eines Bretts auf den Fußboden zu stellen und an der breiten Seitenfläche entlangzusehen. Dann drehen Sie das Brett und blicken an seiner Seitenkante entlang. Ihr eigenes Auge ist der beste Prüfer.

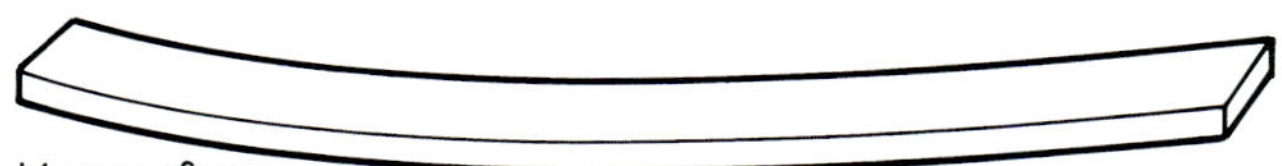

Verwerfung

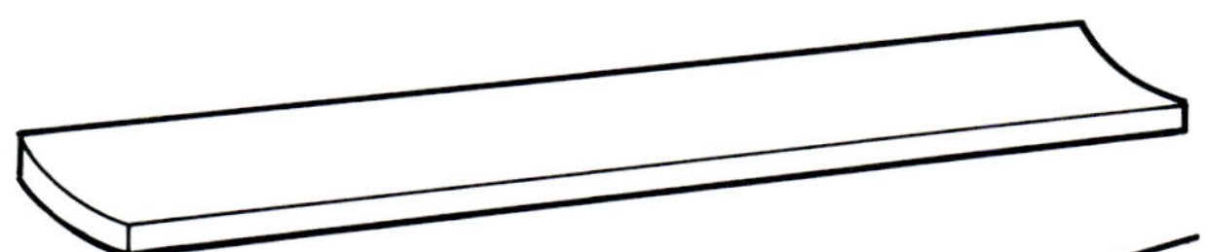

Schüsselung

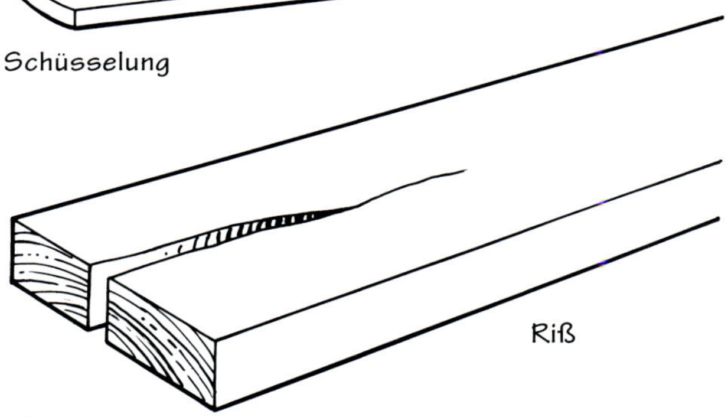

Riß

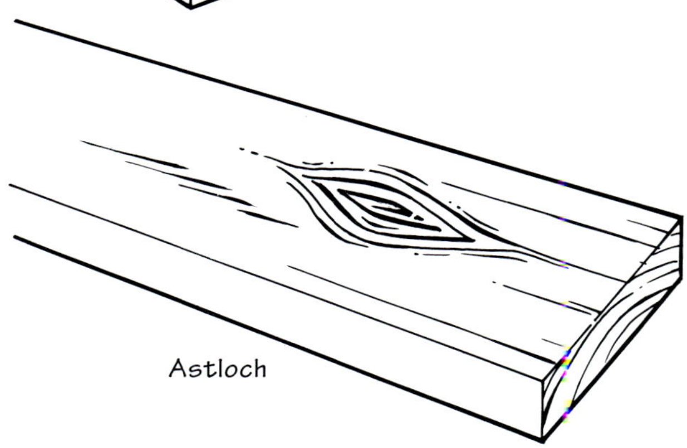

Astloch

Überprüfen Sie das Holz auch auf Äste. Kleine, festsitzende Äste sind normalerweise tolerierbar – vor allem bei Gartenmöbeln, die Sie sowieso streichen wollen. Aber große Äste könnten ein Problem werden, da sie nur mit Schwierigkeiten zu durchsägen sind und auch herausfallen können, was dann ein wenig attraktives Loch in Ihrem fertiggestellten Projekt hinterläßt. Einige fehlerhafte Stellen können auf einfache Weise entfernt werden. Wenn ein Brett an sich ganz brauchbar ist, aber an einem Ende einen Asteinschluß hat, bereitet es keine allzu großen Schwierigkeiten, diesen einfach wegzuschneiden. Aber denken Sie daran, zusätzliches Material wegen dieses „Verlusts" dazuzukaufen.
Vermeiden Sie den Kauf von Brettern mit Rissen. Risse haben die schlechte Angewohnheit, in der Länge zu wachsen, was letzten Endes zu zwei schmalen und unbrauchbaren Brettern führt. Wenn ein Brett nur an einem Ende eingerissen ist, können Sie das natürlich wegschneiden, aber geben Sie dann wieder beim Einkauf etwas Länge zu, um diesen Abfall zu kompensieren.
Wenn Sie mit dem Zuschnitt der Teile für Ihr Projekt beginnen, schneiden Sie immer die längsten Teile zuerst zu. Auf diese Weise kann ein versehentlich falsch abgelängtes Brett noch dafür verwendet werden, ein kürzeres Teil, das für das Projekt benötigt wird, zuzuschneiden. Auch sollten Sie jedes Brett noch einmal untersuchen, ehe Sie es endgültig ablängen. Wenn Sie aus einem 2000 mm langen Brett ein Teil mit einer Länge von 1500 mm erhalten wollen, schneiden Sie das Ende weg, das die meisten „Fehler" aufweist. Beim Zusammenbau überprüfen Sie jedes Teil noch einmal und nehmen die beste Seitenfläche eines Bretts jeweils als Sichtseite. Die Beachtung dieser Hinweise wird Ihnen viel Zeit beim Zukitten und Schleifen einsparen und Ihnen überdies am Ende ein besser aussehendes Projekt bescheren.

Holzmaße bei Weichholz

Grundsätzlich gibt es zwei Kategorien: sägerauh und gehobelt. Wie die Bezeichnung „sägerauh" nahelegt, wird Holz in dem Zustand, wie es aus der Säge im Sägewerk herauskommt, so bezeichnet. Kauft man sägerauhes Holz, hat man vor der Weiterverarbeitung also eine rauhe Oberfläche. Diese ist zwar ausreichend für Bauholz, wie zum Beispiel Balken für einen Dachstuhl, aber wenn man Möbel, selbst rustikale für den Garten, bauen möchte, wird man um eine Weiterbearbeitung der Oberfläche nicht herumkommen. Dann hobelt man das Holz auf die benötigten Maße herunter und erhält somit auch glatte Oberflächen. Natürlich müssen Sie in diesem Fall den durch das Hobeln verursachten Schwund gleich beim Einkauf mit berücksichtigen – und Sie sollten möglichst eine Hobelmaschine besitzen.
Viel einfacher ist es natürlich, gleich gehobelte Ware zu kaufen. Das ist zwar etwas teurer, erspart Ihnen aber viel Arbeit. Gehobelte Ware erkennen Sie an der glatten Oberfläche und auch an Bezeichnungen wie „Glattkantbrett". Im folgenden eine kleine Auswahl an Standardmaßen:

18 x 95 mm
18 x 120 mm
18 x 145 mm
18 x 170 mm
18 x 190 mm

25 x 45 mm
25 x 70 mm
25 x 120 mm
25 x 145 mm
25 x 190 mm

38 x 58 mm
58 x 58 mm
45 x 95 mm
90 x 90 mm

Bei den Projekten in diesem Buch wurde versucht, möglichst auf diese Standardmaße zurückzugreifen. Falls dies bei manchen Teilen nicht ging, haben wir darauf hingewiesen, daß hier eventuell die Hilfe eines Freundes mit Hobelmaschine benötigt wird oder der in guten Holzhandlungen übliche Service für Hobelarbeiten und Zuschnitte in Anspruch genommen werden muß.
Weichholz gibt es in A-, B- und C-Sortierung, wobei A für die beste Qualität und C für die geringste steht.

Und wie überall sonst gilt auch hier: je besser die Qualität, desto höher der Preis. Kaufen Sie nicht unbedingt eine bessere Qualität ein, als Sie für das Projekt, das Sie bauen, benötigen. Ein paar kleine Unregelmäßigkeiten im Holz lassen Ihr Gartenmöbel sogar leicht rustikal wirken (wenn Sie das mögen).

Hartholz

Sie können auch Hartholz für den Bau der Projekte in diesem Buch verwenden. Heimische Hölzer wie Eiche und Esche sind eine gute Wahl. Tropenhölzer wie Teak sollten, da der Raubbau in den Regenwäldern diese mit dem Aussterben bedroht, wenn überhaupt, nur aus zertifiziertem Plantagenanbau stammen.
Falls Sie sich für Hartholz entscheiden, müssen Sie viele Kalkulationsschritte mit einplanen, da dieses normalerweise nach Kubikmetern verkauft wird, es also keine Standardmaße gibt, und Länge und Breite (meist unbesäumt mit Rinde) von Bohle zu Bohle stark variieren.

Schichtverleimtes Holz

Wie Sie sicherlich erraten, besteht „Sperrholz" aus mehreren dünnen Lagen Holz, die miteinander verleimt werden. Sperrholz für den Außenbereich (wasserfest verleimt) wird in größeren Platten verkauft. In guten Holzhandlungen bekommen Sie aber auch kleinere Abschnitte davon.
Es gibt zwei grundsätzliche Arten von Schichtholz: solche mit einem Aufbau nur aus Furnierplatten, die dann „Sperrholz" heißen, und solche mit einem massiven Kern, die dann „Tischlerplatten" genannt werden. Tischlerplatten bestehen aus hochwertigerem Material; ihre Kanten können wie Massivholz bearbeitet werden. Die offenen Schnittkanten von Sperrholz dagegen müssen entweder zugekittet oder mit einer Schutzleiste aus Massivholz verkleidet werden, weil sie unansehnlich sind.
Alle Projekte für den Außenbereich sollten ausschließlich aus wasserfest verleimtem Schichtholz gebaut werden. Schichtholz für den Innenbereich würde sich verziehen und reißen, selbst wenn es nur für einen kurzen Zeitraum der Witterung ausgesetzt würde.

Bevor Sie anfangen

Bevor Sie einkaufen gehen, nehmen Sie sich bitte die Zeit, sorgfältig die Materialbedarfsliste, die Zuschnittliste und die Hinweise für das jeweilige Projekt zu lesen. Jede Materialliste gibt die Gesamtmenge der jeweiligen Dimensionen in fortlaufenden Metern (lfm) an, die für dieses Projekt benötigt werden. Die Zuschnittliste gibt jedes einzelne Teil an, das Sie für das Projekt zuschneiden müssen. Wenn also unter 45 x 95 mm als Gesamtmenge 18,00 lfm angegeben ist, und Sie aus der Zuschnitt-Liste ersehen können, daß keines der Einzelteile mit dem Querschnitt 45 x 95 mm länger als 1,50 m sein muß, dann können Sie entweder neun Bretter mit 2,00 m Länge oder sechs mit 3,00 m Länge kaufen. Wenn Sie in die Holzhandlung oder in den Baumarkt gehen und sehen, daß die eventuell angebotenen 2,40 m langen Bretter von besserer Qualität als die 2,00 m langen Bretter sind, kaufen Sie davon lieber 9 Stück, auch wenn Sie dann etwas auf Vorrat gekauft haben.
Bedenken Sie auch von vornherein Ihre Transportmöglichkeiten. Falls Sie einen Anhänger besitzen (oder einen borgen können), spielen die Brettlängen keine so große Rolle. Aber es ist ziemlich schwierig, ein 3,50 m langes Brett in einem Sportwagen unterzubringen. Die meisten Holzhandlungen und Baumärkte bieten aber einen Zuschnitt-Service an, wobei viele eine kleine Gebühr erheben.
Wenn Sie nicht gerade sehr teures Holz als Baumaterial für Ihr Projekt ausgesucht haben, macht es Sinn, etwas mehr davon einzukaufen, als nach der Liste gebraucht wird. Auf diese Weise haben Sie immer ein Reservebrett zur Hand, das Ihnen aus der Patsche hilft, wenn Sie einen Fehler gemacht haben. Wegen eines einzigen Bretts zum Geschäft zurückkehren zu müssen ist frustrierend, zeitaufwendig und (abhängig davon, wie weit Sie fahren müssen) manchmal teurer, als wenn Sie gleich eines mehr gekauft hätten.

Oberflächenbehandlung

Es ist eigentlich nicht notwendig, auf chemisch behandeltes Holz irgendein Oberflächenmittel aufzutragen. Aber Farbschichten erhöhen den Schutz des Holzes und polieren das Aussehen des fertiggestellten Möbelstücks auf. Weil einige der unterschiedlichen Oberflächenmittel einen bestimmten Effekt bei dem verwendeten Material bewirken, müssen Sie sich über die Art des Oberflächenmittels schon vor dem Einkauf des Holzes klarwerden. Wenn Sie zum Beispiel planen, das fertiggestellte Stück zu beizen, dann zollen Sie besonders der Maserung des Holzes Aufmerksamkeit und wählen Bretter mit möglichst wenig Fehlern, aber ähnlichem Muster in der Maserung aus. Wenn Sie das fertiggestellte Stück sowieso streichen werden, können Sie Holz einer geringeren Qualität kaufen und die Fehler im Holz mit Holzkitt füllen und nach dem Bau mit der Farbe unsichtbar machen. Es versteht sich von selbst, daß jedes Oberflächenmittel für die Verwendung bei Gartenmöbeln eines sein sollte, das als für den Außenbereich geeignet ausgezeichnet ist. Es gibt Hunderte von verschiedenen Produkten auf dem Markt, aber die erste Entscheidung, die getroffen werden muß, ist die, ob Sie Ihr Projekt nur mit Klarlack versiegeln, es beizen oder farbig streichen wollen.

Klarlack

Das Oberflächenmittel, das die geringste Auswirkung auf das Erscheinungsbild des Holzes hat, ist ein Klarlack. Am häufigsten wird er bei Balkonen und Geländern eingesetzt. Es gibt ihn auf Wasser- und auf Ölbasis. Nach dem Auftrag trocknet der eine zu einem matten, fast unsichtbaren Film, während der andere eine glänzende Oberfläche bildet. Klarlack können Sie mit dem Pinsel, der Farbrolle oder einer Spritzpistole auftragen.

Beize

Beizen gab es früher nur in Braun. Es stimmt schon, es gab Farbtöne in Graubraun, in Gelbbraun und in Rotbraun – aber sie waren eben alle nur braun. Und deren gleichmäßiger Auftrag war gewöhnlich ziemlich schwierig. Wie sich die Zeiten doch geändert haben! Heutzutage gibt es Beizen in einem riesigen Angebot an

allen möglichen Farben – vom hellsten Weiß bis zum dunkelsten Schwarz. Auch variieren sie von extrem durchsichtig bis zu beinahe undurchsichtig. Beizen haben jetzt auch den zusätzlichen Vorteil, äußerst einfach aufgetragen werden zu können, und benötigen normalerweise nur einen Auftrag.

Farbe

Farbe kann eine Vielzahl von fehlerhaften Stellen im Holz verbergen. Versieht man Holz, das überhaupt keine attraktive Oberfläche hat, mit einem makellosen Anstrich, so erhält man ein äußerst gutaussehendes Möbelstück. Der Nachteil bei der Verwendung von Farbe auf den hier gezeigten Möbelstücken ist der, daß Vertiefungen im Holz sorgfältig zugekittet und das Holz geschliffen und grundiert werden muß – was alles Zeit und Energie in Anspruch nimmt. Dann muß das Holz zweimal mit Farbe gestrichen und zumindest einmal mit einem Klarlack versiegelt werden, nachdem die Farbe trocknen konnte.

Beim Kauf der Farbe oder der Lasur ist es ratsam, auf das Verfallsdatum zu achten und die von den Herstellern angegebene Witterungsbeständigkeit zu vergleichen. Mittlerweile gibt es auch hochwertige Naturfarben, die die Umweltverträglichkeit selbst von Produkten mit dem Siegel „Blauer Engel" weit übertreffen.

Pinsel

Die meisten Profis schwören auf die sehr teuren Pinsel mit Schweineborsten. Wir nehmen diese nur, wenn wir absolut keine Alternative dazu sehen. Wir selber geben sehr oft Farbrollern den Vorzug, die sehr günstig sind und nach Gebrauch weggeworfen werden können. Suchen Sie einen mit einer glatten Oberfläche wie bei einem Kosmetikschwamm und möglichst mit einem Holzgriff. Wenn Sie während des Streichens unterbrochen werden und Sie den Farbroller noch nicht wegwerfen können, geben Sie ihn am besten in eine luftdicht verschlossene Plastiktüte. Sie können ihn ungefähr einen Tag lang darin aufbewahren und er bleibt trotzdem elastisch und arbeitsbereit.
Die Oberflächenbehandlung an Ihrem fertiggestellten Projekt ist äußerst wichtig, wenn Sie etwas für den Gebrauch im Außenbereich bauen. Die richtige Wahl des Oberflächenmittels und die Sorgfalt beim Auftrag erhöhen die Wetterbeständigkeit ihres Möbels. Je besser die Oberflächenbehandlung ist, desto länger werden Sie sich an Ihrer Handwerkskunst erfreuen können. Doch ganz gleich, wie Sie die Oberfläche Ihrer Möbel behandeln, wir empfehlen Ihnen immer, diese abzudecken oder unterzustellen, wenn sie nicht in Gebrauch sind.

Befestigungsmaterial

Die Projekte in diesem Buch sind für den Gebrauch im Außenbereich bestimmt, deshalb sollten alle Befestigungsmittel, die Sie für deren Bau verwenden, ebenfalls witterungsbeständig sein. Es gibt verschiedenen Arten von Material und Beschichtung, die einen Nagel oder eine Schraube für die Verwendung im Außenbereich geeignet machen. Die Grundregel lautet, daß Sie um so mehr zahlen, je größer die Lebenserwartung des Materials oder der Beschichtung ist.
Die gängigsten Materialarten und Beschichtungen für Nägel und Schrauben für das Arbeiten im Außenbereich werden im folgenden beschrieben.

Verzinkung:	Beschichtung aus Zink, günstig und mit dem breitesten Anwendungsspektrum. Mit der Zeit kann eine Verfärbung von gerbsäurehaltigen Hölzern eintreten und in druckimprägniertem Holz Korrosion erfolgen.
Vernickelung:	Entspricht in etwa der verzinkten Ausführung.
Messing:	Schön anzuschauen, wetterbeständig, aber nicht sehr stabil.
Edelstahl:	Extrem korrosionsbeständig, extrem stark, aber auch extrem teuer.

Im Grunde genommen versuchen wir immer, bei den Befestigungsmitteln die gleiche Qualität zu nehmen wie beim Holz. Wenn Sie zum Beispiel ein Projekt aus teurem Teak bauen, macht es Sinn, Edelstahlschrauben zu kaufen. Wenn Sie preiswertes druckimprägniertes Fichtenholz verwenden, sind vermutlich verzinkte Schrauben die logische Entsprechung.

Arbeiten mit Nägeln

Eine allgemeine Regel ist die, daß Sie, wenn Sie zwei Stücke Holz miteinander verbinden, eine Nagel verwenden sollten, der so lang ist, daß er die größtmögliche Haltekraft bietet, ohne aber die gegenüberliegende Oberfläche zu durchdringen. Wenn Sie zum Beispiel zwei 18 mm starke Bretter miteinander verbinden, beträgt die Gesamtstärke 36 mm. Um die größtmögliche Haltekraft beizubehalten, sollten Sie in diesem Fall 35 mm lange Nägel verwenden.

Nägel, die in einem Winkel eingeschlagen werden, haben eine größere Haltekraft als solche, die senkrecht eingeschlagen werden. Der schwierigste Teil beim Nageln im Winkel kommt, wenn der Nagel schon fast ganz im Holz steckt und nur noch der Kopf und ein kurzes Stück vom Schaft sichtbar sind. Um Hammerabdrücke auf Ihrem Stück Holz zu vermeiden, treiben Sie den Nagel so weit ein, bis der Kopf noch kurz oberhalb der Oberfläche ist.

Dann nehmen Sie einen Nageltreiber zum Versenken des Nagels unter die Oberfläche.

Die Verwendung eines Nageltreibers ist tatsächlich die beste Methode, jeglichen Hammerspuren auf Ihren Werkstücken vorzubeugen. Der Trick bei der effektiven Benutzung eines Nageltreibers besteht darin, ihn in der richtigen Weise zu halten. Er sollte von der ganzen Hand stabilisiert werden, indem Sie ihn fest mit allen vier Fingern und dem Daumen greifen. Lassen Sie Ihren kleinen Finger auf der Holzoberfläche aufliegen, um noch mehr Stabilität zu erreichen.

Wenn Sie mit Hartholz arbeiten, einem sehr schmalen Stück Weichholz oder einem anderen Holz, das dazu tendiert, zu splittern, wenn Sie einen Nagel eintreiben, werden Sie vielleicht das Nagelloch vorbohren wollen. Wählen Sie einen Bohreinsatz aus, der nur wenig kleiner als der Durchmesser des Nagels ist, und bohren Sie ein Führungsloch auf eine Tiefe von ungefähr zwei Drittel der Nagellänge.

Drahtstifte

Drahtstifte werden verwendet, um Zierleisten oder sehr kleine Projekte zu befestigen. Sie sind nur die kleinere und dünnere Ausführung der normalen Nägel. Auch hier gilt wieder: je länger der Drahtstift, desto größer sein Durchmesser.

Klammern und Tacker

Klammern sind eine weitere Art von Befestigungsmitteln für leichtere Aufgaben und werden oft verwendet, um Stoff an Holz zu befestigen.

Ein Tacker ist eine lohnende Investition für Arbeiten rund ums Haus. Tacker sind in vielen Größen und Preisklassen erhältlich und, obwohl elektrische Modelle erhältlich und ganz nett sind, wird am Anfang ein Handtacker in guter Qualität alles sein, was Sie brauchen. Es lohnt sich, Klammern in verschiedenen Längen zu kaufen und sie auf Vorrat zu halten, um verschieden dicken Materialien gewachsen zu sein.

Schrauben

Der Vorteil von Schrauben gegenüber Nägeln liegt in ihrer Haltekraft begründet und in der Tatsache, daß sie bei Verwendung ohne Leim zu einem späteren Zeitpunkt leicht wieder entfernt werden können. Ein Nachteil ist der, daß sie nicht so leicht wie Nägel eingebracht werden können.

Wie bei Nägeln auch, gibt es viele verschiedene Sorten von Schrauben. Die in der Holzbearbeitung am häufigsten eingesetzte Sorte ist die Spax-Schraube (Spanplatten-Schraube) mit Flachkopf und Philips-Kreuzschlitz. Der flache Kopf kann leicht unter die Holzoberfläche versenkt werden. Kreuzschlitz-Schrauben können mit einer Bohrmaschine oder einem Elektroschrauber eingedreht werden. Normale Flachkopfschrauben mit geradem Einfachschlitz kann man auch nehmen, aber sie erfordern mehr Zeit beim Setzen, weil sie ein Führungsloch brauchen und mit Elektroschraubern nicht ganz so gut funktionieren.

Schrauben werden entsprechend ihrer Länge und ihrem Durchmesser bezeichnet. Im Normalfall, wie bei den Nägeln auch, sollten Sie die längstmögliche Schraube verwenden, die gerade noch nicht auf der anderen Seite wieder herausschaut, dünn genug, daß sie das Brett noch nicht spaltet.

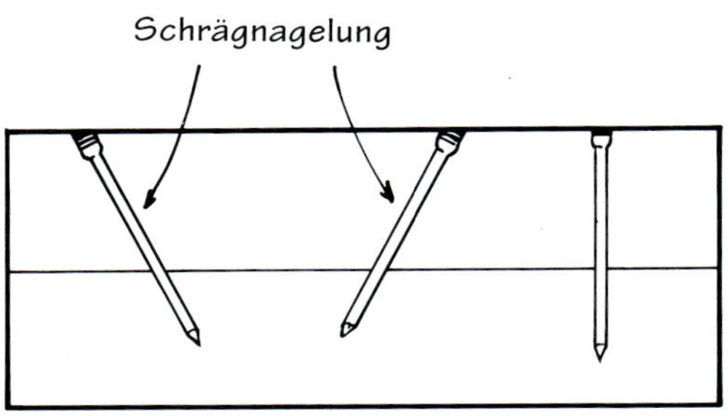

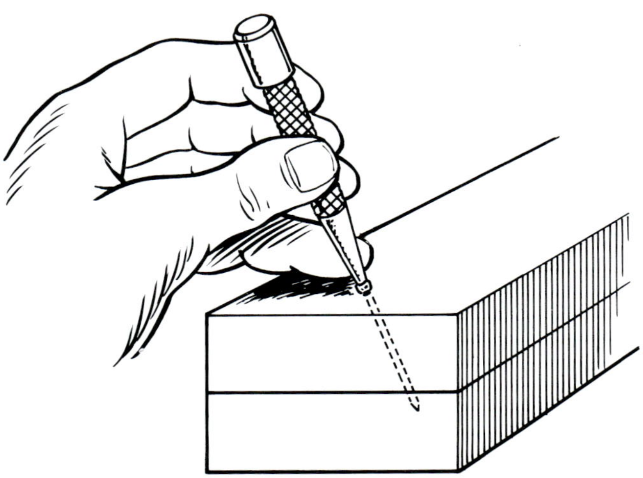

Gängige Größen sind:

Nenn-Ø mm	2,5	3,0	3,5	4,0	4,5	5,0	6,0
Kopf-Ø mm	4,9	5,9	6,9	7,9	8,9	9,7	11,5
Länge mm	10–25	10–45	12–50	12–70	16–80	16–12	40–300
Kreuzschlitz	Nr. 1	Nr. 1	Nr. 2	Nr. 2	Nr. 2	Nr. 2	Nr. 3

Um die Projekte aus diesem Buch zusammenzubauen, haben wir Schrauben mit Philips-Kreuzschlitz verwendet. Sie lassen sich leicht mit einem Schraubendreher oder einem Elektroschrauber ins Holz eindrehen, sind preiswert und überdauern eine lange Zeit, ohne zu rosten. Sie können aber auch die teureren verzinkten oder sogar welche aus Edelstahl verwenden

Arbeiten mit Schrauben

Wenn Sie mit sehr weichem Holz arbeiten, ist es möglich, eine Schraube einfach mit einem Elektroschrauber unter die Oberfläche einzudrehen. Allerdings müssen Sie wahrscheinlich das entstehende Loch mit Holzkitt zukitten. Eine andere Methode besteht darin, eine Vertiefung für den Schraubenkopf vorzubohren und dann einen Holzdübel über dem versenkten Schraubenkopf einzuleimen.

Dieses Vorbohren funktioniert in zwei Arbeitsschritten. Bohren Sie zuerst ein Führungsloch vom gleichen Durchmesser wie der massive Mittelteil der Schraube (ohne die Gewindegänge). Dann bohren Sie ein größe-

res Senkloch, das tief genug ist, um den Schraubenkopf aufzunehmen, und mit einem Durchmesser, der eine Idee größer ist als der Schraubenkopf (oder auf Tiefe und Durchmesser, die benötigt werden, die Schraube und die Holzscheibe, die Sie verwenden, aufzunehmen). Der größere Senklochabschnitt wird beim Bohren automatisch über dem Führungsloch zentriert. Wenn Sie dieselbe Schraubengröße regelmäßig einsetzen, werden Sie vermutlich einen Kombibohreinsatz anschaffen wollen, der beide Operationen gleichzeitig ausführt.

Sie können hölzerne Abdeckscheiben kaufen oder Ihre eigenen schneiden. Es ist ganz einfach, einen Dübelstab in viele Scheiben aufzuschneiden. Der einzige Nachteil bei so einem Verschlußpfropfen ist der, daß er das Hirnholzmuster zeigt und auffallen wird, sobald Sie das Holz beizen. Die Alternative dazu ist, Ihre eigenen Astlochscheiben mit entsprechenden Bohrern zu schneiden.

Schrauben können wie Nägel in einem Winkel zur Holzoberfläche eingedreht werden, um zwei Holzstücke auf diese Weise fest miteinander zu verbinden. Mit ein wenig Übung können Sie lernen, mit sehr wenig bis gar keiner Anstrengung in jedem beliebigen Winkel zu schrauben.

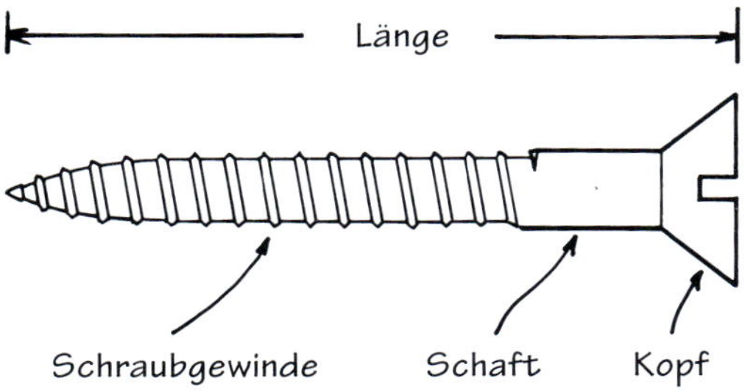

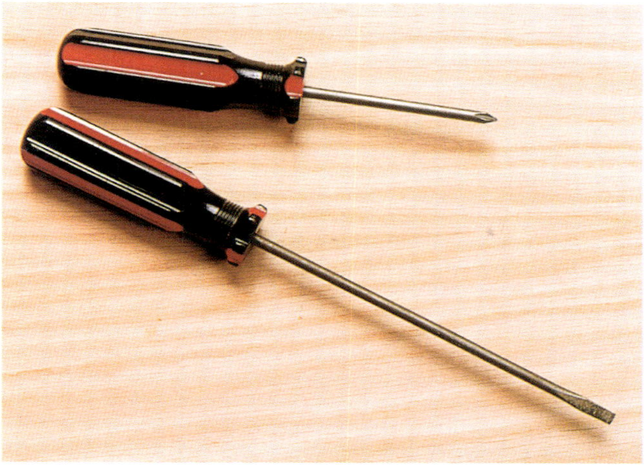

Obwohl Sie sicher nicht so viele Schrauben in Ihr Projekt eindrehen wollen, daß das Metallgewicht das Gewicht des Holzes übertrifft, sollten Sie nicht sparsam damit umgehen. Falls nur der leiseste Verdacht besteht, daß eine Verbindung noch nicht ganz fest sitzt, sollten Sie ein paar zusätzliche Schrauben eindrehen. Denken Sie immer daran, daß die Projekte, die Sie bauen, im Lauf der Jahre mehreren „Umzügen" ausgesetzt sein werden – sei es in ein anderes Zimmer oder in ein anderes Haus –, was wahrscheinlich die Holzverbindungen zusätzlich belasten wird.

Leim

Da es in diesem Buch um Gartenmöbel geht, ist ein wetterbeständiger Leim Grundvoraussetzung. Herkömmliche Leime für den Innengebrauch lösen sich auf, wenn sie der Witterung ausgesetzt sind. Der einfachste Leim ist eine wasserfeste Version des gewöhnlichen Weißleims. Halten Sie nach der Bezeichnung „für den Außenbereich" auf dem Behälter Ausschau. Falls dieser Leimtyp nicht erhältlich ist, müssen Sie vermutlich auf den teureren 2-Komponenten-Leim zurückgreifen, obwohl dieser 12 Stunden zum Abbinden und mindestens 12 weitere Stunden zum vollständigen Durchhärten benötigt.

Übertreiben Sie es mit der Leimmenge nicht. Wenn Sie zuviel auftragen, wird der Leim aus der Leimfuge herausgedrückt und läuft über Ihr ganzes Projekt, sobald Sie den Anpreßdruck erhöhen. Geben Sie nur eine schmale Leimschnur auf die Mitte der einen

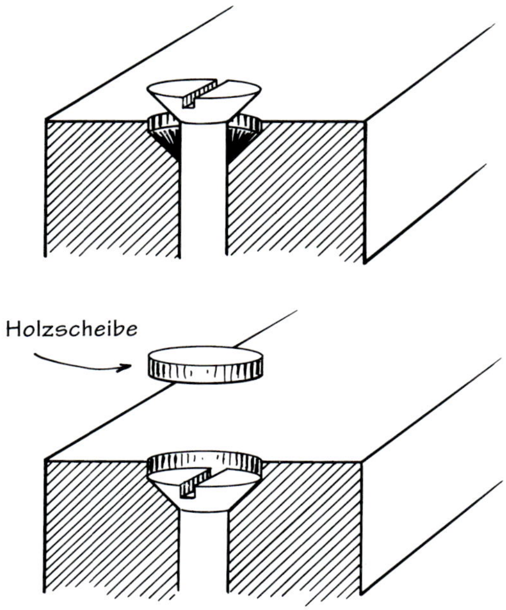

Kontaktfläche und reiben Sie dann beide Kontaktflächen aneinander, um den Leim gleichmäßig zu verteilen.
Ihr Ziel ist es, beide Kontaktflächen mit einem gleichförmigen, dünnen Film zu bedecken. Falls Sie irgendwo Leimtropfen entdecken, wischen Sie diese schnell mit einem feuchten Tuch ab. In dem Moment geht das noch ganz leicht, aber wenn Sie den Leim erst trocknen lassen, wird es schwierig, ihn noch zu entfernen. Falls ein Leimtropfen dennoch einmal aushärtet, müssen Sie ihn wegschleifen, da sonst kaum eine Beize darauf hält.

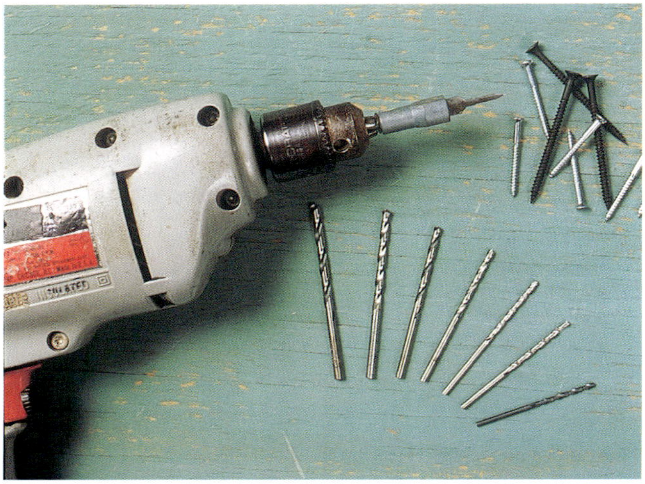

Werkzeuge

Wenn Sie gerade Ihre ersten Schritte in Sachen Holzbearbeitung unternehmen, haben Sie vielleicht die verkehrte Vorstellung, daß es Unsummen an Geld kosten wird, eine Grundausrüstung anzuschaffen. Das ist nicht wahr! Wenn sie nicht gerade reich geboren wurden, fangen die meisten Holzbearbeiter mit ein paar wenigen Handwerkzeugen an und ergänzen im Lauf der Zeit ihre Werkstattausrüstung um tragbare Elektrowerkzeuge. Es ist ganz offensichtlich, daß es nicht allzu viele Elektrowerkzeuge gab, als die Möbelschreiner von Louis XV. ihre Werke hergestellt haben – alle atemberaubenden Möbelstücke der zurückliegenden Epochen wurden nur mit Handwerkzeugen hergestellt. Der eindeutige Vorteil von Elektrowerkzeugen liegt darin, daß sie die Arbeit schneller erledigen helfen. Unser Ziel ist es, gutaussehende Möbelstücke in der kürzestmöglichen Zeit herzustellen. Deswegen haben wir im Lauf der Jahre Elektrowerkzeuge angeschafft, die die Arbeitszeit verkürzen und weit weniger körperliche Anstrengung erfordern. Wir benutzen eher die Bohrmaschine als die Bohrwinde und eher die Kreissäge als eine Handsäge. Eine gute Vorgehensweise ist die, Ihre Ausrüstung dann durch ein neues Werkzeug zu ergänzen, wenn Sie ein größeres Projekt planen. Indem Sie das Möbelstück selbst herstellen und nicht einfach nur kaufen, sparen Sie einen beträchtlichen Geldbetrag und Sie haben das neue Werkzeug auch für das nächste Projekt zur Verfügung.
Wahrscheinlich besitzen schon viele von Ihnen ein paar tragbare Elektrowerkzeuge wie zum Beispiel Handkreissäge und Bohrmaschine. Aber selbst wenn Sie nur eine Handsäge und einen Schraubenzieher zur Verfügung haben, können Sie einige der Projekte in diesem Buch herstellen. Einige Werkzeuge werden für jedes Projekt gebraucht, andere jedoch nur für ein paar wenige Stücke. Sie werden Ihr erstes Projekt wahrscheinlich danach aussuchen wollen, welche Werkzeuge Sie schon besitzen. Um zu erfahren, welche Werkzeuge Sie brauchen, lesen Sie erst die Hinweise zu jedem Projekt, bevor Sie damit beginnen.

Wenn Sie noch gar keine Werkzeuge besitzen, sollten Sie sich die besten kaufen, die Sie sich leisten können. Ein „Schnäppchen"-Schraubenzieher, der nach dem Eindrehen von drei Schrauben schon auseinanderfällt, ist kein Schnäppchen mehr, und der dadurch entstehende Ärger wird durch den eingesparten Betrag nicht aufgewogen. Schauen Sie auf die Herstellergarantie, wenn Sie Werkzeug kaufen. Falls Ihnen lebenslange Garantie geboten wird, können Sie mit Sicherheit davon ausgehen, daß es ein gutes Werkzeug ist.
Wie bei den meisten anderen Hobbys auch, sollten Sie Ihre Körpergröße und Ihre körperlichen Fähigkeiten mit in Betracht ziehen, wenn Sie Ihre Ausrüstung kaufen. Ein Golf- oder Tennisschläger muß auf den jeweiligen Spieler abgestimmt werden. Genauso kann eine starke Person vielleicht einen sehr großen Hammer handhaben. Obwohl es richtig ist, daß ein großer Hammer einen Nagel schneller ins Holz treibt, besagt das noch lange nichts, wenn dafür nach zweimaligem Schwingen des Hammers Ihr Arm schwach wird vor Anstrengung. Probieren Sie deshalb das Werkzeug vor dem Kauf immer erst aus! Schwingen Sie es mehrere Male, bevor Sie entscheiden, ob es das richtige für Sie ist. Dieselbe Philosophie gilt auch beim Kauf von tragbaren Elektrowerkzeugen. Es erfordert einige Kraft, einen 100 mm breiten Bandschleifer zu kontrollieren, aber beinah jeder kann eine 50 mm breite Schleifmaschine handhaben.
Hammer und Säge kommen einem als erstes in den Sinn, wenn man an Holzbearbeitung denkt. Jedoch sind andere Werkzeuge genauso wichtig. Eine solide Arbeitsfläche, die leichte Erreichbarkeit von Schraubzwingen und die richtige Schleifausrüstung können das Arbeiten mit Holz zu einem Freizeitvergnügen werden lassen; fehlen diese Bedingungen dagegen, kann Sie das an den Rand der Verzweiflung bringen.

Arbeitsfläche

Obwohl die wenigsten Leute diese ganz oben auf ihre Liste schreiben würden, ist eine Arbeitsfläche, die glatt und in der Waage ist, eines der wichtigsten Hilfsmittel bei der Holzbearbeitung. Wenn Sie ein Projekt auf einer unebenen Arbeitsfläche anfertigen, besteht die Gefahr, daß die Tischbeine ungleich lang werden oder der Schrankaufsatz nach vorn geneigt ist.
Ihre Arbeitsfläche muß keine Profiwerkbank aus Mahagoni sein – nur in der Waage und eben. Sie kann so etwas Einfaches wie eine alte Tür sein (glatt, ohne Füllungen) oder eine dicke Platte Sperrholz auf zwei Sägeböcken.
Um Ihre Arbeitsfläche waagerecht auszurichten, setzen Sie einfach eine große Wasserwaage an verschiedenen Punkten auf die Arbeitsfläche und drehen sie in verschiedene Richtungen. Dann legen Sie so lange dünne Holzstücke unter die Arbeitsfläche, bis diese absolut in der Waage ist. Befestigen Sie diese Ausgleichsstücke mit Leim und Nägeln oder Schrauben, um sicherzustellen, daß sie an Ort und Stelle bleiben, wenn Sie arbeiten.

Schraubzwingen

Schraubzwingen sind ein absolutes Muß für die Bearbeitung von Holz. Sie werden gebraucht, um Holzverbindungen zusammenzupressen, bis der Leim abgebunden hat. Sie sind auch eine wertvolle Hilfe, wenn Sie die Teile eines Projekts zusammensetzen wollen. Eine einzige Person kann ein großes Projekt mit Hilfe von Schraubzwingen zusammensetzen – eine Arbeit, die sonst normalerweise die vereinte Anstrengung von mindestens zwei Personen erfordert. Wenn Sie Schraubzwingen kaufen, ist es ratsam, immer zwei Zwingen desselben Typs auszuwählen, weil Sie diese fast immer paarweise einsetzen, um gleichmäßigen Druck auf das Werkstück auszuüben.
Schieben Sie immer ein Stück Abfallholz zwischen Zwinge und Werkstück, wenn Sie die Zwingen ansetzen, damit dieses als Puffer wirkt. Auf diese Weise vermeiden Sie häßliche Druckstellen auf der Oberfläche des Holzes.
In jüngster Zeit hat es einige Neuentwicklungen bei Schraubzwingen gegeben. Eine davon sieht wie eine ganz normale Schraubzwinge aus, aber anstelle des Schraubmechanismus hat sie einen Abzugmechanismus wie eine Spritzpistole. Dieser macht die Zwinge besonders nützlich, weil sie mit einer Hand bedient werden kann. Ich empfehle diese Art von Schraub-

zwinge für den Neuling, weil sie sich leicht handhaben läßt, gut funktioniert und in verschiedenen Längen erhältlich ist.
Altmodisch aussehende hölzerne Zwingen sind ebenfalls eine sinnvolle Ergänzung für Ihre Ausrüstung. Sie sind extrem vielseitig, da sie nicht nur rechtwinklig angesetzt werden können.
Kleine Schraubzwingen sind preiswert und vielseitig einsetzbar. Ein Ende Ihres C-förmigen Rahmens ist starr; das andere ist mit einem Gewindestab mit kugelgelagerter Druckfläche verbunden, welche fest in die Rahmenöffnung eingedreht werden kann, abhängig von der Größe der Zwinge vom Anschlag aus von 0 bis zu einigen Zentimetern. Sie können zwei Holzstücke quer zur Länge zusammenspannen, ein Holzstück auf einer Arbeitsfläche sichern und viele andere Funktionen erfüllen.
Lange Schraubzwingen können eingesetzt werden, um Konstruktionen vorübergehend, zum Beispiel während Sie Beschläge anbringen, zusammenzuhalten, aber genausogut den notwendigen Anpreßdruck bei Verleimungen liefern. Obwohl sie ziemlich ähnlich aussehen und auch in der gleichen Weise funktionieren, kosten die bedeutend weniger, bei denen Sie die Zwingen-Fittings für ein handelsübliches Gasrohr separat kaufen können. Sie können mit verschiedenen Rohrlängen benutzt werden, je nach Verwendungszweck.
Sie können sogar Kunststoff-Schuhe für die Fittings kaufen, die die Druckstellen auf der Holzoberfläche verhindern.
Spanngurte (Bandspanner) werden für das Zusammenspannen von Projekten wie Stühlen und Schubladen eingesetzt, wenn ein gleichmäßiger Druck von allen Seiten auf das Projekt ausgeübt werden muß. Diese „Zwinge“ besteht aus einem fortlaufenden Band mit einem Metallmechanismus mit Ratsche, um es eng um das Projekt zu zurren.

Messen

Wenn Sie schon einmal etwas mit Holzbearbeitung zu tun hatten, haben Sie wahrscheinlich schon den Ausdruck „Messen Sie zweimal – und schneiden Sie nur einmal“ gehört. Und er ist es immer wieder wert, wiederholt zu werden. Wenn Sie genau messen und sorgfältig an der Markierung entlangschneiden, wird Ihr Projekt am Ende auch perfekt zusammenpassen. Deswegen ist ein gutes Meßwerkzeug eine sinnvolle Investition. Ein breites Stahlmaßband ist für die meisten Projekte eine gute Wahl. Ein schmales Maßband biegt sich leichter entlang eines langen Bretts und ist deshalb weniger akkurat.
Benutzen Sie durchgehend das gleiche Meßwerkzeug während des gesamten Zuschnitts. Solange Sie keine wirklichen Präzisions-Meßwerkzeuge haben, werden wahrscheinlich zwei unterschiedliche Meßinstrumente

Im Uhrzeigersinn von oben aus: Schraubzwingen-Fittings mit Gasrohr, Spanngurt (Bandspanner), kleine Schraubzwingen in C-Form (Bildmitte), normale Schraubzwinge, hölzerne Schraubzwinge

genügend voneinander abweichen, um zu leicht unterschiedlichen Meßergebnissen zu gelangen.
Ein Metall-Lineal (30 oder 60 cm lang) ist ein handliches Werkzeug für schnelle Messungen.
Eine Schmiege ist hilfreich beim Einstellen von verschiedenen Winkeln. Das Stahlblatt schwenkt und gleitet durch den Griff und kann festgestellt werden, um einen Winkel beizubehalten. Sie wird gebraucht, um Winkel, Fasen und Gehrungen zu überprüfen und zu übertragen.
Meßwinkel sind vielseitige und absolut notwendige Werkzeuge für alle Schreiner. Die am häufigsten eingesetzten Typen sind der Schreiner- oder der größere Zimmermanns- und der Kombinationswinkel. Zusätzlich zu ihrer offensichtlichen Funktion als Hilfsmittel zum Markieren einer Schnittlinie auf einem Brett und zum Einhalten eines rechten Winkels können Meßwinkel dafür eingesetzt werden, die äußere und innere Flucht einer Holzverbindung zu überprüfen oder als Anschlag für eine Säge dienen.

Im Uhrzeigersinn von rechts oben aus: Wasserwaage, Metall-Lineal, Bandmaß, Kombinationswinkel, Schmiege

Grundausstattung

- Arbeitsfläche, die glatt und in der Waage ist
- Meßwerkzeuge: Bandmaß, Wasserwaage, Kombinationswinkel
- Hämmer: zwei Hämmer (groß und klein), Polstererhammer, Versenkstift
- Schraubendreher (oder Elektroschrauber) für Schlitz- und Kreuzschlitz-Schraubenköpfe
- Sägen: Fuchsschwanz (eventuell einen zum Trennen und einen zum Absetzen), Stichsäge, Handkreissäge, Auswahl an Sägeblättern
- Bohrer: Handbohrer oder Bohrmaschine und eine Vielzahl von Bohrern
- Schraubzwingen: zwei Einhand-Zwingen, zwei hölzerne Zwingen
- Schleifwerkzeuge: Schleifblock mit Schleifpapier von feiner bis grober Körnung

Zusätzliche Werkzeuge:

- Meßwerkzeug: Zimmermanns-Winkel
- Schraubzwingen: zwei C-förmige Zwingen, Spanngurt, zwei größere Schraubzwingen
- Stechbeitel: 6 mm, 18 mm und 24 mm breit
- Schwingschleifer
- Oberfräse
- Sicherheitsausrüstung: Schutzbrille, Staubmaske (für das Arbeiten mit Elektrowerkzeugen)

Werkzeuge für Fortgeschrittene (schön, wenn man sie hat):

- Bandschleifer
- Tischkreissäge
- Bandsäge
- Ständerbohrmaschine

Techniken

Zuschneiden

Aus Gründen der Eindeutigkeit beziehen wir uns in diesem Buch mit einer jeweils eigenen Bezeichnung auf jede Oberfläche eines Bretts. Der breiteste Teil eines Bretts wird Seitenfläche genannt, und die schmalen Flächen entlang der Längskante Seitenkante. Die „Enden“ sind, wie die Bezeichnung nahelegt, die kleinsten Oberflächen an den äußeren Teilen der Bretter. Denken Sie immer daran, daß jedes Sägeblatt durch die Schränkung der Zähne eine Schnittstärke hat, die größer als die Blattstärke ist. (Daher kommt auch der riesige Berg Sägemehl, der sich beim Bau eines Projekts anhäuft.) Wenn Sie ein Brett vermessen und mit einer Markierung versehen, sollten Sie äußerst präzise vorgehen. Wenn Sie das Brett an der Markierung durchtrennen, setzen Sie die Säge so an, daß der Schnitt exakt die Markierung entfernt. Schneiden Sie auf der Seite der Markierung, die Sie später nicht mehr benötigen.

Anreißen eines Querschnitts

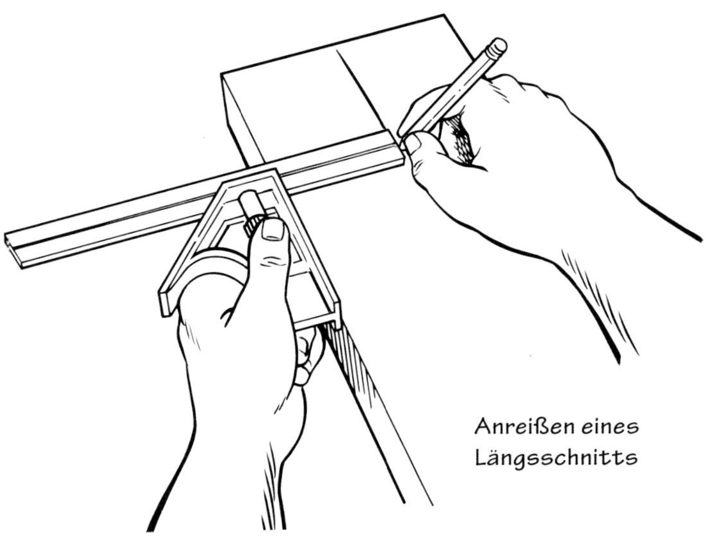

Anreißen eines Längsschnitts

Ein Stück Holz kann entweder aufgetrennt (Schnitt längs der Längskante eines Bretts) oder abgelängt (Schnitt quer durch die Breite eines Bretts) werden. Es gibt spezielle Handwerkzeuge für jeden Schritt. Ein Fuchsschwanz hat Zähne, die für Längsschnitte, also Schnitte parallel zum Faserverlauf, konstruiert sind. Ihn gibt es in Zahnteilungen von 4,5 bis 7 ppi, wobei letztere ein feineres Schnittergebnis erzielt. Absetzsägen sind in Zahnteilungen von 7 bis 12 ppi erhältlich, je nachdem, wie grob oder fein Sie Ihren Sägeschnitt haben möchten. Je größer die Zahl ist, desto feiner der Schnitt.

Die wahrscheinlich am weitesten verbreitete Elektrosäge ist die Handkreissäge. Das Sägeblatt kann auf einen Schnittwinkel von 90° oder von 45° eingestellt werden oder auf jeden Winkel dazwischen.

Obwohl es auch Sägeblätter für Elektrosägen gibt, die speziell dafür ausgelegt sind, aufzutrennen oder abzulängen, ist das praktischste Blatt für die allgemeine Holzbearbeitung ein Kombinationsblatt. Mit Leichtigkeit trennt es Holz auf und längt es ebenso ab. Sägeblätter mit hartmetallbestückten Zähnen sind teurer, aber ihren Preis wert, da sie eine viel höhere Lebensdauer als normale Sägeblätter haben.

Die Stichsäge wird dazu verwendet, Kurven, Formen und große Löcher in Platten oder Bretter bis 40 mm Stärke zu sägen. Der Schnitt wird von einem dünnen Sägeblatt mit Bajonettverschluß ausgeführt, das sich sehr schnell auf und ab bewegt. Die besten Stichsägen haben eine variable Geschwindigkeitskontrolle und Pendelhub, wodurch die Schneidkante während der Auf-und-ab-Bewegung des Sägeblatts nach vorn in das zu bearbeitende Werkstück geschwungen wird und wieder zurück. Ein Druckgebläse, das den Sägestaub entfernt, hält den Blick auf den Sägeschnitt frei.

Beobachten Sie, wenn Sie Massivholz oder Schichtholz sägen, das von Ihrem Werkzeug verursachte Schnittergebnis, und reagieren Sie darauf. Handkreissägen und Stichsägen zum Beispiel sägen während der Aufwärtsbewegung des Blatts und hinterlassen ausgefranste Kanten auf der oberen Seite des Bretts. Wenn Sie diese Sägen benutzen, sollten Sie während des Schnitts das Brett mit der besseren Seite nach unten legen. Bestimmte Schnitte, wie zum Beispiel das Aushöhlen eines Holzes, werden mit dem Stemmeisen erledigt. Es erfordert einige Übung, ein Stemmeisen richtig zu handhaben, aber die Mühe lohnt sich, weil allein mit Stemmeisen gewisse Arbeiten erledigt werden können. Arbeiten Sie immer mit scharfen Stemmeisen. Als Grundausstattung wählen Sie zwei verschiedene Größen – eine sehr schmale und eine mit einer Schneidenbreite von ungefähr 24 mm.

Holzverbindungen

Es gibt Hunderte verschiedener Arten von Holzverbindungen. Sie variieren in ihrer Komplexität von der einfachsten stumpfen Verbindung bis hin zu unglaublich komplizierten und zeitaufwendigen Verzahnungen. Die Projekte in diesem Buch werden nur mit den einfachsten Verbindungen hergestellt, wobei diese mit Leim, Nägeln oder Schrauben gesichert werden.

Im Uhrzeigersinn von der linken oberen Ecke aus: Handsäge, Stichsäge, kleiner Hobel, Handkreissäge und Stechbeitel (Mitte)

Breitenverleimung: Diese Verbindung wird beim Verleimen von mehreren Brettern zu einer Platte eingesetzt. Um ein perfektes Zusammenpassen der Bretter zu erzielen, sollte die Leimfuge zwischen zwei Brettern jeweils als winzige Hohlfuge ausgearbeitet werden. Geben Sie Leim auf die Seitenkanten und spannen Sie die Bretter zusammen.
Üben Sie gleichmäßigen Druck auf die gesamte Länge des Werkstücks aus. Die Bretter sollten fest zusammengespannt sein, aber nicht so eng, daß der ganze Leim herausgepreßt wird oder sich die verleimte Fläche schüsselt. Bei einer breiten Fläche können zusätzliche Leisten oberhalb und unterhalb der zu verleimenden Fläche quer über die Breite positioniert und paarweise mit Schraubzwingen zusammengespannt werden. Wischen Sie jeglichen Leim weg, der beim Spannvorgang aus der Leimfuge gedrückt wurde.

Stumpfe Verbindung: Dies ist die einfachste Verbindung überhaupt, wobei ein Brett im rechten Winkel an ein anderes stößt. Diese Verbindung ist jedoch von allen Verbindungsarten am wenigsten belastbar. Sie muß mit irgendeiner Art Befestigungsmittel, gewöhnlich Schrauben, verstärkt werden.

Gehrung: Eine Gehrung ist ein schräger Schnitt über die Breite eines Bretts. Sie wird eingesetzt, um zwei Holzteile so miteinander zu verbinden, daß weder das Hirnholz des einen noch das des anderen Teils sichtbar wird. Auch eine Verbindung durch eine Gehrung muß mit Nägeln oder Schrauben verstärkt werden. Der am häufigsten eingesetzte Schnittwinkel beträgt 45° und wird verwendet, um einen rechten Winkel zu erhalten, wenn zwei auf Gehrung gesägte Bretter miteinander verbunden werden.

Fase: Eine Fase ist auch ein Winkelschnitt, bezieht sich aber auf einen Winkel, der entlang der Längskante eines Bretts gesägt wird, und nicht quer über die Breite wie bei der Gehrung.

Nut: Eine Nut ist eine Vertiefung, die in eine Brettseite geschnitten wird und die ein anderes Brett in seiner Brettstärke aufnimmt. Sie kann mit Handsäge und Stemmeisen, mit einer Oberfräse oder einer Wanknuteinrichtung auf der Kreissäge herausgearbeitet werden.

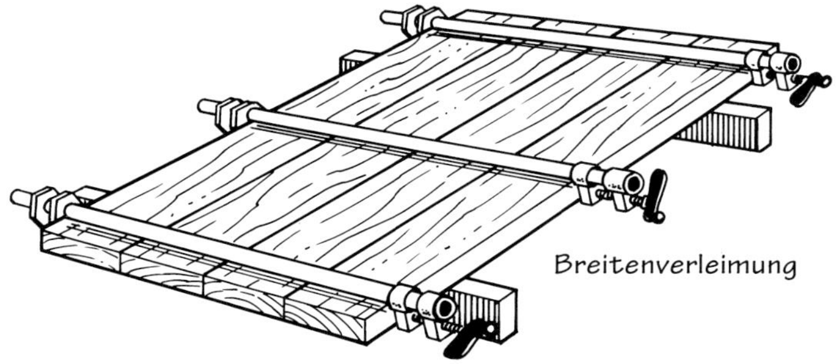

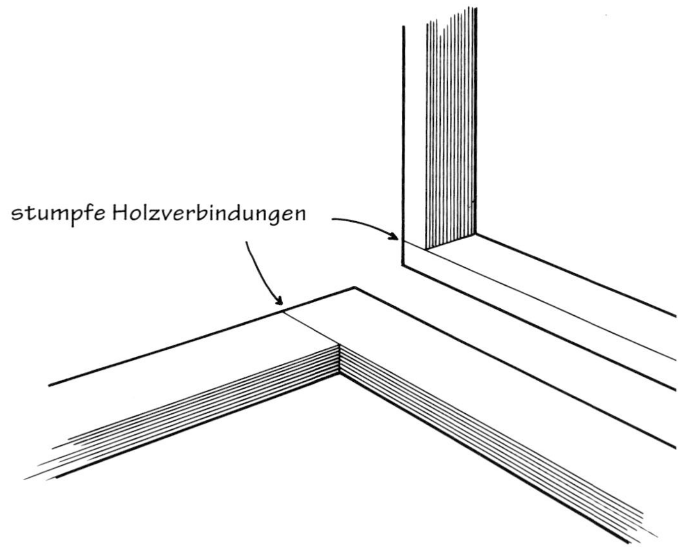

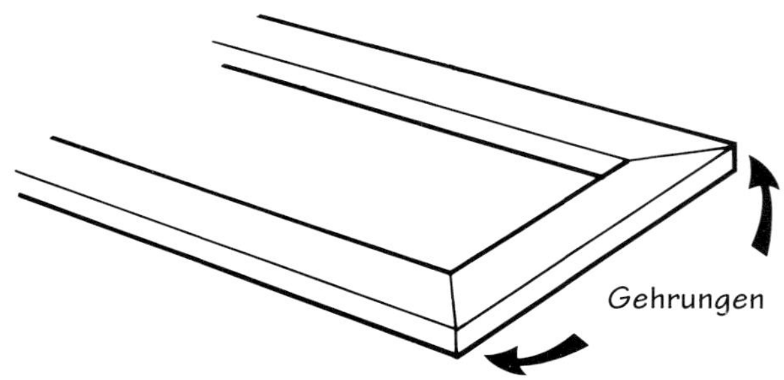

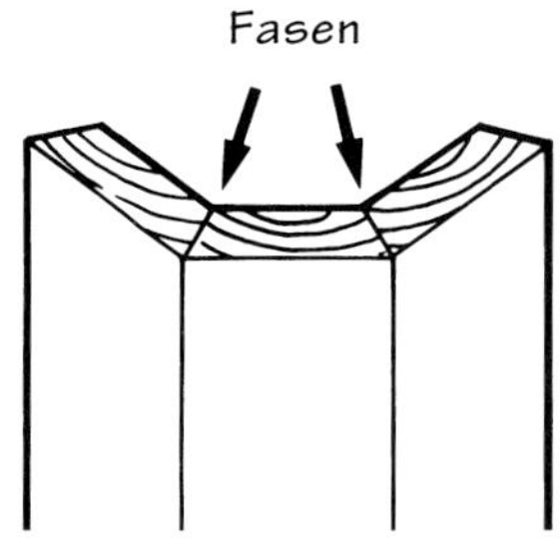

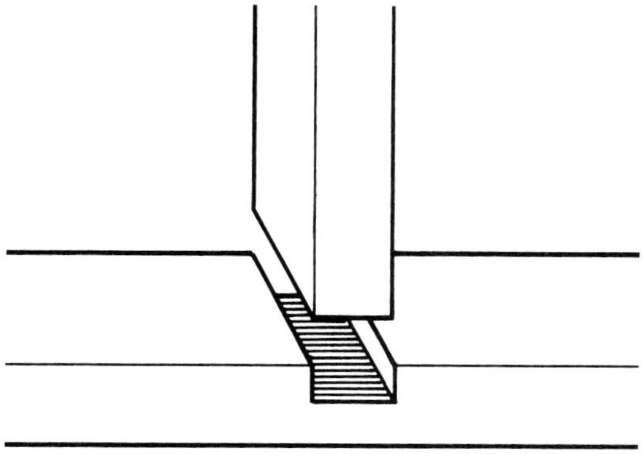

Nut

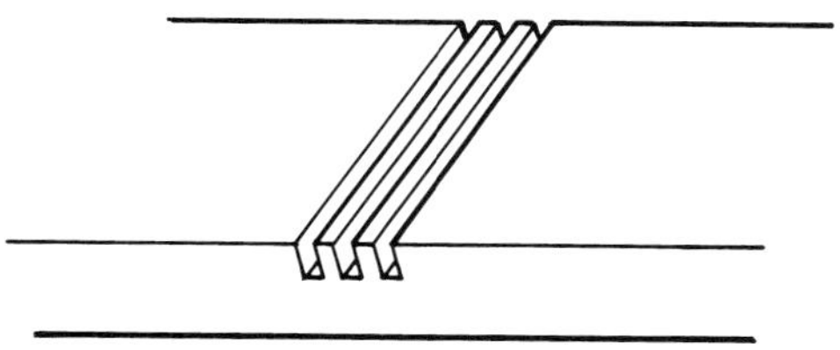

Sägen Sie die Nut bis zur gewünschten Tiefe.

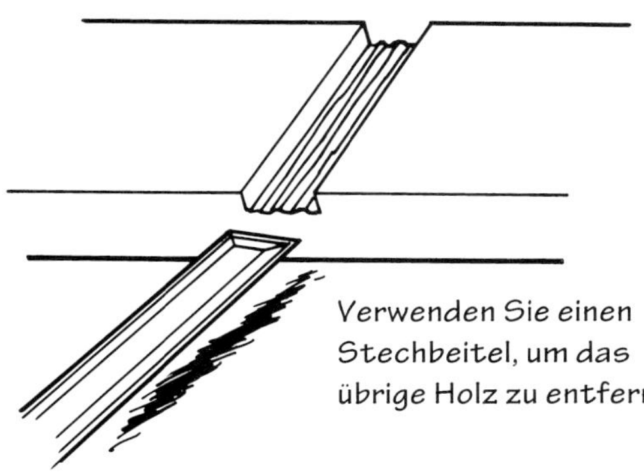

Verwenden Sie einen Stechbeitel, um das übrige Holz zu entfernen.

Ganz gleich, welche Art Holzverbindung Sie herstellen, immer ist es ratsam, wenn irgend möglich sowohl Leim als auch Nägel oder Schrauben einzusetzen. Die einzige Ausnahme, bei der Sie vielleicht eine Leimzugabe unterlassen, ist die bei Verbindungen, die Sie zu einem späteren Zeitpunkt wieder auseinandernehmen wollen. Besonders als Neuling wünschen Sie sich vielleicht einen Trockendurchlauf beim Zusammenbau Ihres Projekts. Das bedeutet, daß Sie Teile des Projekts ohne Leimzugabe zusammensetzen, um sicherzustellen, daß alle Teile korrekt zugeschnitten sind und gut zusammenpassen. Sie können Schraubzwingen verwenden, um die Teile vorübergehend zusammenzuhalten, oder einfach kleine Nägel in die Oberfläche hämmern, gerade so weit, daß die Teile nicht mehr verrutschen. Lassen Sie einen großen Teil des Nagelkopfes über die Oberfläche herausschauen, damit es zu einem späteren Zeitpunkt einfacher ist, den Nagel wieder zu entfernen. Überprüfen Sie, ob alles paßt, arbeiten Sie, wo notwendig, die Teile nach und richten Sie sie aus. Dann entfernen Sie die Schraubzwingen oder Nägel, geben Leim zu und bauen die Teile wieder zusammen.

Schleifen

Natürlich kann jedes Projekt von Hand geschliffen werden. Ein günstiger Schleifklotz aus Kunststoff erledigt die Aufgabe, eine ebene Fläche glatt zu schleifen, ganz ordentlich. Sie können dafür sogar ein Blatt Schleifpapier um einen Holzklotz wickeln. Wenn Sie profilierte oder geschwungene Teile schleifen müssen, versuchen Sie einfach, einen Bleistift oder ein anderes, entsprechend geformtes Objekt mit Schleifpapier zu umwickeln.

Wieviel Sie bei jedem einzelnen Projekt schleifen, hängt zu einem großen Teil vom beabsichtigten Verwendungszweck des Projekts ab und von der Art der gewünschten Oberflächenbehandlung. Natürlich brauchen Sie Ihr Projekt, falls Sie ein rustikales Aussehen bevorzugen, nicht völlig glatt zu schleifen. Aber ein rustikaler Stuhl erfordert mehr Schleifarbeit als ein rustikaler Tisch – weil jemand darauf sitzen wird. Ein Exzenterschleifer eignet sich gut für den ersten Schleifdurchgang, aber er wird vermutlich kreisrunde Schleif-

spuren hinterlassen, die anschließend von Hand glatt geschliffen werden müssen.

Ein Schwingschleifer ist wahrscheinlich die praktischste Schleifmaschine für Möbelprojekte. Mit ihm kann man schnell eine glatte Oberfläche schaffen und er hinterläßt keine kreisrunden Schleifspuren.

Ein Bandschleifgerät wird oft für große Flächen eingesetzt. Er schleift schnell, ist aber auf Weichholz wie Fichte schwer zu kontrollieren. Wegen seiner hohen Leistung kann ein Bandschleifer sehr leicht ungewollte Vertiefungen in Weichholz verursachen oder, wenn Sie nicht gut aufpassen, mehr Holz abtragen, als Ihnen lieb ist.

Ganz gleich, welches Schleifgerät Sie benutzen, beginnen Sie immer mit einer groben Körnung und wechseln Sie schrittweise zu einem Papier mit feiner Körnung.

Sicherheit

Das Arbeiten mit Elektrogeräten kann gefährlich sein. Bei einem Gerangel mit Ihrer Elektrosäge werden Sie der Verlierer sein. Und zu verlieren ist äußerst schmerzhaft. Ich kenne viele Holzhandwerker, und viele von ihnen haben weniger Finger als üblich. Falls sich das grauenhaft anhört – soll es auch! Lesen Sie immer die Gebrauchsanweisung, die mit jedem Gerät geliefert wird, und befolgen Sie sie wie ein biblisches Gebot.

Wir betonen noch einmal, daß die Hinweise in diesem Buch für den Neuling geschrieben sind, der Handwerkzeuge und einfache tragbare Elektrogeräte benutzt, und daß sie, wenn stationäre Elektrogeräte eingesetzt werden, so abgeändert werden müssen, daß sie den Erfordernissen dieser größeren Maschinen entsprechen.

Versuchen Sie sich nie an einem Arbeitsschritt, der sich nicht auf den Einsatz von Elektromaschinen übertragen läßt. Der Mißbrauch von Elektrowerkzeugen kann zu ernsten Verletzungen und zu Schäden am Werkzeug führen.

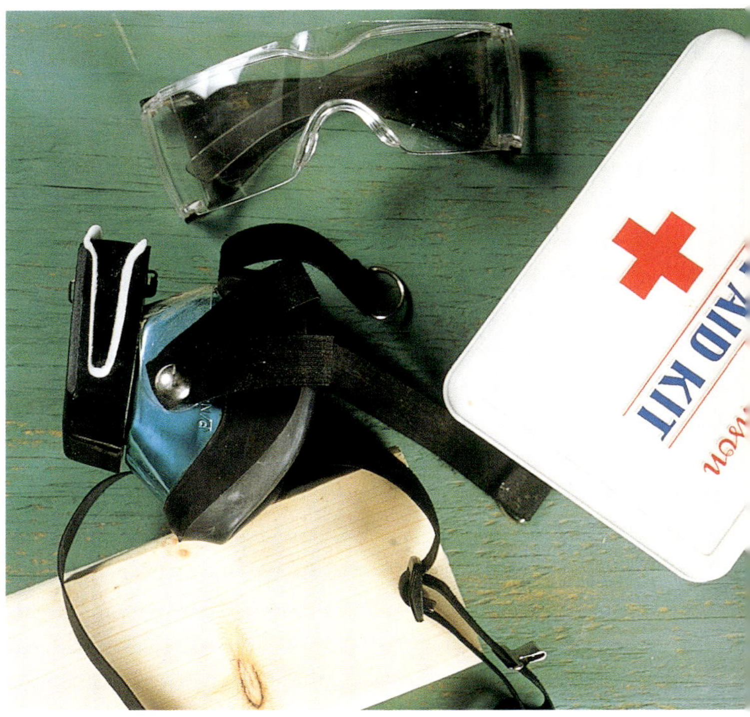

Lassen Sie das Werkzeug in Ihrer Hand keine Sekunde aus den Augen: Konzentrieren Sie sich immer auf das, was Sie tun, und treffen Sie die notwendigen Sicherheitsvorkehrungen. Ein einziger Augenblick nachlassender Konzentration oder das Ignorieren der Sicherheitsregeln können schreckliche Folgen haben. Gewöhnen Sie sich an, die verlängerte Kreisbahn Ihres Sägeblatts zu meiden. Stellen Sie sich weder direkt davor noch direkt dahinter. Kreissägen können ein Stück Holz mit unglaublicher Wucht davonschleudern, auf Sie zu.

Tragen Sie immer eine Schutzbrille, wenn Sie mit Holz arbeiten. Diese Gewohnheit ist schon der Mühe wert gewesen, wenn sie auch nur einen einzigen Holzsplitter daran hindert, in Ihr Auge zu fliegen. Auch eine Staubmaske ist eine kluge Vorkehrung, wenn Sie Holz bearbeiten. Sägestaub kann Ihre Lunge sehr reizen.

Sie können aus einer Vielzahl verschiedener Masken auswählen, von einer einfachen Papiermaske bis zu solchen mit austauschbaren Filtern.

Wenn Sie Elektromaschinen länger laufen lassen, speziell Ihre Kreissäge, die ziemlich laut sein kann, sind Ohrenstöpsel oder ein richtiger Gehörschutz eine gute Investition. Wenn Sie längere Zeit lautem Lärm ausgesetzt sind, kann das schlimme Auswirkungen auf Ihr Hörvermögen haben.

Das Einhalten dieser Sicherheitsregeln wird Sie vor Schaden bewahren und Ihnen die Holzbearbeitung zum Vergnügen machen.

Die Projekte

Jedes Projekt in diesem Buch enthält Listen mit dem benötigten Material und den benötigten Befestigungsmitteln. Obwohl wir nicht jedes einzelne Werkzeug und jede Holzbearbeitungstechnik aufgelistet haben, so weisen wir doch auf spezielle Werkzeuge und Techniken hin, die für bestimmte Projekte benötigt werden. Sie sollten zuerst und mindestens einmal die Projektlisten und alle Hinweise durchlesen, ehe Sie entscheiden, welches Projekt Sie in Angriff nehmen. Dann wissen Sie schon von vornherein, was auf Sie zukommt.

Kenntnisstand

Dieses Buch wurde für Neulinge in der Holzbearbeitung geschrieben, aber auch erfahrene Holzhandwerker werden ihre Freude beim Bau dieser Projekte haben. Wenn wir nicht gedacht hätten, daß auch jemand, für den die Holzbearbeitung eine neue Erfahrung ist, mit allen Projekten zurechtkommen kann, hätten wir sie nicht in dieses Buch aufgenommen. Aber einige der Projekte erfordern mehr Zeit, Geduld und Techniken bei der Herstellung als andere. Was auch für andere Fertigkeiten gilt: Übung macht den Meister. Wir schlagen vor, daß Sie mit dem Bau von ein oder zwei Projekten beginnen, die nur wenig Zeitaufwand erfordern, wie zum Beispiel der Blumensäule, dem Fußschemel oder den Windlichtern. Dann werden Sie sich bald die notwendigen Kenntnisse angeeignet und auch das nötige Selbstvertrauen bekommen haben, Projekte in Angriff zu nehmen, die eine größere Herausforderung darstellen.

Spezielle Werkzeuge und Techniken

Diese Liste weist Sie darauf hin, daß spezielle Werkzeuge und Techniken erforderlich sind, Werkzeuge, die Sie vielleicht noch nicht haben, und Techniken, die Sie sich vielleicht noch aneignen müssen. Wenn Sie zum Beispiel „Gehrung“ in der Liste lesen und Sie noch nie eine Gehrung gemacht haben, schlagen Sie unter Gehrung im Verzeichnis auf Seite 127 nach und lesen das entsprechende Kapitel. Dann nehmen Sie sich die Zeit, einige Gehrungen an Resthölzern zu üben. Schneller als Sie denken haben Sie dann das Selbstvertrauen, Gehrungen auszuführen und erfolgreich diesen bestimmten Tisch oder jene bestimmte Bank zu bauen.

Materialbedarf

Diese Liste gibt, ausgedrückt in laufenden Metern (lfm) die Gesamtmenge Holz an, die Sie kaufen müssen. Weichholz, wie zum Beispiel Fichte, wird in Standardquerschnitten, wie etwa 45 x 95 mm und 25 x 45 mm, und in verschiedenen Längen angeboten. Wenn in der Liste Materialbedarf

9,50 lfm 18 x 95 mm Fichte stehen, könnten Sie zwei jeweils 5,00 lfm lange oder vier jeweils 2,50 lfm lange Bretter kaufen. Deshalb ist es wichtig, die Zuschnitt-Liste und die Hinweise durchzulesen, ehe Sie entscheiden, welche Längen Sie kaufen.

Zuschnitt-Liste

Diese Liste enthält die exakten Maße von jedem Stück Holz, das Sie aus den gekauften Latten und Brettern zusägen müssen. Ein Blick auf die lfm-Angaben und die Zuschnitt-Liste zeigt Ihnen, welche Längen eines bestimmten Holzquerschnitts Sie kaufen müssen. Sie werden mit Ihrem Holz nicht auskommen, wenn Sie Ihre 18 x 95-mm-Bretter alle in der Länge 2,00 m kaufen und dann feststellen, daß Ihr Projekt zwei Stücke erfordert, die jeweils 2,20 m lang sind. In der Holzabteilung sollten Sie sorgfältig die verschiedenen verfügbaren Längen prüfen. Wenn Sie sehen, daß die 18 x 95 mm in der Länge 2,50 m sehr astig sind und sich verzogen haben, während die Längen 2,00 m und 3,00 m nahezu perfekt sind, macht es Sinn, die erforderliche Holzmenge in diesen Längen einzukaufen. Es ist eine gute Idee, 10 bis 20 Prozent mehr Holz einzukaufen, als gerade gebraucht wird. Wenn Sie nämlich noch einmal in das Geschäft zurückmüssen, weil Sie ein Brett falsch abgelängt haben, ist das viel teurer als ein paar zusätzliche Meter Holz, wenn Sie die Zeit und Energie mit einrechnen. Denken Sie auch daran, daß die Brettenden nicht immer rechtwinklig sind und Sie deshalb immer etwas Länge hinzugeben sollten, damit Sie diese im rechten Winkel ablängen können, bevor Sie mit dem Messen beginnen. Sie können das übriggebliebene Holz ja für das nächste Projekt verwenden.

Schneiden Sie die erforderlichen Stücke nicht sofort auf das Endmaß zu; die Hinweise erläutern den Zuschnitt jedes Stücks.

Eine abschließende Bemerkung

Alle geübten Holzhandwerker kennen aus eigener Erfahrung falsch abgelängte Bretter, falsch gebohrte Löcher und Mißgeschicke wie einen Hammer, der auf einem Daumen landet. Falls eines dieser Mißgeschicke Ihnen zustößt, ist es wahrscheinlich an der Zeit, eine Pause einzulegen. Der beste Schutz vor Unfällen während der Holzbearbeitung, sowohl kleineren als auch größeren, ist eine geduldige, zufriedene und aufmerksame Gemütsverfassung. Wenn Sie also anfangen, Fehler zu machen, gehen Sie zuerst einmal eine Runde spazieren, machen ein Nickerchen oder essen in Ruhe einen Apfel – und dann beginnen Sie wieder mit dem Bauen.

Adirondack-Stuhl

Unsere eigene Version dieses Möbelklassikers behält seine grundlegenden Charaktereigenschaften bei: Er ist eine optimale Sitzgelegenheit, um einen Sommerabend zu genießen. Dieser Stuhl fühlt sich gleichermaßen in einem Garten, auf einer Veranda oder auf einem Bootssteg zu Hause. Ursprünglich wollten wir nur einen Stuhl bauen, haben aber ganz schnell herausgefunden, daß einer einfach nicht genug ist. Die Stühle hier sind in unserer Familie heißbegehrt.

Spezielle Werkzeuge und Techniken

Schraubzwingen

Materialbedarf

5,50 lfm	18 x 145 mm	Fichte
9,00 lfm	18 x 95 mm	Fichte
1,50 lfm	25 x 45 mm	Fichte
1,00 lfm	45 x 95 mm	Fichte

Befestigungsmaterial

50 Nägel	35 mm	
60 Schrauben	40 mm	
4 Schloßschrauben	10 x 50 mm	mit Rundkopf, Federscheibe und Mutter
2 Schloßschrauben	10 x 75 mm	mit Rundkopf, Federscheibe und Mutter

Zuschnitt-Liste

Teil	*Beschreibung*	*Stück*	*Material*	*Abmessungen*
A	Sitzstütze	2	18 x 145 mm Fichte	990 mm lang
B	Stuhlzarge vorn	1	18 x 145 mm Fichte	560 mm lang
C	Vorderbein	2	18 x 95 mm Fichte	610 mm lang
D	Leiste Sitz	6	18 x 95 mm Fichte	560 mm lang
E	kurze Leiste Rücken	2	18 x 95 mm Fichte	710 mm lang
F	mittlere Leiste Rücken	2	18 x 95 mm Fichte	760 mm lang
G	lange Leiste Rücken	1	18 x 145 mm Fichte	810 mm lang
H	Querstrebe Rücken	2	25 x 45 mm Fichte	560 mm lang
I	Armlehne	2	18 x 145 mm Fichte	685 mm lang
J	Querstrebe Armlehne	1	45 x 95 mm Fichte	725 mm lang
K	Stütze Armlehne	2	18 x 95 mm Fichte	230 mm lang

Bau des Sitzes

1. Das Markenzeichen des Adirondack-Stuhls ist seine nach hinten gekippte Sitzfläche. Die Stützen für den Sitz, die gleichzeitig als Hinterbeine fungieren, sind leicht zu bauen, erfordern aber exakte Maßarbeit. Schneiden Sie zwei Sitzstützen A aus 18 x 145 mm Fichte auf je 990 mm Länge zu.

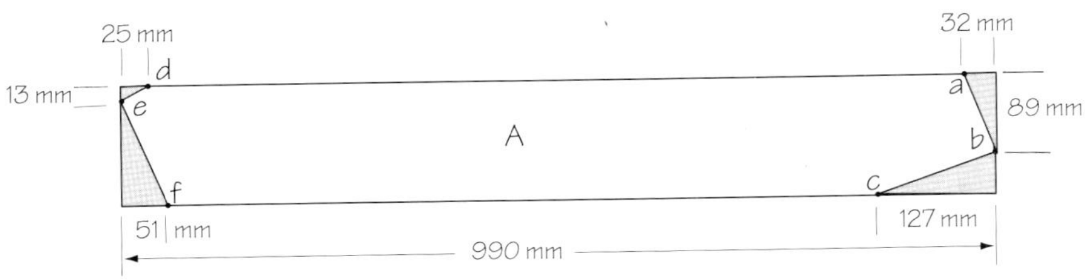

Abbildung 1

Um die richtigen Winkel für die Sitzstützen A zu erzielen, nehmen Sie Bezug auf Abbildung 1. Teile der Sitzstützen müssen weggeschnitten werden. Dies ist so einfach wie „Malen nach Zahlen". Indem Sie die Abmessungen aus Abbildung 1 übertragen, markieren Sie jeden Punkt und ziehen eine gerade Verbindungslinie von „a" nach „b", von „b" nach „c", von „d" nach „e" und von „e" nach „f". Sägen Sie entlang der soeben gezeichneten Linien, um die schraffierten Flächen der einen Sitzstütze A, wie in Abbildung 1 gezeigt, zu entfernen. Verwenden Sie die so erhaltene Sitzstütze A als Vorlage für die andere Sitzstütze.

2. Schneiden Sie die vordere Stuhlzarge B aus 18 x 145 mm Fichte auf 560 mm Länge zu.

3. Die vordere Stuhlzarge B wird verwendet, um die beiden Sitzstützen A miteinander zu verbinden. Stellen Sie die beiden Sitzstützen parallel zueinander in einem Abstand von 524 mm aufrecht hin, wobei die Seitenkante „e–f" nach oben zeigt.

Schieben Sie die vordere Stuhlzarge B über die „e–f"-Seitenkanten, wie in Abbildung 2 gezeigt. Nageln Sie durch die vordere Stuhlzarge B in die Enden der Sitzstützen A, wobei Sie jeweils drei 35 mm lange Nägel für jede Verbindung verwenden.

4. Schneiden Sie zwei Vorderbeine C aus 18 x 95 mm Fichte auf je 610 mm Länge zu.

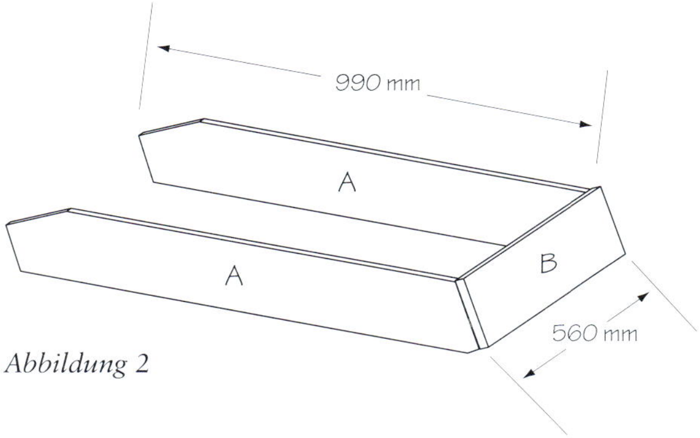

Abbildung 2

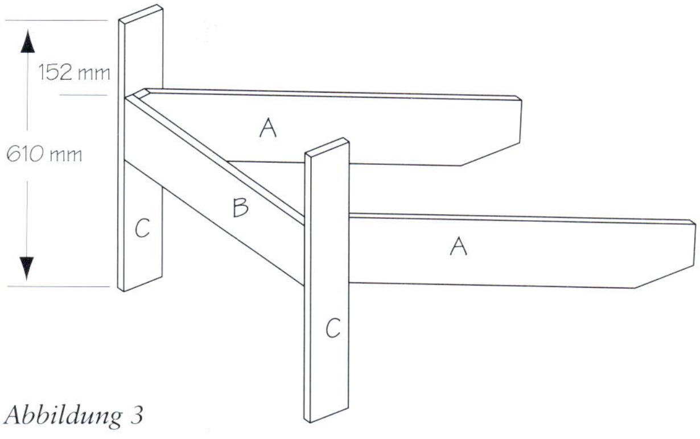

Abbildung 3

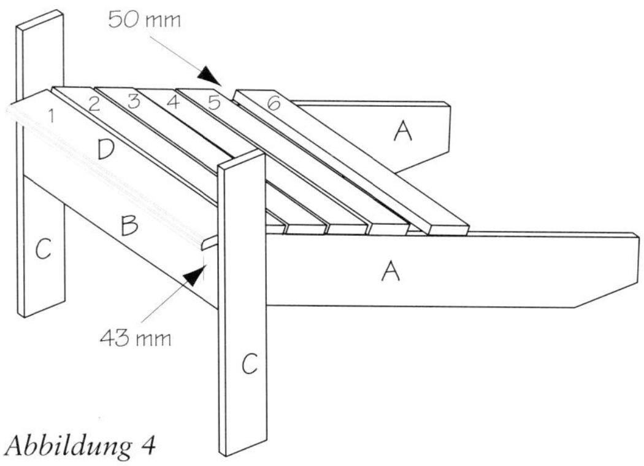

Abbildung 4

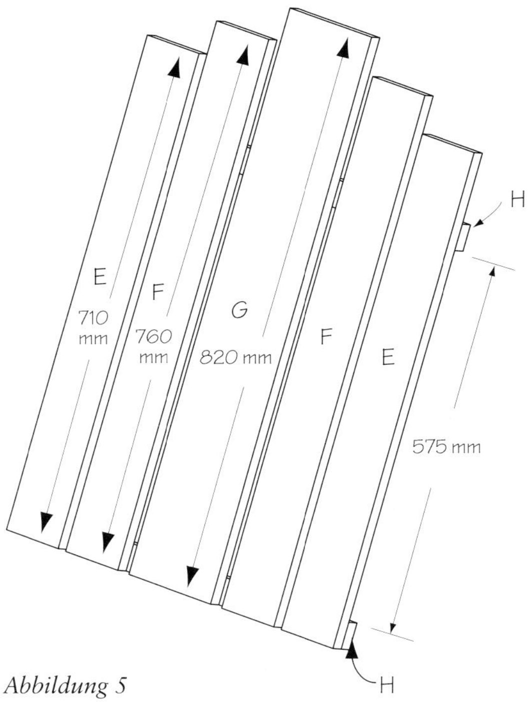

Abbildung 5

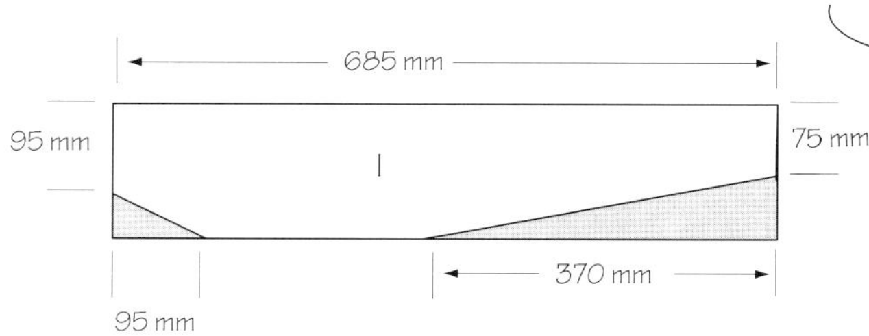

Abbildung 6

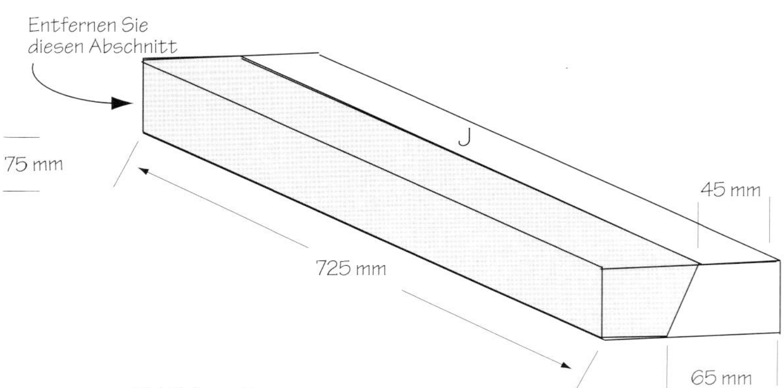

Abbildung 7

5. Stellen Sie die bisherige Konstruktion auf die richtige Seite. Folgen Sie Abbildung 3, um die Vorderbeine C mit den Sitzstützen A zu verbinden, und befestigen Sie diese 152 mm unterhalb der Oberkante der Vorderbeine C und bündig mit der vorderen Stuhlzarge B. Verwenden Sie jeweils zwei 50 mm lange Schloßschrauben mit Rundkopf, um jede Verbindung zu sichern, und richten Sie diese mit einem Abstand von ca. 75 mm zueinander aus.

Hinzufügen der Sitzfläche

6. Schneiden Sie sechs Leisten D für die Sitzfläche aus 18 x 95 mm Fichte auf je 560 mm Länge zu.

7. Für mehr Komfort runden Sie die lange Seitenkante der Leiste D ab, die ganz vorn am Stuhl befestigt wird. Befestigen Sie diese Leiste so an den „d–e"-Kanten der Sitzstützen A, daß sie 43 mm über die vordere Stuhlzarge B hinausragt, wie in Abbildung 4 gezeigt. Verwenden Sie je zwei 35 mm lange Nägel auf jeder Seite und vier Nägel in gleichmäßigem Abstand über die Sitzbreite verteilt.

8. Befestigen Sie die nächsten vier Leisten D für die Sitzfläche an den Sitzstützen A, wie in Abbildung 4 gezeigt, wobei Sie sie in einem Abstand von 4 mm zueinander anordnen. Verwenden Sie je zwei 35 mm lange Nägel für jede Verbindung. Befestigen Sie die sechste Leiste D 50 mm von der fünften Leiste D entfernt. Dieser Abstand wird später gebraucht, um die Rückenlehne aufzunehmen.

Bau der Rückenlehne

9. Schneiden Sie zwei kurze Leisten E für die Rückenlehne aus 18 x 95 mm Fichte auf je 710 mm Länge zu.

10. Schneiden Sie zwei mittlere Leisten F für die Rückenlehne aus 18 x 95 mm Fichte auf je 760 mm Länge zu.

11. Schneiden Sie eine lange Leiste G für die Rückenlehne aus 18 x 145 mm Fichte auf 810 mm Länge zu.

12. Schneiden Sie zwei Querstreben H für die Rückenlehne aus 25 x 45 mm Fichte auf je 560 mm Länge zu.

13. Legen Sie die beiden Querstreben H für die Rückenlehne auf eine ebene Fläche in einem Abstand von 575 mm parallel zueinander hin.

14. Legen Sie die fünf Leisten (E, F und G) für die Rückenlehne in einem gleichmäßigen Abstand von annähernd 9 mm über die beiden Querstreben H, wie in Abbildung 5 auf Seite 34 gezeigt. Ordnen Sie die beiden kurzen Leisten E jeweils außen an, die beiden mittleren Leisten F jeweils etwas versetzt auf die Mitte zu und die lange Leiste G im Zentrum. Stellen Sie sicher, daß die Leisten für die Rückenlehne im rechten Winkel zu den Querstreben H liegen. Beachten Sie, daß die Enden aller Leisten (E, F und G) mit der einen Querstrebe H bündig abschließen, was dann das untere Ende der Rückenlehne wird, und daß die entgegengesetzten Enden der Leisten (E, F und G) unterschiedlich lang sind und das geschwungene Kopfteil der Rückenlehne bilden. Schrauben Sie jeweils durch jede der Leisten (E, F und G) hindurch in die Querstreben H. Verwenden Sie jeweils zwei 40 mm lange Schrauben für jede Verbindung.

Bau der Armlehnen-Konstruktion

15. Schneiden Sie zwei Armlehnen I aus 18 x 145 mm Fichte auf je 685 mm Länge zu.

16. Folgen Sie dem Diagramm, das in Abbildung 6 auf Seite 34 zu sehen ist, um den schraffierten Abschnitt von der einen Armlehne I nach der gleichen Methode zu entfernen, die Sie beim Zuschneiden der Sitzstützen (Schritt 1, Seite 30) angewandt haben. Verwenden Sie die so erhaltene Armlehne als Vorlagen für die andere Armlehne I.

17. Schneiden Sie eine Querstrebe J für die Armlehnen aus 45 x 95 mm Fichte auf 725 mm Länge zu.

18. Damit sich die Querstrebe J der Rückenlehne gut anpaßt, muß eine ihrer Seitenkanten einen bestimmten Winkel haben. Trennen Sie die Querstrebe J in einem Winkel von 20° der Länge nach auf, wie in Abbildung 7 auf Seite 34 gezeigt.

19. Legen Sie die beiden Armlehnen I über die Enden der Querstrebe J. Stellen Sie sicher, daß der Abstand zwischen den beiden Armlehnen I nur einen Hauch größer als 560 mm ist, damit die Rückenlehnen-Konstruktion dazwischenpaßt. Befestigen Sie die beiden Armlehnen I mit Schraubzwingen an den Enden der Querstrebe J.

Zusammenbau der Einzelteile (Endmontage)

20. Obwohl Sie diesen Zusammenbau natürlich mit Hilfe von langen Schraubzwingen bewerkstelligen können, ist es einfacher, wenn Sie die Unterstützung eines Helfers gewinnen. Zuerst passen Sie die Rückenlehnen-Konstruktion in den 50 mm breiten Zwischenraum zwischen den Leisten der Sitzfläche ein, wobei die Leisten der Rückenlehne nach vorne zeigen, wie in Abbildung 8 gezeigt.

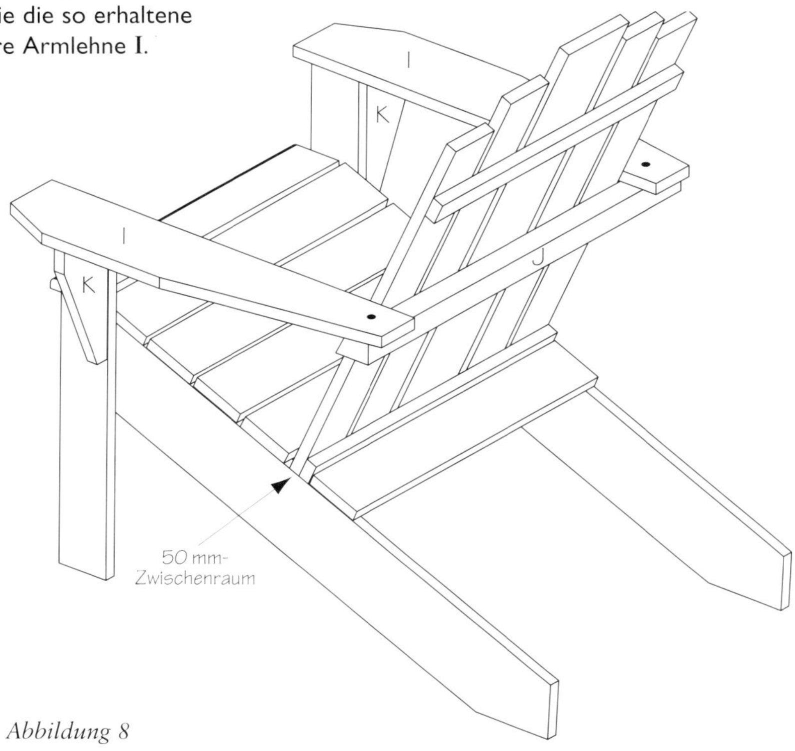

Abbildung 8

Dann stülpen Sie die zusammengespannte Armlehnen-Konstruktion so über die Rückenlehne, daß die Vorderteile der Armlehnen auf den Vorderbeinen zum Liegen kommen. Lassen Sie Ihren Helfer im Stuhl Platz nehmen; dann richten Sie die zusammengespannte Armlehnen-Konstruktion so aus, daß die Armlehnen parallel zum Fußboden sind und die Rückenlehne im angenehmsten Neigungswinkel geneigt ist. Schrauben Sie durch die Armlehnen I hindurch, um sie auf den Vorderbeinen zu sichern, wobei Sie jeweils zwei 40 mm lange Schrauben für jede Verbindung verwenden. (Bringen Sie vorher den Helfer in Sicherheit!)

21. Schrauben Sie durch jede der Leisten (E, F und G) der Rückenlehne hindurch in die Querstrebe J. Verwenden Sie jeweils zwei 40 mm lange Schrauben für jede Verbindung.

22. Bohren Sie jeweils ein Loch mit einem Durchmesser von 10 mm durch die Armlehnen I hindurch in und durch die Querstrebe J der Armlehnen, und sichern Sie die Verbindung mit einer 75 mm langen Schloßschraube mit Rundkopf in jedem gebohrten Loch. Schieben Sie eine Federscheibe und eine Mutter darüber und ziehen Sie den Bolzen ganz fest an.

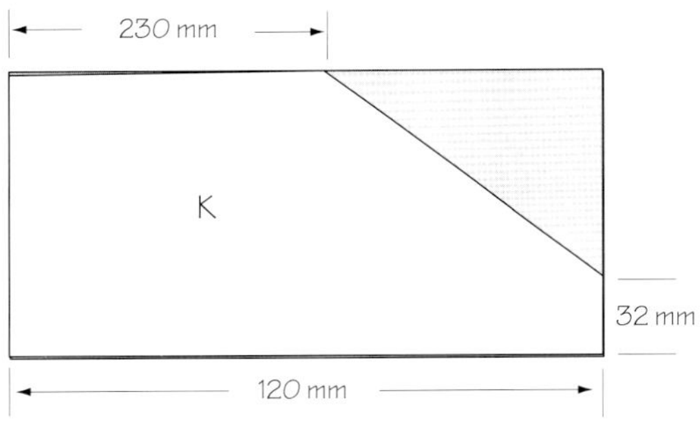

Abbildung 9

23. Schneiden Sie zwei Stützen K für die Armlehnen aus 18 x 95 mm Fichte auf je 230 mm Länge zu. Folgen Sie dem Diagramm in Abbildung 9, um den schraffierten Abschnitt einer der Stützen zu entfernen. Verwenden Sie das so erhaltene Teil als Vorlage, um die zweite Stütze anzureißen und zuzuschneiden.

24. Passen Sie die Stützen K der Armlehnen gegen die Vorderbeine C und unter die Armlehnen ein, wobei die 230 mm lange Seitenkante jeweils zum Vorderbein weist, wie in Abbildung 8 auf Seite 35 gezeigt. Schrauben Sie durch die Vorderbeine C und Armlehnen I hindurch in die Stützen K der Armlehnen, wobei Sie jeweils zwei oder drei 40 mm lange Schrauben für jede Verbindung verwenden.

Oberflächenbehandlung

25. Füllen Sie alle Schraubenlöcher mit Holzkitt. Schleifen Sie gründlich alle Oberflächen. Denken Sie daran, daß nette Leute auf diesem Stuhl sitzen werden, und sparen Sie deshalb nicht mit Schleifpapier! Niemand mag Holzsplitter in seinem Hinterteil!

26. Wir haben unsere Adirondack-Stühle grundiert und gestrichen, aber Sie können Ihren genausogut unbehandelt lassen oder in der Farbe Ihrer Wahl beizen.

Fußschemel

Dieser einfache Fußschemel hat schon unterschiedlichste Verwendung in unserem Hinterhof gefunden. Wir haben ihn in Verbindung mit unserer Gartenbank (Seite 51) und unserem Adirondack-Stuhl (Seite 30) benutzt. Wunderbar als Fußstütze, liefert er auch eine handliche Ablagefläche für einen Stapel Zeitschriften oder einen Krug mit Eistee.

Materialbedarf

3,50 lfm	45 x 95 mm Fichte
4,50 lfm	18 x 95 mm Fichte

Befestigungsmaterial

10 Schrauben	65 mm
15 Nägel	35 mm

Zuschnitt-Liste

Teil	*Beschreibung*	*Stück*	*Material*	*Abmessungen*
A	Zarge lang	2	45 x 95 mm Fichte	555 mm lang
B	Bein	4	45 x 95 mm Fichte	300 mm lang
C	Zarge kurz	2	45 x 95 mm Fichte	330 mm lang
D	Leiste	8	18 x 95 mm Fichte	470 mm lang

Bau des Gestells

1. Schneiden Sie zwei lange Zargen A aus 45 x 95 mm Fichte auf je 555 mm Länge zu.

2. Schneiden Sie vier Beine B aus 45 x 95 mm Fichte auf je 300 mm Länge zu.

3. Stellen Sie zwei Beine B auf eine ebene Fläche parallel zueinander im Abstand von 555 mm. Passen Sie eine lange Zarge A zwischen die beiden Beine B ein, bündig mit den Enden der Beine B, wie in Abbildung 1 gezeigt. Schrauben Sie im Winkel durch die Enden der langen Zarge A hindurch in die Beine B. Verwenden Sie zwei 65 mm lange Schrauben für jede Verbindung.

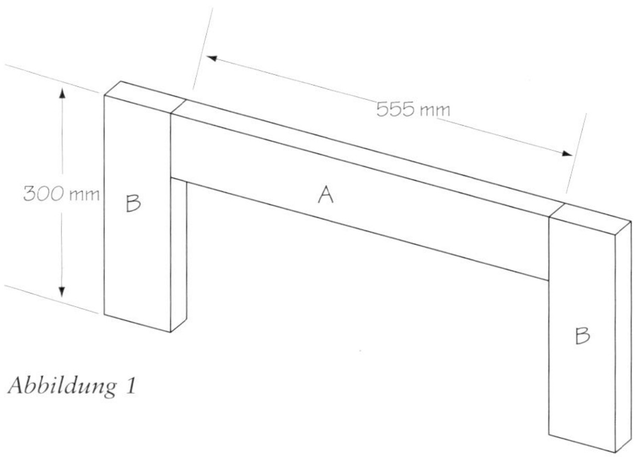

Abbildung 1

4. Wiederholen Sie Schritt 3, um die restliche lange Zarge A an den beiden anderen Beinen B zu befestigen.

5. Schneiden Sie zwei kurze Zargen D aus 45 x 95 mm Fichte auf je 330 mm Länge zu.

6. Stellen Sie die beiden Seitenteile aufrecht auf eine ebene Fläche parallel zueinander im Abstand von 330 mm, wie in Abbildung 2 gezeigt. Passen Sie die kurzen Zargen C zwischen die zwei Seitenteile ein, bündig mit den Außenkanten der Beine B. Schrauben Sie durch die Beine B hindurch in die Enden der kurzen Zargen. Verwenden Sie zwei 65 mm lange Schrauben für jede Verbindung.

Hinzufügen der Leisten

7. Schneiden Sie 8 Leisten D aus 18 x 95 mm Fichte auf je 470 mm Länge zu.

8. Richten Sie die 8 Leisten D gleichmäßig über dem Gestell aus, mit einem Abstand von 5 mm zueinander. Die Leisten D sollten 25 mm über die kurzen Zargen C und 25 mm über die langen Zargen A hinausragen, wie in Abbildung 2 gezeigt. Geben Sie Leim auf die Kontaktflächen und nageln Sie durch jede der acht Leisten D hindurch in die Zargen (A und C) und die Beine B.

Oberflächenbehandlung

9. Füllen Sie alle Risse und Spalten sowie Nagel- und Schraubenlöcher mit Holzkitt und schleifen Sie gründlich alle Oberflächen des fertiggestellten Fußschemels.

10. Grundieren und streichen oder beizen Sie Ihren fertigen Fußschemel in der Farbe Ihrer Wahl. Wir selber haben den Fußschemel so angestrichen, daß er zu unserem Adirondack-Stuhl paßt, wie Sie auf Seite 31 sehen können.

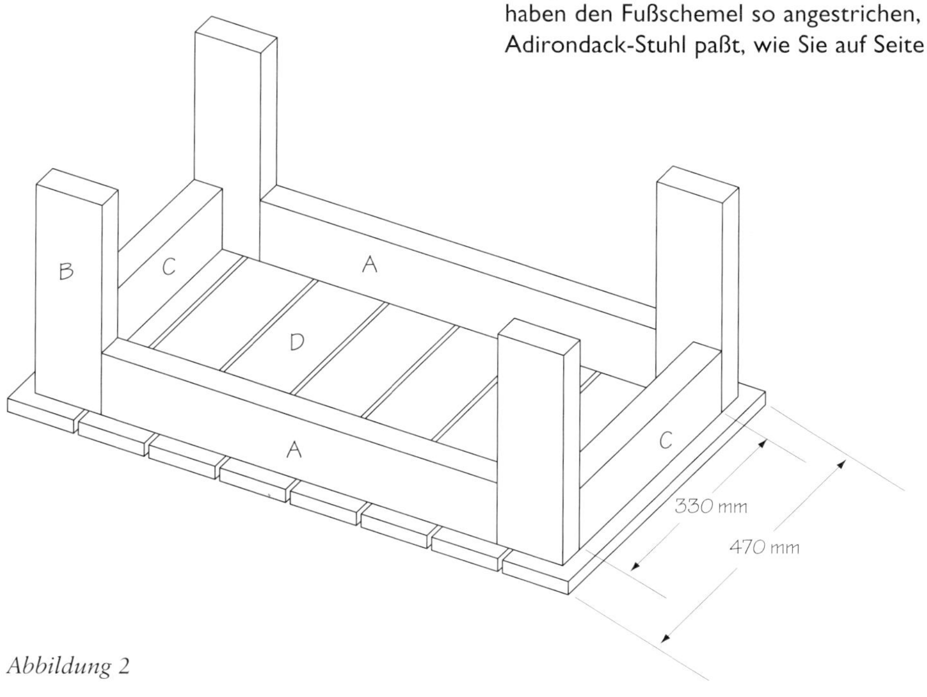

Abbildung 2

Blumensäule

Wir hatten unseren Spaß dabei, eine schlichte und einfach zu bauende Säule zu entwerfen, die attraktiv ist und dabei genügend solide, einen großen Farn zu tragen. Im Anschluß daran haben wir die Oberfläche so behandelt, daß sie wie aus Marmor erscheint. Die Säule sieht toll auf einer Veranda oder in der Ecke eines Balkons aus.

Zuschnitt der Teile

1. Schneiden Sie vier Seitenteile A aus 18 x 145 mm Fichte auf je 1220 mm Länge zu. Es ist sehr wichtig, daß Sie die Enden perfekt rechtwinklig ablängen, um zu vermeiden, daß Sie einen Turm bauen, der so schräg dasteht wie der berühmte, den wir alle kennen.

2. Schneiden Sie zwei kleine, quadratische Platten B aus 18 x 190 mm Fichte auf je 190 mm Kantenlänge zu.

3. Schneiden Sie zwei große, quadratische Platten C aus 18 x 240 mm Fichte auf je 240 mm Kantenlänge zu.

Zusammenbau

4. Bauen Sie die vier Seitenteile A so zusammen, daß jedes das jeweils folgende überlappt, wie in Abbildung 1 gezeigt. Wenn alle vier Seitenteile in der richtigen Position sind, ist die Säule an jeder Umlaufkante 163 mm breit. Nageln Sie alle vier Seitenteile A auf ganzer Länge, wobei Sie 30 mm lange Nägel verwenden, die Sie in einem Abstand von ungefähr 150 mm zueinander setzen. Versenken Sie die Nagelköpfe.

5. Richten Sie eine kleine Grundplatte B mittig auf einer großen Grundplatte C aus, wie in Abbildung 2 gezeigt. Nageln Sie die beiden Teile mit 30 mm langen Nägeln zusammen. Versenken Sie die Nagelköpfe.

6. Wiederholen Sie Schritt 5 mit den beiden anderen Grundplatten (B und C).

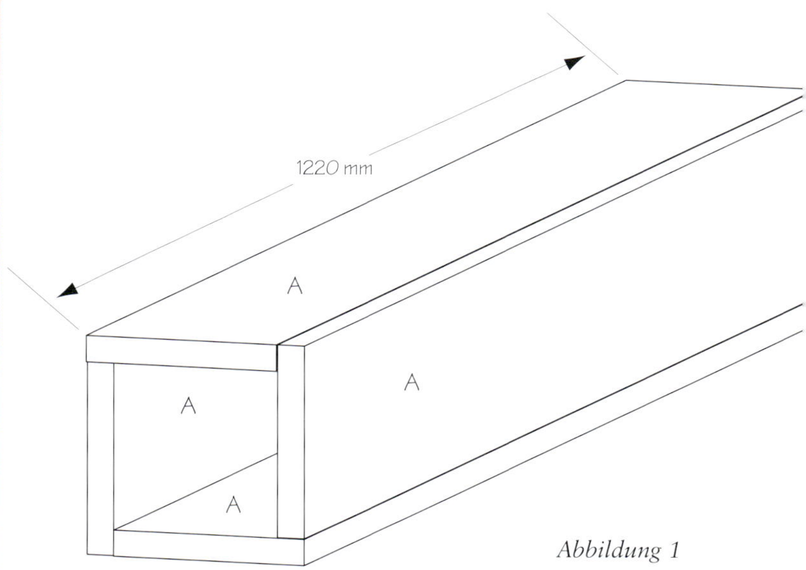

Abbildung 1

Materialbedarf

5,50 lfm	18 x 145 mm Fichte
0,75 lfm	18 x 190 mm Fichte
0,75 lfm	18 x 250 mm Fichte

Marmorierungs-Set (gibt es in verschiedenen Farben und mit Verarbeitungshinweisen)

Befestigungsmaterial

50 Nägel	30 mm
15 Nägel	50 mm

Zuschnitt-Liste

Teil	*Beschreibung*	*Stück*	*Material*	*Abmessungen*
A	Seitenteil	4	18 x 145 mm Fichte	1220 mm lang
B	Grundplatte klein	2	18 x 190 mm Fichte	190 mm lang
C	Grundplatte groß	2	18 x 240 mm Fichte	240 mm lang

7. Richten Sie eine Plattenkonstuktion mittig an der Spitze der Säule aus. Die große Platte sollte dabei nach oben zeigen (siehe Abbildung 3). Befestigen Sie dieses „Kopfteil" an der Säule, wobei sie die längeren Nägel verwenden. Versenken Sie die Nagelköpfe.
8. Stellen Sie die Säule auf den Kopf und wiederholen Sie Schritt 7, um die andere Plattenkonstuktion am „Fußteil" zu befestigen.

Oberflächenbehandlung

9. Füllen Sie alle Risse und Spalten sowie Nagellöcher mit Holzkitt und schleifen Sie gründlich alle Oberflächen der fertiggestellten Säule.
Wir haben unsere Blumensäule mit einem Marmorierungs-Set behandelt. Das hat Spaß gemacht, und das Ergebnis ist beeindruckend.

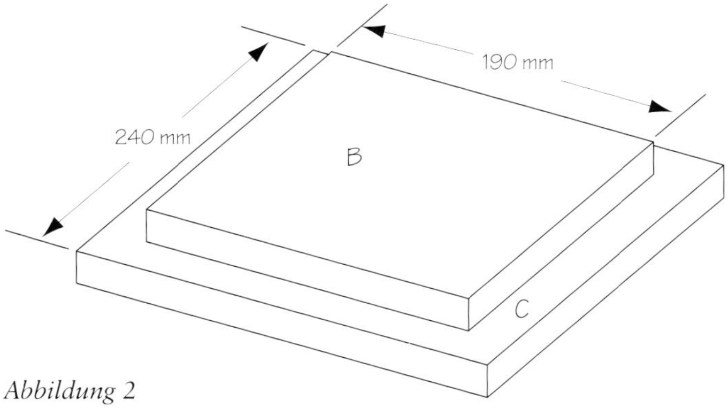

Abbildung 2

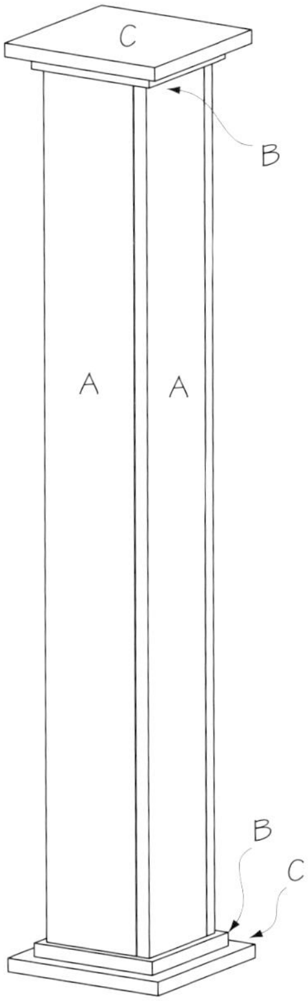

Abbildung 3

Gartenstuhl

Bauen Sie zwei von diesen Stühlen und gruppieren Sie sie zusammen mit unserer Gartenbank (Seite 51) und Sie haben einen angenehmen Platz für „Hinterhof-Gespräche". Oder Sie bauen nur einen Stuhl, stellen unseren Beistelltisch (Seite 84) dazu und schaffen einen schönen Platz, um Eistee zu genießen und ein gutes Buch zu lesen. Dieser bequeme Stuhl ist stabil genug, um auch Sommerstürmen zu trotzen!

Materialbedarf (für einen Stuhl)

9,50 lfm	45 x 95 mm Fichte
2,50 lfm	18 x 95 mm Fichte
4,00 lfm	25 x 45 mm Fichte

Befestigungsmaterial

50 Nägel	40 mm
25 Schrauben	65 mm
30 Schrauben	90 mm

Zuschnitt-Liste

Teil	*Beschreibung*	*Stück*	*Material*	*Abmessungen*
A	Querstrebe Seitenteil	4	45 x 95 mm Fichte	400 mm lang
B	langes Hinterbein	2	45 x 95 mm Fichte	900 mm lang
C	kurzes Vorderbein	2	45 x 95 mm Fichte	750 mm lang
D	Stuhlzarge	2	45 x 95 mm Fichte	500 mm lang
E	innere Querstrebe	2	45 x 95 mm Fichte	500 mm lang
F	Leiste breit	4	18 x 95 mm Fichte	500 mm lang
G	Leiste schmal	2	25 x 45 mm Fichte	500 mm lang
H	Rahmenteil Rückenlehne	2	45 x 95 mm Fichte	500 mm lang
I	Rückensprosse	2	25 x 45 mm Fichte	230 mm lang

Bau der Seitenteile des Stuhls

1. Schneiden Sie vier Querstreben A aus 45 x 95 mm Fichte auf je 400 mm Länge zu.

2. Schneiden Sie zwei lange Hinterbeine B aus 45 x 95 mm Fichte auf je 900 mm Länge zu.

3. Schneiden Sie zwei kurze Vorderbeine C aus 45 x 95 mm Fichte auf je 750 mm Länge zu.

4. Legen Sie die beiden Querstreben A für ein Seitenteil parallel zueinander und zwischen ein langes Hinterbein B und ein kurzes Vorderbein C, wie in Abbildung 1 gezeigt. Die Oberkante der oberen Querstrebe A schließt genau bündig mit dem oberen Ende des kurzen Vorderbeins C ab, und die untere Querstrebe ist 350 mm vom anderen Ende desselben Vorderbeins C entfernt, wie in Abbildung 1 gezeigt. Geben Sie Leim auf die Kontaktflächen und schrauben Sie im Winkel durch die Seitenkanten der Querstreben A hindurch sowohl in das lange Hinterbein B als auch in das kurze Vorderbein C, wobei Sie 90 mm lange Schrauben für jede Verbindung verwenden.

5. Wiederholen Sie Schritt 4 beim Zusammenbau des anderen Seitenteils.

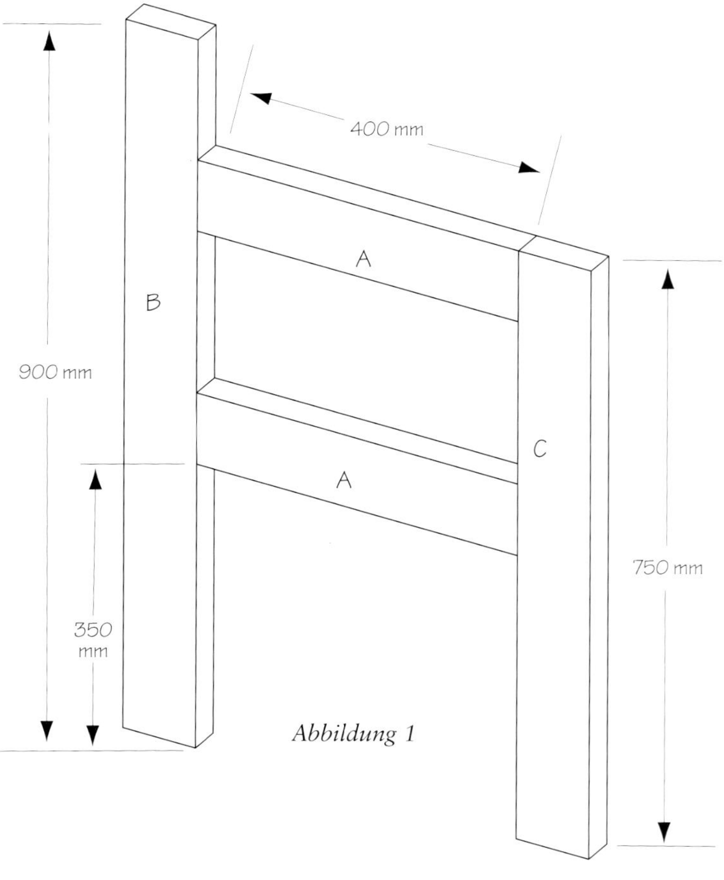

Abbildung 1

Hinzufügen des Sitzes

6. Schneiden Sie zwei Zargen D für den Sitz aus 45 x 95 mm Fichte auf je 500 mm Länge zu.

7. Für den nächsten Schritt wünschen Sie sich vielleicht einen bereitwilligen Helfer zur Unterstützung. Falls niemand verfügbar ist, nehmen Sie eine Schraubzwinge, um die Konstruktion zusammenzuhalten, während Sie die Teile miteinander verschrauben. Stellen Sie die Seitenteile jeweils auf die 900 mm lange Außenkante, parallel und in einem Abstand von 500 mm zueinander. Passen Sie die hintere Stuhlzarge D zwischen die beiden Seitenteile ein, 350 mm von der Unterkante der beiden Seitenteile entfernt. Die Oberkante der hinteren Stuhlzarge D sollte auf exakt der gleichen Höhe sein wie die Oberkanten der unteren Querstreben A der Seitenteile, wie in Abbildung 2 gezeigt. Schrauben Sie durch die Seitenteile hindurch in die Enden der hinteren Stuhlzarge D, wobei Sie zwei 65 mm lange Schrauben für jede Verbindung verwenden.

8. Stellen Sie die Konstruktion auf die 750 mm langen Außenkanten und befestigen Sie die vordere Stuhlzarge D auf der entgegengesetzten Seite der Seitenteile, in der gleichen Weise wie in Schritt 7.

9. Schneiden Sie zwei innere Querstreben E aus 45 x 95 mm Fichte auf je 500 mm Länge zu.

10. Passen Sie eine innere Querstrebe E – breite Seite nach oben – zwischen die beiden Stuhlzargen D ein, 18 mm unterhalb der Oberkante der unteren Querstreben des einen Seitenteils, wie in Abbildung 3 gezeigt. Schrauben Sie durch die Stuhlzargen D hindurch in die Enden der inneren Querstreben E, wobei Sie zwei 65 mm lange Schrauben für jede Verbindung verwenden. Schrauben Sie auch durch die untere Querstrebe A des Seitenteils hindurch in die Seitenkante der inneren Querstrebe E, wobei Sie drei 65 mm lange Schrauben verwenden, die Sie gleichmäßig auf die Verbindungsfläche verteilen.

11. Wiederholen Sie Schritt 10, um die andere innere Querstrebe E am anderen Seitenteil des Stuhls zu befestigen.

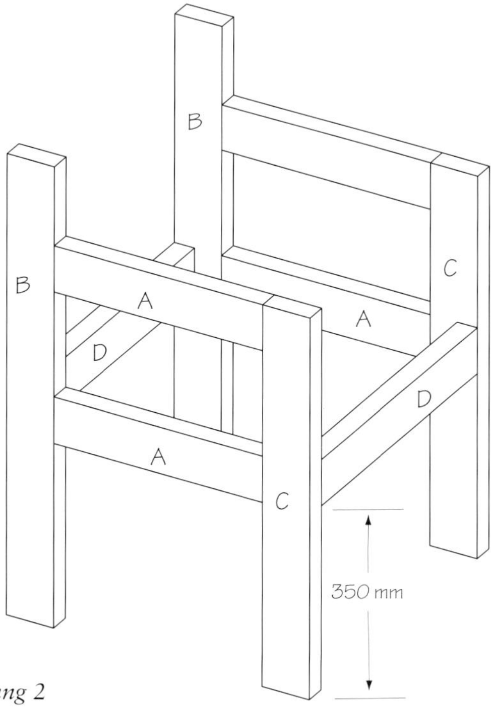

Abbildung 2

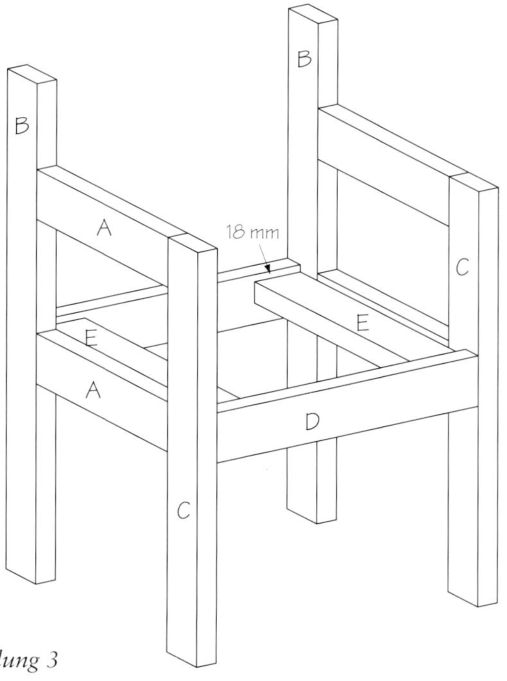

Abbildung 3

Hinzufügen der Sitzfläche

12. Die Sitzfläche des Stuhls besteht aus Leisten zweier unterschiedlicher Breiten, die sich in der Reihenfolge abwechseln. Schneiden Sie vier breite Leisten F aus 18 x 95 mm Fichte auf je 500 mm Länge zu.

13. Schneiden Sie zwei schmale Leisten G aus 25 x 45 mm Fichte auf je 500 mm Länge zu. Achtung! Bitten Sie in diesem Fall einen Freund oder Schreiner, diese beiden Leisten auf 18 x 45 mm herunterzuhobeln, möglichst vor dem eigentlichen Zuschnitt.

14. Beginnen Sie damit, eine breite Leiste F an der Vorderseite des Stuhls über die innere Querstrebe E zu legen. Dann legen Sie eine schmale Leiste G daneben. Fahren Sie damit fort, erst eine breite und dann eine schmale Leiste aufzulegen, und bilden Sie den Abschluß mit zwei breiten Leisten F an der Stuhlrückseite, wie in Abbildung 6 auf Seite 46 gezeigt. Richten Sie die Leisten mit einem Abstand von ungefähr 5,7 mm zueinander aus. Nageln Sie durch jede der Latten (F und G) hindurch in die inneren Querstreben E. Verwenden Sie zwei 40 mm lange Nägel für jedes Ende der breiten Leisten F und einen für jedes Ende der schmalen Leisten G.

Bau der Rückenlehne

15. Schneiden Sie zwei Rahmenteile H für die Rückenlehne aus 45 x 95 mm Fichte auf je 500 mm Länge zu.

16. Schneiden Sie eine 25 mm breite Nut 10 mm tief entlang jeweils einer 500 mm langen Seitenkante eines Rahmenteils H, wie in Abbildung 4 gezeigt.

17. Schneiden Sie sieben Rückensprossen I aus 25 x 45 mm Fichte auf je 230 mm Länge zu.

18. Arbeiten Sie auf einer ebenen Fläche und legen Sie die Rahmenteile H parallel zueinander hin, mit den Nutungen nach innen, wie in Abbildung 5 gezeigt. Passen Sie die Enden der sieben Rückensprossen I in die Nuten der beiden Rahmenteile H ein. Der Abstand zwischen den Sprossen sollte ungefähr 30,9 mm betragen. Versuchen Sie, sich mit einem entsprechend breiten Abstandhalter aus einem Lattenrest zu behelfen. Arbeiten Sie dabei jeweils von außen auf die Mitte zu. Wenn die Rückensprossen I richtig in die Nuten eingepaßt sind, sollte der Abstand zwischen den beiden Rahmenteilen H 210 mm betragen. Die beiden äußeren Rückensprossen I sollten bündig mit den Enden der Rahmenteile H abschließen. Wenn alles optimal ausgerichtet ist, sollte die Rückenlehnenkonstruktion insgesamt 400 mm hoch und 500 mm lang sein. Geben Sie Leim auf die Kontaktflächen und sichern Sie die Rückensprossen, indem Sie durch die genutete Kante der Rahmenteile H in die Enden der Rückensprossen I nageln, wobei Sie zwei 40 mm lange Nägel für jede Verbindung verwenden.

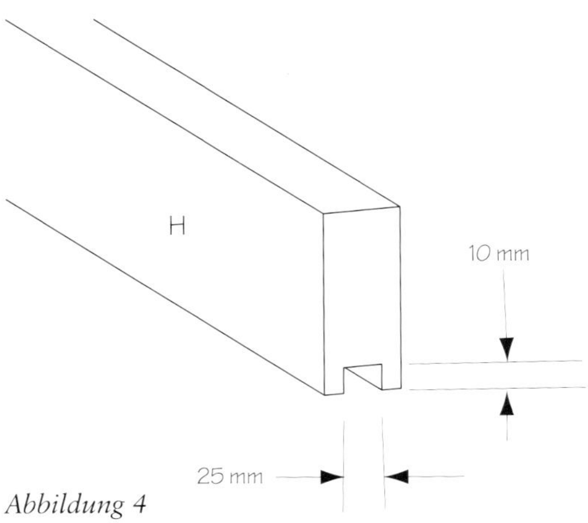

Abbildung 4

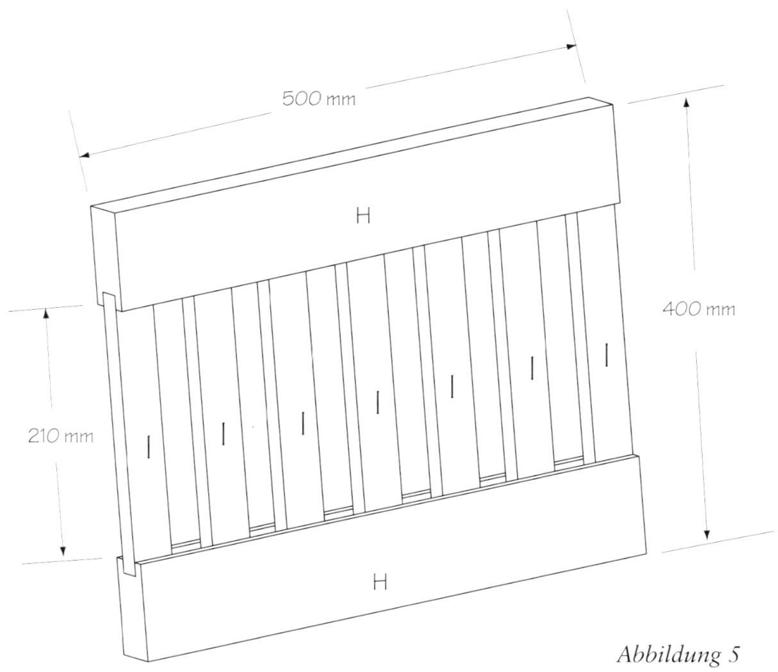

Abbildung 5

19. Nun sind Sie soweit, die Rückenlehnenkonstruktion zwischen die beiden Seitenteile einzupassen. Um den Stuhl etwas bequemer zu gestalten, ist die Rückenlehne in einem bestimmten Winkel geneigt – nach außen am oberen Ende und nach innen am unteren Ende. Der Neigungswinkel ist vorgegeben durch die Breite der Seitenteile. Die Unterkante der Rückenlehne wird bündig mit der Innenkante der langen Hinterbeine B eingepaßt und die Oberkante der Rückenlehne bündig mit der Außenkante der Hinterbeine B, wie in Abbildung 6 gezeigt. Wenn Sie die Rückenlehne optimal eingepaßt haben, sichern Sie die Konstruktion mit Schraubzwingen. Schrauben Sie durch die langen Hinterbeine B hindurch in die Enden der Rahmenteile H, wobei Sie 90 mm lange Schrauben für jede Verbindung verwenden.

Oberflächenbehandlung

20. Füllen Sie alle Risse und Spalten sowie Schraubenlöcher mit Holzkitt, und schleifen Sie gründlich alle Oberflächen des fertiggestellten Stuhls.

21. Grundieren und streichen oder beizen Sie Ihren Stuhl in der Farbe Ihrer Wahl.

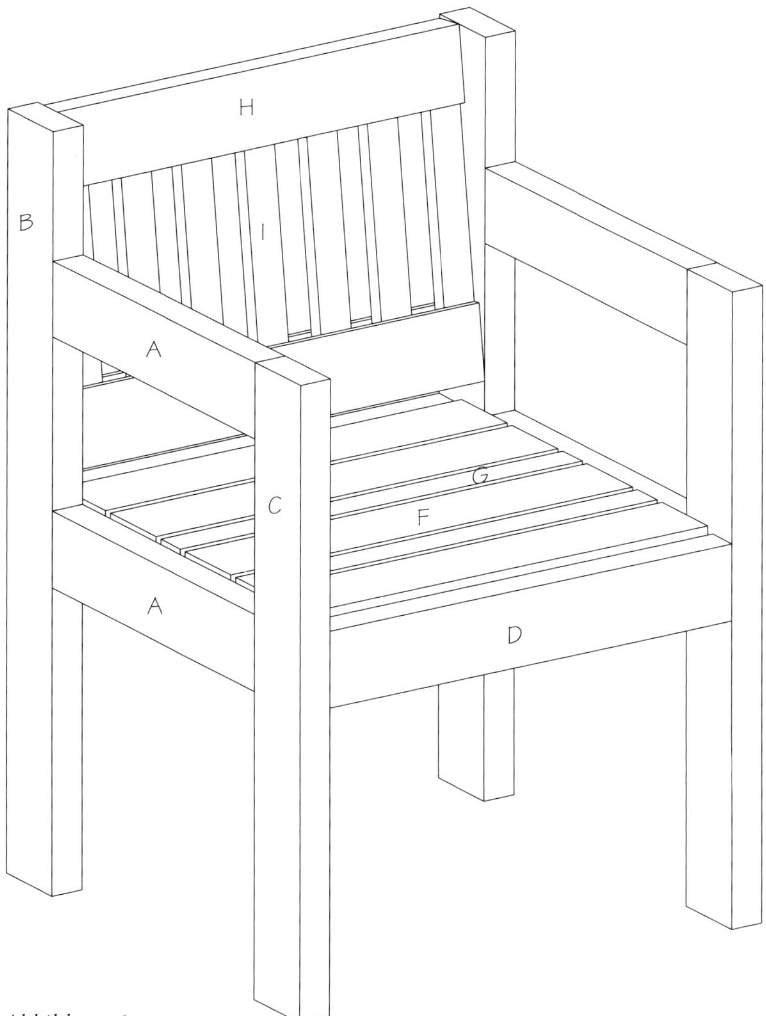

Abbildung 6

Blumenkrippen-Trio

Diese attraktiven und handlichen Blumenkrippen fühlen sich drinnen wie draußen zu Hause. Wir haben unsere auf einer überdachten Veranda aufgestellt, aber sie würden sich ebensogut auf einem Balkon oder drinnen vor einem Aussichtsfenster machen. Wir haben zwei kleine und eine große Blumenkrippe gebaut, aber Sie können beliebig kombinieren und sie entweder zusammen gruppieren oder einzeln verwenden.

Materialbedarf

Für die große Blumenkrippe:

2 lfm	8 x 190 mm	Fichte
6 lfm	25 x 45 mm	Fichte
4 lfm	38 x 58 mm	Fichte

Für die kleine Blumenkrippe:

(Denken Sie daran, diese Maße zu verdoppeln, wenn Sie beabsichtigen, zwei davon zu bauen.)

1,50 lfm	18 x 190 mm	Fichte
3,50 lfm	25 x 45 mm	Fichte
3,50 lfm	38 x 58 mm	Fichte

Verbindungsmaterial (für jeweils eine Blumenkrippe)

25 Nägel	40 mm
20 Schrauben	40 mm

Zuschnitt-Liste

Für die große Blumenkrippe:

Teil	*Beschreibung*	*Stück*	*Material*	*Abmessungen*
A	Seitenteil	2	18 x 190 mm Fichte	200 mm lang
B	Vorder-/Rückseite	2	18 x 190 mm Fichte	613 mm lang
C	langes Bein	4	38 x 58 mm Fichte	900 mm lang
D	Seitenteil Ablagefläche	2	25 x 45 mm Fichte	200 mm lang
E	Vorder-/Rückseite Ablagefläche	2	25 x 45 mm Fichte	627 mm lang
F	Leiste	18	25 x 45 mm Fichte	200 mm lang

Für die kleine Blumenkrippe:

Teil	*Beschreibung*	*Stück*	*Material*	*Abmessungen*
A	Seitenteil	2	18 x 190 mm Fichte	200 mm lang
G	kleine Vorder-/Rückseite	2	18 x 190 mm Fichte	328 mm lang
H	kurzes Bein	4	38 x 58 mm Fichte	750 mm lang
D	Seitenteil Ablagefläche	2	25 x 45 mm Fichte	200 mm lang
I	kleine Vorder-/Rückseite Ablagefläche	2	25 x 45 mm Fichte	342 mm lang
F	Leiste	8	25 x 45 mm Fichte	200 mm lang

Bau der großen Blumenkrippe

1. Schneiden Sie zwei Seitenteile A aus 18 x 190 mm Fichte auf je 200 mm Länge zu.

2. Schneiden Sie zwei lange Vorder-/Rückseiten B aus 18 x 190 mm Fichte auf 613 mm Länge zu.

3. Stellen Sie die zwei Seitenteile A auf eine ebene Fläche und parallel in einem Abstand von 577 mm zueinander. Schieben Sie die beiden Vorder-/Rückseiten B über die Seitenkanten der beiden Seitenteile A, wie in Abbildung 1 gezeigt. Schrauben Sie durch Vorder-/Rückseite hindurch in die Seitenkanten der Seitenteile A.

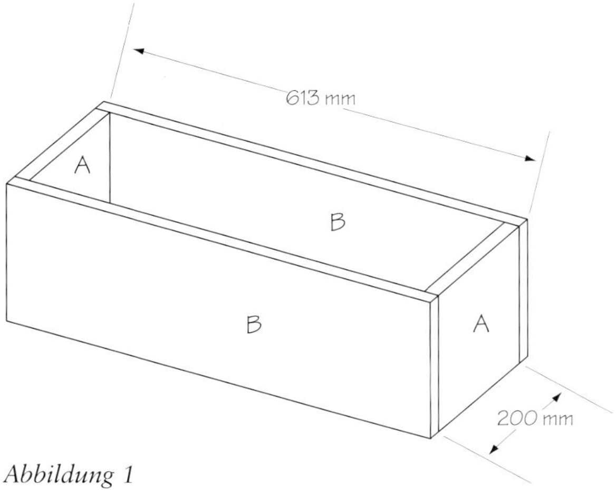

Abbildung 1

Hinzufügen der Beine

4. Schneiden Sie die vier Beine C für die Blumenkrippe aus 38 x 58 mm Fichte auf je 900 mm Länge zu.
5. Passen Sie je ein Bein C in jede Ecke des nach oben offenen Krippenkastens, wie in Abbildung 2 gezeigt, ein, ungefähr 25 mm von dessen Oberkante. Schrauben Sie durch Vorder-/Rückseite B und Seitenteil A hindurch in jedes Bein C, wobei Sie 40 mm lange Schrauben verwenden. Nehmen Sie jeweils zwei Schrauben für jede Verbindung.

Hinzufügen der unteren Ablagefläche

6. Schneiden Sie zwei Seitenteile für die untere Ablagefläche aus 38 x 58 mm Fichte auf je 200 mm Länge zu.
7. Befestigen Sie ein Seitenteil D 200 mm vom unteren Ende der beiden Beine C entfernt, wie in Abbildung 3 gezeigt. Schrauben Sie durch das Seitenteil D in jedes Bein C, wobei Sie 40 mm lange Schrauben verwenden. Wiederholen Sie diesen Vorgang, um das andere Seitenteil D an den gegenüberliegenden Beinen C zu befestigen.
8. Schneiden Sie zwei Vorder-/Rückseiten E aus 25 x 45 mm Fichte auf je 627 mm Länge zu.
9. Schieben Sie eine Vorder-/Rückseite E über die Seitenkanten der beiden Seitenteile D, wie in Abbildung 3 gezeigt. Schrauben Sie durch die Vorder-/Rückseite E hindurch in die Beine C, wobei Sie 40 mm lange Schrauben verwenden. Wiederholen Sie diesen Vorgang, um die andere Vorder-/Rückseite E an den gegenüberliegenden Seitenkanten der beiden Seitenteile D zu befestigen.

Hinzufügen der Leisten

10. Schneiden Sie 18 Leisten F aus 25 x 45 mm Fichte auf je 200 mm Länge zu. Neun Leisten werden für den Boden des Krippenkastens gebraucht, und die anderen neun für die untere Ablagefläche.
11. Um die untere Ablagefläche zu bauen, befestigen Sie die erste Leiste F zwischen Vorder- und Rückseite der Ablagefläche E bündig mit der Innenkante der Beine C und mit einer Seite bündig mit der Oberkante der Vorder- und Rückseite E der Ablagefläche. Nageln Sie durch Vorder- und Rückseite E der Ablagefläche hindurch in die Enden der Leisten F, wobei Sie 40 mm lange Nägel für jede Verbindung verwenden.
12. Befestigen Sie die zweite Leiste F an der gegenüberliegenden Seite der Ablagefläche.
13. Befestigen Sie sieben weitere Leisten F zwischen den Vorder-/Rückseiten E der Ablagefläche in einem Abstand von 12 mm zueinander.
14. Befestigen Sie die restlichen neun Leisten F zwischen Vorder- und Rückseite A am Boden des Krippenkastens. Die Unterkanten der Leisten sollten bündig mit dem Boden des Krippenkastens abschließen, wie in Abbildung 4 auf Seite 50 zu sehen.

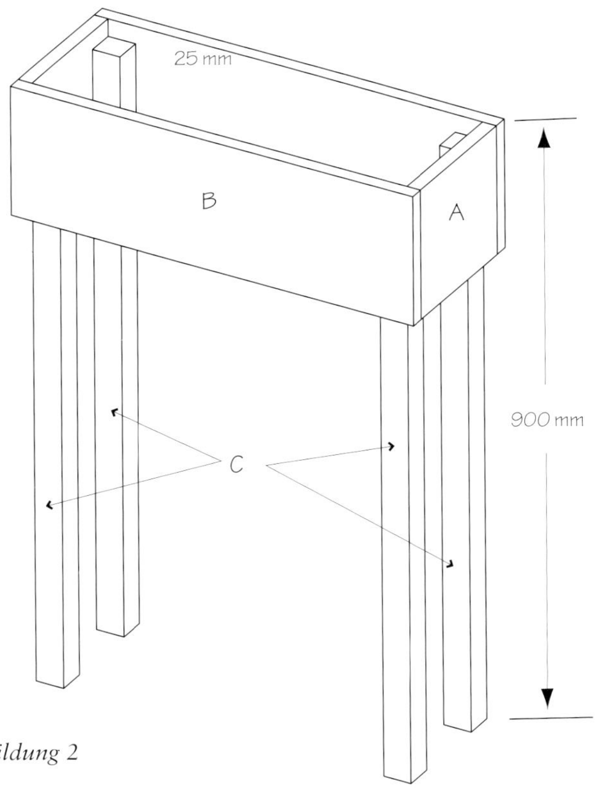

Abbildung 2

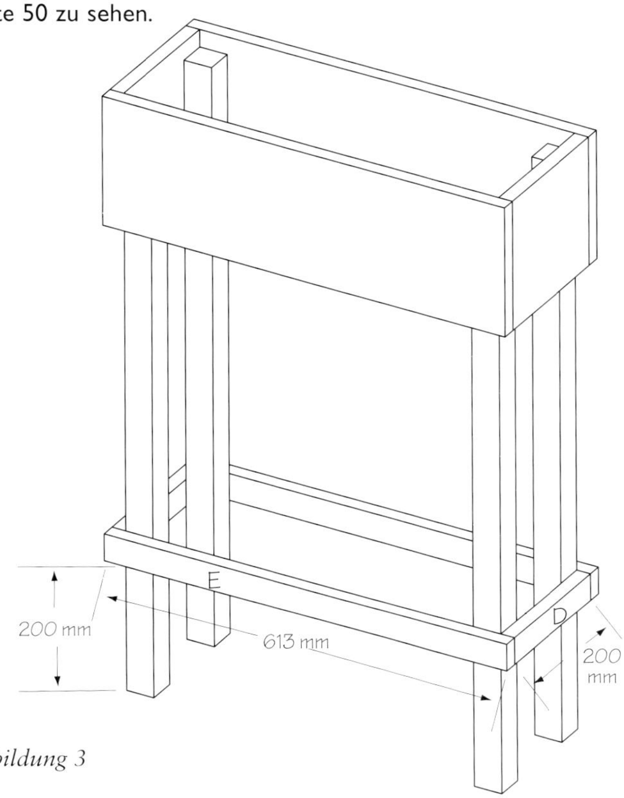

Abbildung 3

Bau der kleinen Blumenkrippe

15. Schneiden Sie zwei Seitenteile A aus 18 x 190 mm Fichte auf je 200 mm Länge zu.

16. Schneiden Sie zwei kleine Vorder-/Rückseiten G aus 18 x 190 mm Fichte auf je 328 mm Länge zu.

17. Stellen Sie die beiden Seitenteile A auf eine ebene Fläche und parallel in einem Abstand von 292 mm zueinander. Schieben Sie die beiden kleinen Vorder-/Rückseiten G über die Seitenkanten der beiden Seitenteile A. Schrauben Sie durch die Enden der kleinen Vorder-/Rückseiten G hindurch in die Seitenkanten der Seitenteile A.

Hinzufügen der Beine

18. Schneiden Sie die vier kurzen Beine H aus 38 x 58 mm Fichte auf je 750 mm Länge zu.

19. Passen Sie je ein kurzes Bein H in jede Ecke des nach oben offenen Krippenkastens, ungefähr 25 mm unterhalb der Oberkante des Krippenkastens, wie in Abbildung 2 auf Seite 49 gezeigt. Schrauben Sie durch die kleine Vorder-/Rückseite G und das Seitenteil A hindurch in das kurze Bein H, wobei Sie 40 mm lange Schrauben verwenden. Nehmen Sie zwei Schrauben für jede Verbindung.

Hinzufügen der unteren Ablagefläche

20. Schneiden Sie zwei Seitenteile D für die untere Ablagefläche aus 25 x 45 mm Fichte auf je 200 mm Länge zu.

21. Befestigen Sie ein Seitenteil D der unteren Ablagefläche 200 mm vom unteren Ende der beiden kurzen Beine H entfernt, wie in Abbildung 3 auf Seite 49 gezeigt. Schrauben Sie durch das Seitenteil D der Ablagefläche hindurch in jedes kurze Bein H, wobei Sie 40 mm lange Schrauben verwenden. Wiederholen Sie diesen Vorgang, um das andere Seitenteil D der Ablagefläche an den beiden gegenüberliegenden kurzen Beinen H zu befestigen.

22. Schneiden Sie zwei kleine Vorder-/Rückseiten I für die Ablagefläche aus 25 x 45 mm Fichte auf je 342 mm Länge zu.

23. Passen Sie eine kleine Vorder-/Rückseite I über die Seitenkanten der Seitenteile D für die Ablagefläche, wie in Abbildung 3 auf Seite 49 gezeigt. Schrauben Sie durch die kleine Vorder-/Rückseite I hindurch in die kurzen Beine H, wobei Sie 40 mm lange Schrauben verwenden. Wiederholen Sie diesen Vorgang, um die andere Vorder-/Rückseite I zu befestigen.

Hinzufügen der Leisten

24. Schneiden Sie acht Leisten F aus 25 x 45 mm Fichte auf je 200 mm Länge zu. Vier Leisten werden für den Boden des Krippenkastens gebraucht, und die anderen vier für die untere Ablagefläche.

25. Um die untere Ablagefläche zu bauen, befestigen Sie die erste Leiste F zwischen den kleinen Vorder-/Rückseiten I bündig mit der Innenkante der kurzen Beine H, wie in Abbildung 4 gezeigt. Nageln Sie durch jede kleine Vorder-/Rückseite I hindurch in die Enden der Leiste F, wobei Sie je zwei 40 mm lange Nägel für jede Verbindung verwenden.

26. Befestigen Sie die zweite Leiste F an der gegenüberliegenden Seite der Ablagefläche.

27. Befestigen Sie zwei weitere Leisten F zwischen der ersten und der zweiten Leiste F in einem Abstand von 12 mm.

28. Befestigen Sie die restlichen vier Leisten F zwischen den kleinen Vorder-/Rückseiten G am Boden des Krippenkastens. Die Unterkante der Leisten F sollte bündig mit dem Boden des Krippenkastens sein.

Oberflächenbehandlung

29. Füllen Sie alle Risse, Spalten und Schraubenlöcher mit Holzkitt und schleifen Sie gründlich sämtliche Oberflächen der fertiggestellten Blumenkrippe.

30. Streichen oder beizen Sie das fertige Projekt in der Farbe Ihrer Wahl oder versiegeln Sie es einfach mit einem wasserfesten Lack, um das natürliche Aussehen des Holzes zur Geltung kommen zu lassen.

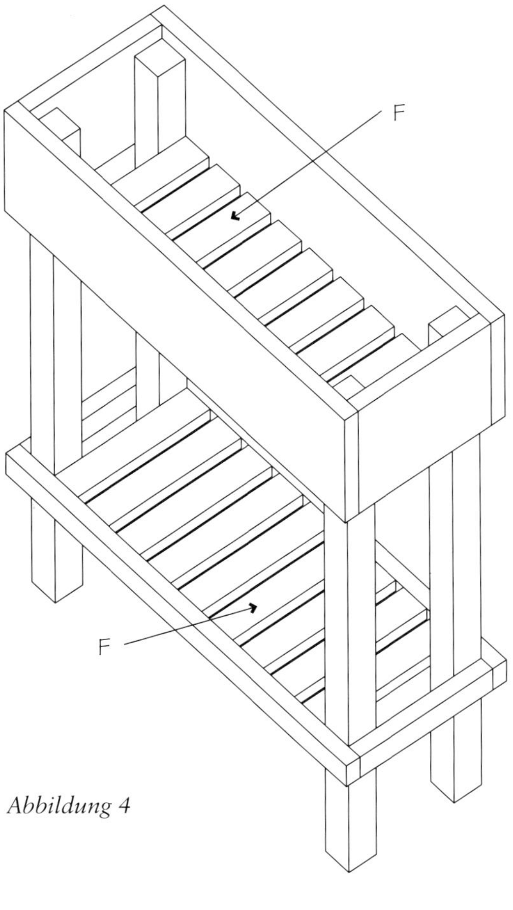

Abbildung 4

Gartenbank

Diese Bank kann im Garten, auf der Veranda oder auf einem Bootssteg stehen. Sie ist aus druckimprägniertem Holz – Lärchenholz wäre die umweltfreundliche Alternative – gebaut, damit sie dem Wetter standhalten kann. Die Latten, die den Sitz bilden, machen die Bank bequem und stellen sicher, daß sich kein Wasser auf der Sitzfläche sammeln kann.

Spezielle Werkzeuge und Techniken
Nutungen
Schraubzwingen

Materialbedarf

20,0 lfm	45 x 95 mm Fichte
6,50 lfm	18 x 95 mm Fichte
9,50 lfm	25 x 45 mm Fichte

Befestigungsmaterial

30	Schrauben	90 mm
30	Schrauben	65 mm
220	Nägel	40 mm

Zuschnitt-Liste

Teil	*Beschreibung*	*Stück*	*Material*	*Abmessungen*
A	Querstrebe Seitenteil	4	45 x 95 mm Fichte	400 mm lang
B	langes Hinterbein	2	45 x 95 mm Fichte	900 mm lang
C	kurzes Vorderbein	2	45 x 95 mm Fichte	750 mm lang
D	Bankzarge	2	45 x 95 mm Fichte	1500 mm lang
E	innere Querstrebe	5	45 x 95 mm Fichte	500 mm lang
F	Latte breit	4	18 x 95 mm Fichte	1500 mm lang
G	Latte schmal	2	25 x 45 mm Fichte	1500 mm lang
H	Rahmenteil Rückenlehne	2	45 x 95 mm Fichte	1500 mm lang
I	Rückensprosse	20	25 x 45 mm Fichte	230 mm lang

Bau der Seitenteile der Bank
1. Schneiden Sie vier Querstreben A aus 45 x 95 mm Fichte auf je 400 mm Länge zu.
2. Schneiden Sie zwei lange Hinterbeine B aus 45 x 95 mm Fichte auf je 900 mm Länge zu.
3. Schneiden Sie zwei kurze Vorderbeine C aus 45 x 95 mm Fichte auf je 750 mm Länge zu.
4. Legen Sie die beiden Querstreben A für ein Seitenteil parallel zueinander und zwischen ein langes Hinterbein B und ein kurzes Vorderbein C, wie in Abbildung 1 gezeigt. Die Oberkante der oberen Querstrebe A schließt genau bündig mit dem oberen Ende des kurzen Vorderbeins C ab, und die untere Querstrebe A ist 350 mm vom anderen Ende desselben Vorderbeins C entfernt, wie in Abbildung 1 gezeigt. Schrauben Sie im Winkel durch die Seitenkanten der Querstreben A hindurch sowohl in das lange Hinterbein B als auch in das kurze Vorderbein C, wobei Sie 90 mm lange Schrauben für jede Verbindung verwenden.
5. Wiederholen Sie Schritt 4 beim Zusammenbau des zweiten Seitenteils.

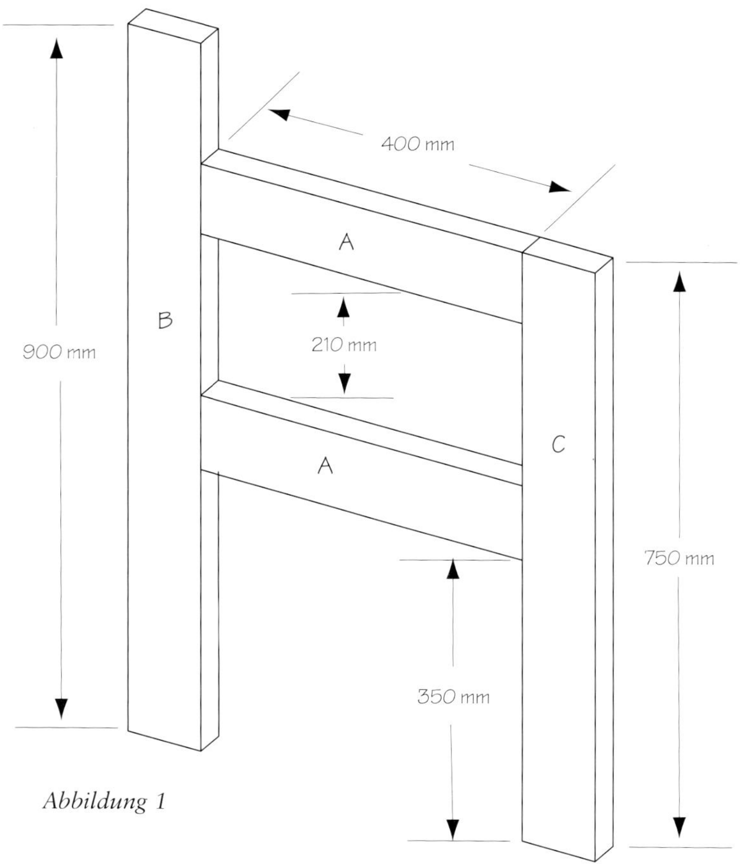

Abbildung 1

Hinzufügen des Sitzes

6. Schneiden Sie zwei Zargen D für den Sitz aus 45 x 95 mm Fichte auf je 1500 mm Länge zu.

7. Für den nächsten Schritt wünschen Sie sich vielleicht einen bereitwilligen Helfer zur Unterstützung. Falls niemand verfügbar (oder willens) ist, nehmen Sie eine Schraubzwinge, um die Konstruktion zusammenzuhalten, während Sie die Teile miteinander verschrauben. Stellen Sie jedes Seitenteil auf die lange Außenkante des Hinterbeins B mit einem Abstand von 1500 mm zum anderen Seitenteil, wie in Abbildung 2 gezeigt. Passen Sie die vordere Bankzarge D zwischen den beiden kurzen Vorderbeinen C ein, 350 mm von der Unterkante der Seitenteile entfernt. Die Oberkante der vorderen Bankzarge D sollte absolut bündig mit den Oberkanten der beiden unteren Querstreben A der Seitenteile abschließen. Schrauben Sie durch die Seitenteile hindurch in die Enden der vorderen Bankzarge D, wobei Sie zwei 65 mm lange Schrauben für jede Verbindung verwenden.

8. Wiederholen Sie Schritt 7, um die hintere Bankzarge D zwischen den beiden Seitenteilen zu befestigen, wie in Abbildung 2 gezeigt. Die Oberkante der hinteren Bankzarge D sollte absolut bündig mit den Oberkanten der beiden unteren Querstreben A der Seitenteile sein. Verwenden Sie zwei 65 mm lange Schrauben für jede Verbindung und schrauben Sie durch die langen Hinterbeine B hindurch in die Enden der hinteren Bankzarge.

9. Schneiden Sie fünf innere Querstreben E aus 45 x 95 mm Fichte auf je 500 mm Länge zu.

10. Stellen Sie die Konstruktion aufrecht hin, wie aus Abbildung 3 ersichtlich. Schieben Sie eine innere Querstrebe E mit der breiten Fläche nach oben zwischen die beiden Bankzargen D und an die unteren Querstreben A der beiden Seitenteile, 18 mm unterhalb der Oberkante der Bankzargen D. Schrauben Sie durch die Bankzargen D hindurch in die Enden der inneren Querstrebe E, wobei Sie zwei 65 mm lange Schrauben verwenden.

11. Wiederholen Sie diesen Schritt mit einer weiteren inneren Querstrebe E am anderen Ende der Bankzargen.

12. Passen Sie die restlichen drei inneren Querstreben E zwischen die Bankzargen D ein. Fixieren Sie eine innere Querstrebe E genau in der Mitte und die beiden anderen in gleichmäßigem Abstand, wie in Abbildung 3 gezeigt. Denken Sie daran, diese 18 mm unterhalb der Oberkante der Bankzargen D einzupassen. Schrauben Sie durch die Bankzargen D hindurch in die Enden der inneren Querstreben E, wobei Sie 65 mm lange Schrauben für jede Verbindung verwenden.

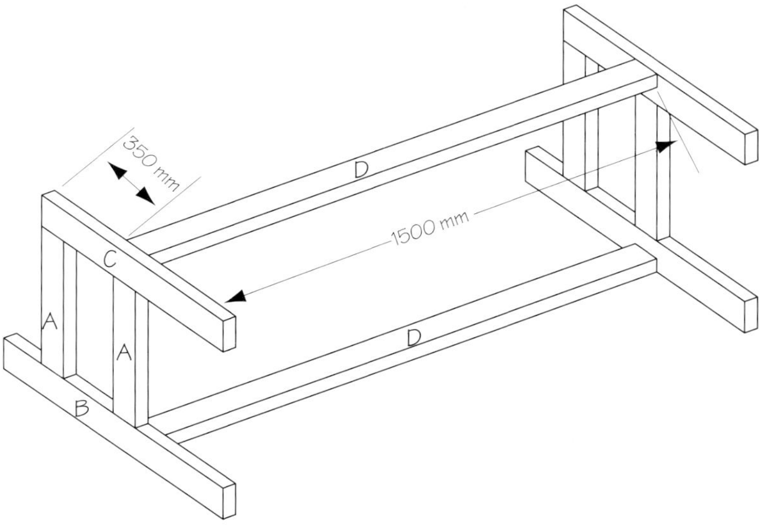

Abbildung 2

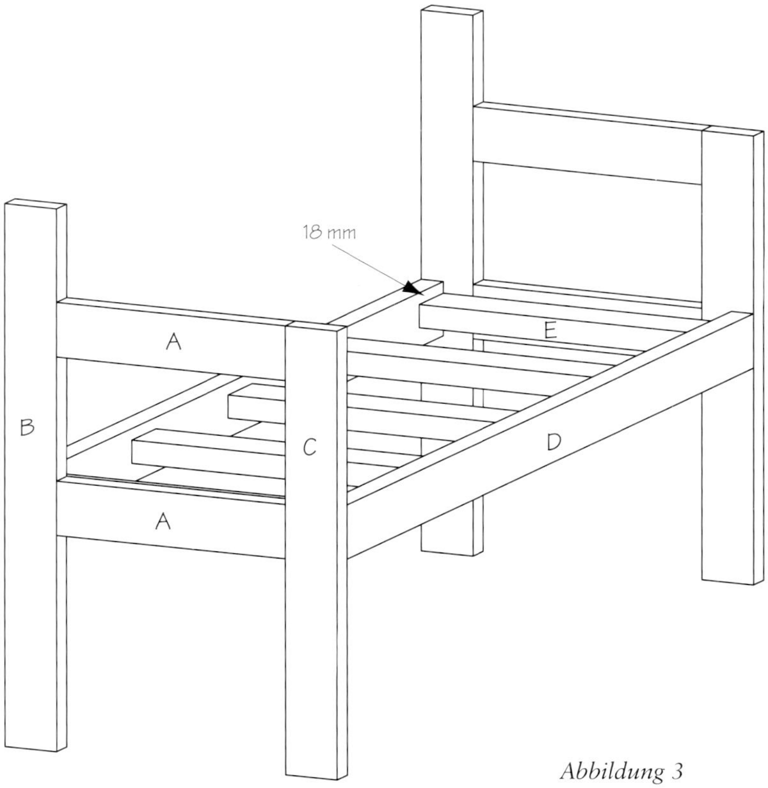

Abbildung 3

Hinzufügen der Sitzfläche

13. Der Sitz der Gartenbank besteht aus Latten zweier unterschiedlicher Breiten, die sich in der Reihenfolge abwechseln. Schneiden Sie vier breite Latten F aus 18 x 95 mm Fichte auf je 1500 mm Länge zu.

14. Schneiden Sie zwei schmale Leisten G aus 18 x 45 mm (!) Fichte auf je 1500 mm Länge zu. Achtung! Bitten Sie in diesem Fall einen Freund oder Schreiner, diese beiden Leisten auf 18 x 45 mm herunterzuhobeln, möglichst vor dem eigentlichen Zuschnitt.

15. Beginnen Sie damit, eine breite Latte F an der Vorderseite der Bank über die inneren Querstreben E zu legen. Dann legen Sie eine schmale Latte G daneben. Fahren Sie damit fort, erst eine breite und dann eine schmale Latte aufzulegen, und bilden Sie dann den Abschluß mit zwei breiten Latten F an der Bankrückseite, wie in Abbildung 6 auf Seite 55 gezeigt.

Richten Sie die Latten mit einem Abstand von ungefähr 4,5 mm zueinander aus. Nageln Sie durch jede der Latten (F und G) hindurch in die inneren Querstreben E. Verwenden Sie zwei 40 mm lange Nägel für jede Verbindung.

Bau der Rückenlehne

16. Schneiden Sie zwei Rahmenteile H für die Rückenlehne aus 45 x 95 mm Fichte auf je 1500 mm Länge zu.

17. Schneiden Sie eine 25 mm breite Nut 10 mm tief entlang jeweils einer 1500 mm langen Seitenkante eines jeden Rahmenteils H, wie in Abbildung 4 gezeigt.

18. Schneiden Sie 20 Rückensprossen I aus 25 x 45 mm Fichte auf je 230 mm Länge zu.

19. Arbeiten Sie auf einer ebenen Fläche und legen Sie die Rahmenteile H parallel zueinander hin, mit den Nutungen nach innen, wie in Abbildung 5 gezeigt. Passen Sie die Enden der 20 Rückensprossen I in die Nuten der beiden Rahmenteile H ein. Der Abstand zwischen den Sprossen sollte ungefähr 31,5 mm betragen. Wir haben uns mit einem entsprechend breiten Abstandhalter aus einem Lattenrest beholfen. Arbeiten Sie dabei jeweils von außen auf die Mitte zu. Wenn die Rückensprossen I richtig in die Nuten eingepaßt sind, sollte der Abstand zwischen den beiden Rahmenteilen H 210 mm betragen. Die beiden äußeren Rückensprossen I sollten bündig mit den Enden der Rahmenteile H abschließen.

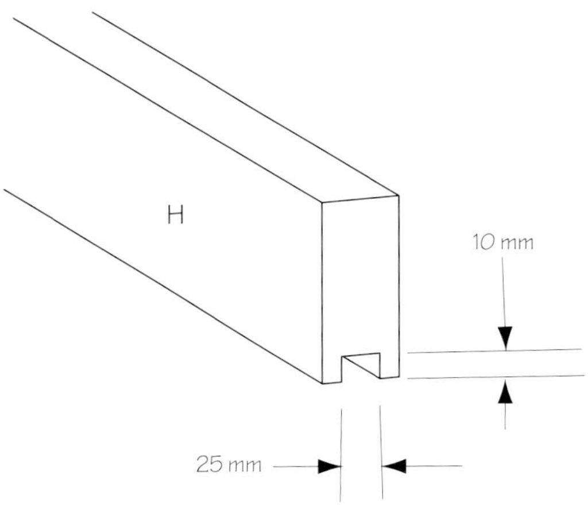

Abbildung 4

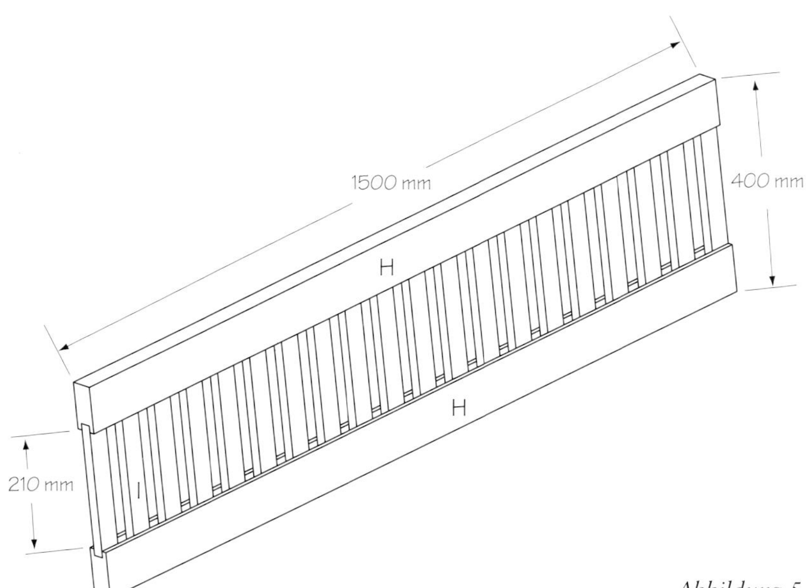

Abbildung 5

Wenn alles optimal ausgerichtet ist, sollte die Rückenlehnenkonstruktion insgesamt 400 mm hoch und 1500 mm lang sein. Sichern Sie die Rückensprossen, indem Sie durch die genutete Kante der Rahmenteile H hindurch in die Enden der Rückensprossen I nageln, wobei Sie zwei 40 mm lange Nägel für jede Verbindung verwenden.

20. Drehen Sie die Konstruktion herum und wiederholen Sie das Nageln auf der anderen Seite.

21. Es ist nun der richtige Zeitpunkt, die Rückenlehnenkonstruktion zwischen die beiden Seitenteile einzupassen. Um die Bank etwas bequemer zu gestalten, ist die Rückenlehne in einem bestimmten Winkel geneigt – nach außen am oberen Ende und nach innen am unteren Ende. Der Neigungswinkel ist vorgegeben durch die Breite der Seitenteile. Die Unterkante der Rückenlehne wird bündig mit der Innenkante der langen Hinterbeine B eingepaßt und die Oberkante der Rückenlehne bündig mit der Außenkante der Hinterbeine B, wie in Abbildung 6 gezeigt. Wenn Sie die Rückenlehne optimal eingepaßt haben, sichern Sie die Konstruktion mit Schraubzwingen. Schrauben Sie durch die langen Hinterbeine B hindurch in die Enden der Bankzargen H, wobei Sie 90 mm lange Schrauben für jede Verbindung verwenden.

Oberflächenbehandlung der Bank

22. Füllen Sie alle Risse und Spalten sowie alle Schraubenlöcher mit Holzkitt und schleifen Sie gründlich alle Oberflächen der fertiggestellten Gartenbank.

23. Grundieren und streichen oder beizen Sie Ihre Bank in der Farbe Ihrer Wahl.

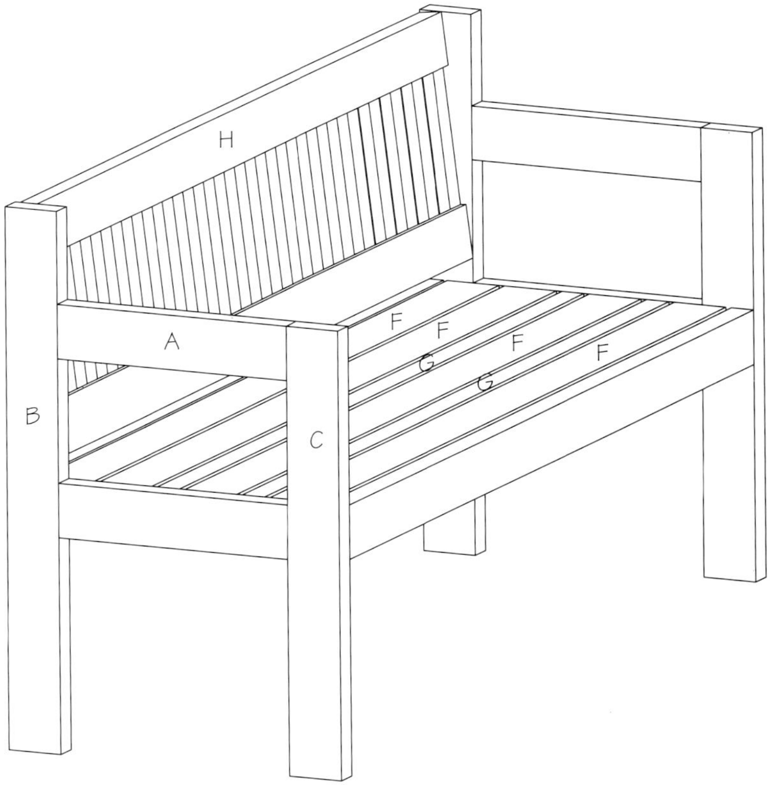

Abbildung 6

Vogelhäuschen

Dieses nette Vogelhäuschen haben wir auf unserem Balkon montiert. Es bereitet soviel Freude, die Vögel dabei zu beobachten, wie sie kleine Zweige in ihr Häuschen bugsieren, um ein Nest zu bauen! Auch wenn Sie kein Vogelbeobachter sind, werden Sie sich am Anblick dieses Vogelhäuschens in Ihrem Garten oder auf Ihrer Veranda erfreuen.

Materialbedarf

1 Platte wasserfestes Sperrholz 12 mm, 300 x 600 mm
1 Platte wasserfestes Sperrholz 10 mm, 305 x 950 mm
1,00 lfm 18 x 190 mm Fichte
5,00 lfm 18 x 95 mm Fichte
1 dekorativer Abschlußknauf für Gardinenstangen
1,00 lfm 50 mm breiter Canvas-Stoff
Tacker und Klammern
wasserfester Leim

Befestigungsmaterial

20 Nägel 40 mm
20 Schrauben 35 mm

Zuschnitt-Liste

Teil	*Beschreibung*	*Stück*	*Material*	*Abmessungen*
A	Ober-/Unterteil	2	Sperrholz 12 mm	280 mm Kreisdurchmesser
B	Seitenteil breit	9	18 x 95 mm Fichte	280 mm lang
C	Seitenteil schmal	1	18 x 95 mm Fichte	280 mm lang
D	Seitenteil Platte	4	18 x 95 mm Fichte	380 mm lang
E	Deckbrett Platte	2	18 x 190 mm Fichte	416 mm lang
F	Dachsegment	8	Sperrholz 10 mm	305 x 305 x 178 mm Dreieck

Bau des Häuschens

1. Schneiden Sie Ober- und Unterteil A aus einer 12 mm starken Sperrholzplatte aus, wobei der Kreisdurchmesser jeweils 286 mm beträgt.
2. Schneiden Sie 10 breite Seitenteile B aus 18 x 95 mm Fichte auf je 280 mm Länge zu.
3. Schneiden Sie ein 38 mm großes Loch mittig, und von dem einen Ende 100 mm entfernt, in ein breites Seitenteil B, wie in Abbildung 1 gezeigt. (Beachten Sie: Unterschiedliche Vögel benötigen unterschiedlich große Öffnungen. Nehmen Sie ein Buch über den Bau von Vogelhäuschen zu Hilfe, um zu entscheiden, wie groß das Loch ausfallen muß.)
4. Messen Sie sorgfältig und markieren Sie die Mitte jedes breiten Seitenteils B jeweils 9 mm von jedem Ende entfernt, wie in Abbildung 1 gezeigt.

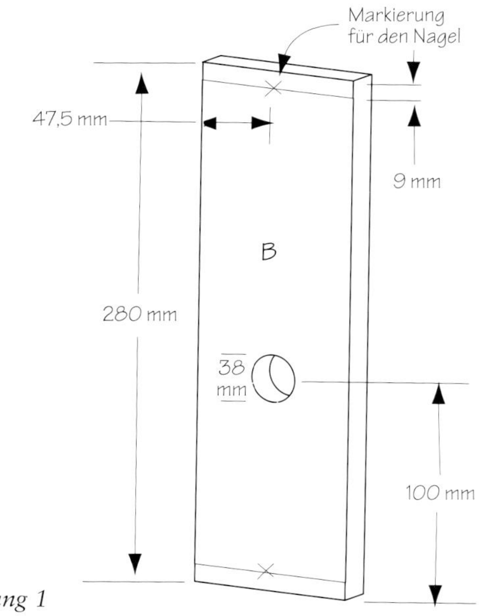

Abbildung 1

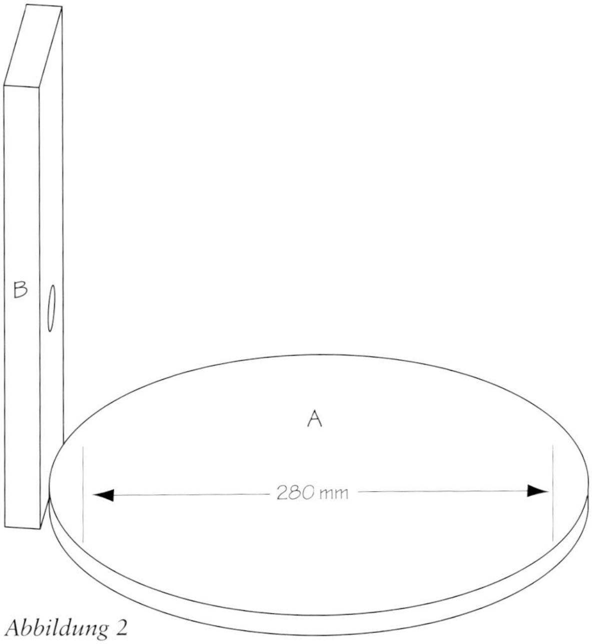

Abbildung 2

5. Legen Sie das eine Ober-/Unterteil A auf eine ebene Fläche. Befestigen Sie ein breites Seitenteil B am Ober-/Unterteil A. Nageln Sie an der markierten Stelle mit einem 40 mm langen Nagel durch das breite Seitenteil B hindurch in die Seitenkante des Ober-/Unterteils A, wie in Abbildung 2 gezeigt.
6. Stellen Sie ein weiteres breites Seitenteil B direkt neben das erste, so daß sich die inneren Kanten berühren. Nageln Sie durch das breite Seitenteil hindurch in die Seitenkante des Ober-/Unterteils A. Wiederholen Sie diesen Arbeitsschritt, um die restlichen sieben breiten Seitenteile B am Ober-/Unterteil A zu befestigen.
7. Schneiden Sie ein schmales Seitenteil C aus dem einen übriggebliebenen Seitenteil auf die benötigte Breite zu (ungefähr 75 mm – aber genaues Maß direkt vom Häuschen übernehmen!). Markieren Sie jeweils die exakte Mitte in einem Abstand von 9 mm von jedem Ende.
8. Befestigen Sie das schmale Seitenteil C in dem zwischen dem ersten und dem letzten breiten Seitenteil B verbleibenden Zwischenraum am Ober-/Unterteil A. Nageln Sie direkt an der Markierung durch das schmale Seitenteil C hindurch in das Ober-/Unterteil A.
9. Legen Sie das andere Ober-/Unterteil A auf eine ebene Fläche. Drehen Sie die Hauskonstruktion herum und schieben Sie die freien Enden der Seitenteile (B und C) über dieses Ober-/Unterteil A. Nageln Sie direkt an den Markierungen durch jedes Seitenteil (B und C) hindurch in dieses Ober-/Unterteil A.

Bau der Grundplatte

10. Schneiden Sie vier Seitenteile D für die Grundplatte aus 18 x 95 mm Fichte auf je 380 mm Länge zu.
11. Stellen Sie zwei Seitenteile D parallel in einem Abstand von 380 mm zueinander auf eine ebene Fläche. Passen Sie die übrigen beiden Seitenteile D zwischen die beiden ersten Seitenteile D ein, wie in Abbildung 3 gezeigt. Nageln Sie durch die überlappenden Seitenteile D hindurch in die Enden der innenliegenden Seitenteile D, wobei Sie jeweils zwei 40 mm lange Nägel für jede Verbindung verwenden.

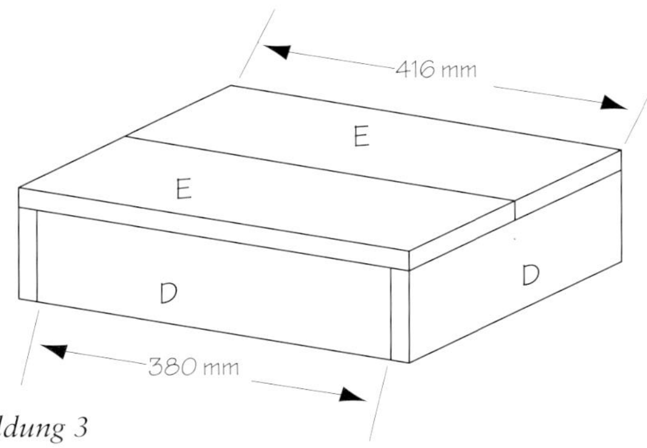

Abbildung 3

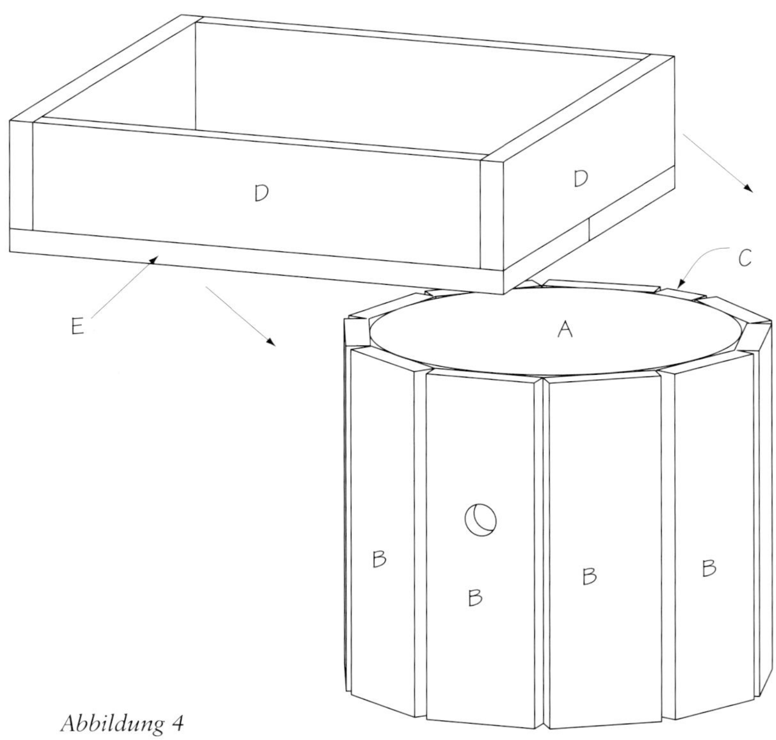

Abbildung 4

Anmerkung des Verlages: Durch die Umrechnung auf deutsche Maße sind nur 9 breite Seitenteile B nötig – und nicht 10 wie in der Zeichnung gezeigt. Bitte halten Sie sich an die Tabelle.

12. Schneiden Sie zwei Deckbrettchen E für die Grundplatte aus 18 x 190 mm Fichte auf je 416 mm Länge zu.
13. Schieben Sie die beiden Deckbrettchen E über die Seitenteile D, wie in Abbildung 3 gezeigt. Geben Sie Leim auf die Kontaktflächen und nageln Sie durch die beiden Deckbrettchen E hindurch in die Seitenteile D. Verwenden Sie jeweils vier oder fünf 40 mm lange Nägel für jede Seite.
14. Stellen Sie die Hauskonstruktion auf eine ebene Fläche, wobei sich das gebohrte Loch näher an der Spitze befindet.
15. Drehen Sie die Grundplatten-Konstruktion auf den Kopf und zentrieren Sie sie über der Hauskonstruktion, wie in Abbildung 4 gezeigt. Geben Sie Leim auf die Kontaktflächen und schrauben Sie durch beide Deckbrettchen E hindurch in das Ober-/Unterteil A, wobei Sie fünf oder sechs 35 mm lange Schrauben verwenden.

Bau des Daches

16. Schneiden Sie acht dreieckige Dachsegmente F aus 10 mm starkem Sperrholz auf die Seitenmaße 305 x 305 x 178 mm zu. Diese werden miteinander zu einem achtseitigen Kegel für das Dach verbunden.
17. Um die Teile vorläufig miteinander zu verbinden, haben wir kleine Stoffstreifen und einen Tacker verwendet.
18. Beginnen Sie damit, zwei Dachsegmente F auf eine ebene Fläche zu legen, mit ihren 305 mm langen Kanten exakt aneinander, wie in Abbildung 5 gezeigt. Schneiden Sie zwei 50 mm lange Streifen aus Canvas-Stoff zu. Legen Sie einen Steifen ungefähr 50 mm von der Spitze und einen ungefähr 25 mm vom Fuß des Segments über die gemeinsame Kante. Verwenden Sie einen Tacker, um den Stoff auf jedem der beiden Dachsegmente F festzuklammern. Wiederholen Sie diesen Arbeitsschritt, bis Sie die restlichen sechs Dachsegmente F an den beiden ersten befestigt haben.
19. Nun kommt der schwierige Teil. Versuchen Sie, für diesen Schritt die Unterstützung eines Freundes zu gewinnen. Lassen Sie jemanden die Konstruktion so halten, daß Sie das erste Dachsegment mit dem achten Dachsegment verbinden können. Verwenden Sie wieder zwei Stoffstreifen, um die Segmente zu einem „Trichter" zu verbinden.
20. Stellen Sie die Dachkonstruktion aufrecht auf eine ebene Fläche. Richten Sie die Segmente so aus, daß die Konstruktion auf allen Seiten flach aufliegt. Dann geben Sie wasserfesten Leim in jede Verbindung, um eine glatte Oberfläche zu erzielen. Lassen Sie die Konstruktion über Nacht trocknen.

Endbehandlung

21. Als verzierendes Element haben wir den Abschlußknauf einer Gardinenstange auf die Spitze des Daches geleimt.
22. Falls Sie kleine Besucher für Ihr Vogelhäuschen einplanen, ist es am besten, das Dach der Hauskonstruktion mit einem Scharnier zu befestigen, so daß Sie es nach der Aufzucht einer Vogelgeneration säubern können. Wenn Sie das Vogelhäuschen nur als Gartendekoration einplanen, nageln Sie einfach durch das Dach hindurch in die Hauskonstruktion (und malen das Einflugloch nur auf, anstatt es zu bohren).
23. Füllen Sie alle Risse, Spalten und Schraubenlöcher mit Holzkitt und schleifen Sie gründlich alle Oberflächen des fertiggestellten Vogelhäuschens.
24. Grundieren und streichen oder beizen Sie Ihr Vogelhäuschen in der Farbe Ihrer Wahl.

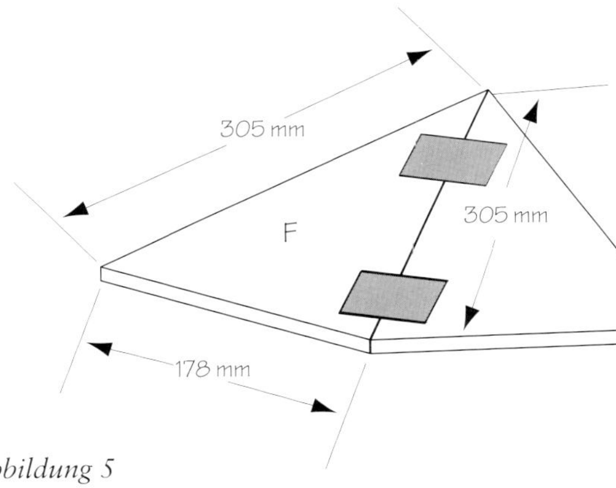

Abbildung 5

Briefkasten

Als wir unser Haus gekauft hatten, fanden wir den üblichen, langweiligen Briefkasten vor. Bei der Suche nach einem neuen machten wir die Erfahrung, daß an allen extravaganteren Briefkästen ein von jeder Kaufabsicht heilendes Preisschild klebte.

So haben wir unseren langweiligen Standardbriefkasten mit billigem Sperrholz und, wie wir hoffen, mit ein paar reizenden Details verkleidet. Wir sind mit dem Ergebnis sehr zufrieden und unser Briefkasten entlockt manch einem Passanten ein Lächeln.

Spezielle Werkzeuge und Techniken

Schneiden von Gehrungen

Materialbedarf

1 Platte wasserfestes Sperrholz 10 mm, 1250 x 1250 mm
0,75 lfm 45 x 95 Fichte
Zaunmaterial (aus Bastelgeschäft oder selbst angefertigt – siehe auch Hinzufügen des Zauns auf Seite 63)
6 bis 10 Pflanzen in Töpfen mit 75 mm Durchmesser
vorgefertigte Ziffern für Ihre Hausnummer
amerikanischer Standardbriefkasten (auch in Deutschland erhältlich)

Befestigungsmaterial

60 Nägel 25 mm
10 Schrauben 40 mm

Zuschnitt-Liste

Teil	*Beschreibung*	*Stück*	*Material*	*Abmessungen*
A	Vorderseite	1	Sperrholz 10 mm	285 x 330 mm
B	Rückseite	1	Sperrholz 10 mm	285 x 330 mm
C	Seitenteil	2	Sperrholz 10 mm	248 x 480 mm
D	Dachhälfte	2	Sperrholz 10 mm	235 x 600 mm
E	Kamin	1	45 x 95 mm Fichte	355 mm lang
F	Grundplatte	2	Sperrholz 10 mm	505 x 165 mm

Zuschnitt der Vorder-, Rück- und Seitenteile

1. Schneiden Sie die Vorderseite A aus 10 mm starkem Sperrholz auf 285 x 330 mm zu.
2. Abbildung 1 an, um den geschwungenen Türstock und die Dachschrägen der Vorderseite A zuzusägen. Kontrollieren Sie, ob der geschwungene Türstock die richtige Größe für Ihren Briefkasten hat.
3. Schneiden Sie die Rückseite B aus 10 mm starkem Sperrholz auf 285 x 330 mm zu.
4. Verwenden Sie die Vorderseite A als Vorlage zum Zuschneiden der Dachschrägen der Rückseite B. Schneiden Sie aber keinen geschwungenen Türstock aus der Rückseite B aus.
5. Schneiden Sie zwei Seitenteile C aus 10 mm starkem Sperrholz auf 248 x 480 mm zu.
6. Stellen Sie die zwei Seitenteile C parallel und in einem Abstand von 285 mm auf eine ebenen Fläche. Die 480 mm lange Seitenkante der Seitenteile sollte nach unten zeigen.

1008
U. S.
MAIL

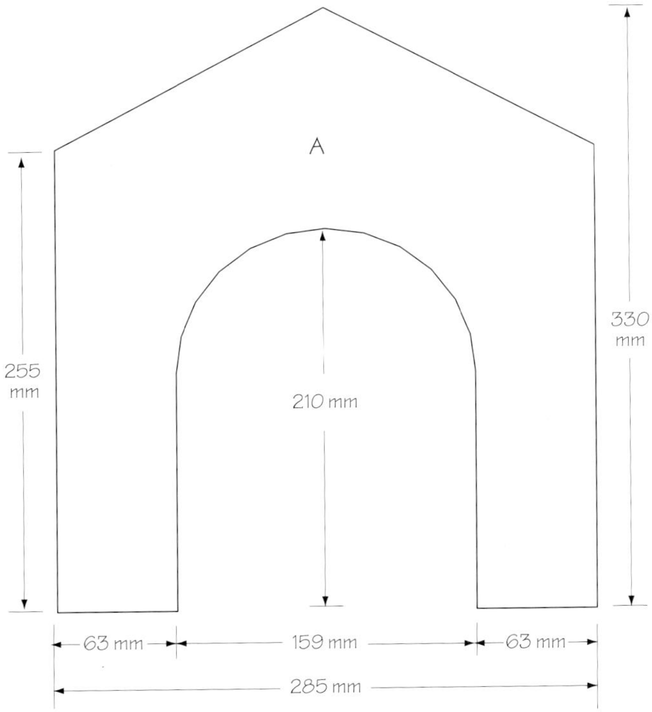

Abbildung 1

Passen Sie die Vorderseite A und die Rückseite B zwischen die beiden Seitenteile C ein, wie in Abbildung 2 gezeigt. Beachten Sie, daß die Seitenkanten der beiden Seitenteile C etwas niedriger als die Seitenkanten der Vorderseite A und der Rückseite B sind. Dieser Unterschied erlaubt die ungehinderte Auflage des Dachs auf den Dachschrägen. Geben Sie Leim auf die Kontaktflächen und verwenden Sie jeweils vier 25 mm lange Nägel für jede Verbindung.

Hinzufügen des Daches

7. Schneiden Sie zwei Dachhälften D aus 10 mm starkem Sperrholz auf 235 x 600 mm zu.

8. Schneiden Sie jeweils eine 600 mm lange Seitenkante einer jeden Dachhälfte D auf eine Gehrung von 30°, wie in Abbildung 3 auf Seite 63 gezeigt.

9. Schieben Sie die beiden Dachhälften D so über die Seitenteile C, die Vorderseite A und die Rückseite B, daß die Gehrungsflächen zusammenstoßen. Die Dachhälften D sollten die Vorderseite A und die Rückseite B gleichmäßig überlappen. Nageln Sie durch die Dachhälften D hindurch in die Vorderseite A, die Rückseite B und die Seitenteile C, wobei Sie 25 mm lange Nägel verwenden.

Hinzufügen des Kamins

10. Schneiden Sie den Kamin E aus 45 x 95 mm Fichte auf 355 mm Länge zu.

11. Messen Sie 248 mm vom einen Ende des Kamins E ab, markieren Sie den Abstand und sägen Sie in einem Winkel von 30° quer über die Breite des Kamins E, wie in Abbildung 4 auf Seite 63 gezeigt.

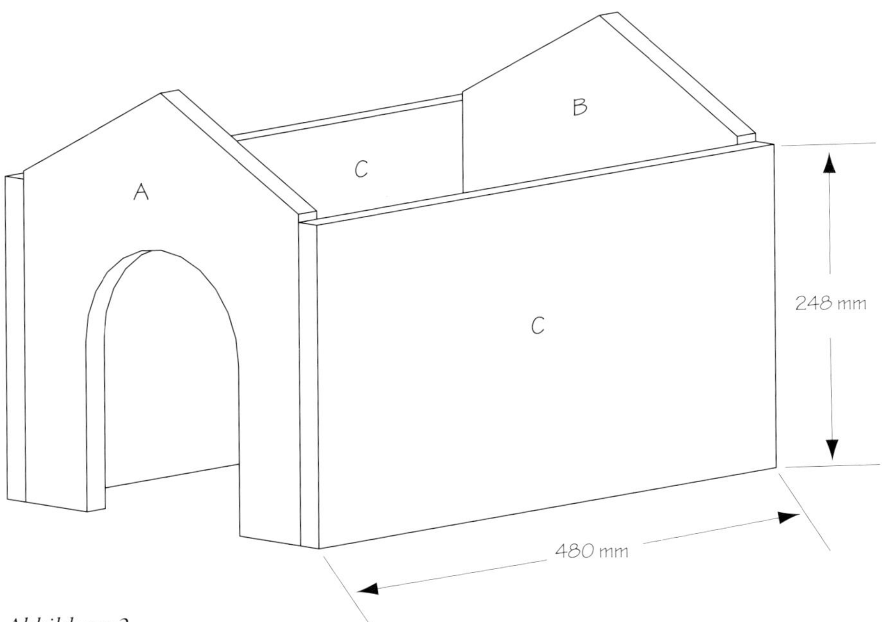

Abbildung 2

12. Passen Sie den kürzeren Abschnitt des Kamins E genau da auf dem Dach ein, wo der längere Abschnitt des Kamins unter dem Dach anstößt. Schrauben Sie durch die Unterseite des Dachs D hindurch in den kurzen Kaminabschnitt, wobei Sie zwei 40 mm lange Schrauben verwenden. Versenken Sie die Schraubenköpfe.

13. Passen Sie den längeren Abschnitt des Kamins E unter dem Dach gegen die eine Seite des Hauses ein.
Schrauben Sie durch die Innenseite des entsprechenden Seitenteils C in den Kamin E, wobei Sie zwei 40 mm lange Schrauben verwenden. (Beachten Sie: Der längere Kaminabschnitt ist auf dem Foto nicht sichtbar.)

Hinzufügen der Bodenplatte

14. Schneiden Sie zwei Grundplatten F aus 10 mm starkem Sperrholz auf 248 x 165 mm zu.

15. Befestigen Sie eine Grundplatte F so an der rechten Unterkante der Hauskonstruktion, daß sie bündig mit der Innenseite der Türe abschließt und 25 mm von der Hausvorderseite nach vorn ragt. Geben Sie Leim auf die Kontaktflächen und nageln Sie durch die Grundplatte F hindurch in die Unterkanten der Vorderseite A, der Rückseite B und des Seitenteils C, wobei Sie in einem gleichmäßigen Abstand von 75 mm jeweils 25 mm lange Nägel verwenden.

16. Wiederholen Sie Schritt 15, um die zweite Grundplatte F an der linken Hausseite zu befestigen.

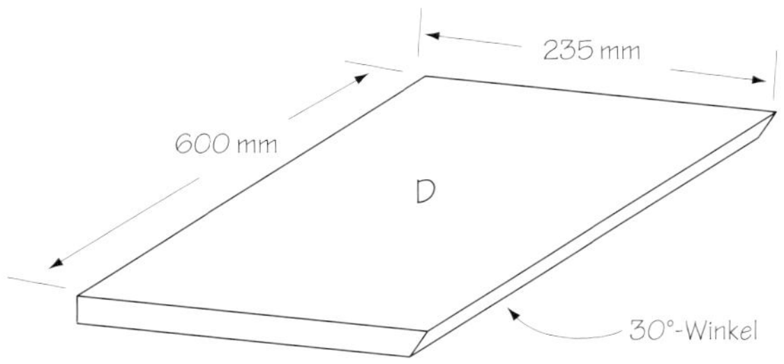

Abbildung 3

Hinzufügen des Zauns

17. Wir haben vorgefertigte Abschnitte von weißem Palisadenzaun in einem Bastelgeschäft gekauft. Jeder Abschnitt ist 165 mm lang.
Falls Sie es vorziehen, Ihren Palisadenzaun selbst anzufertigen, schneiden Sie einfach zwei 15 mm breite Streifen auf je 165 mm Länge zu. Diese ergeben die Querriegel für die Zaunpfosten.
Dann schneiden Sie acht Zaunlatten aus 15 mm breiten Streifen auf je 100 mm Länge zu. Richten Sie die Zaunlatten gleichmäßig über den beiden Querriegeln aus und leimen und nageln Sie die Konstruktion mit kleinen Drahtstiften zusammen.

18. Schneiden Sie die verschiedenen Zaunabschnitte so zu und passen Sie sie so aneinander, daß sie beide Grundplatten vollständig einzäunen.

Fertigstellung

19. Entfernen Sie die Fahne von Ihrem „alten" Briefkasten und befestigen Sie sie auf der Spitze Ihres Kamins.

20. Füllen Sie alle Risse, Spalten und Schraubenlöcher mit Holzkitt und schleifen Sie gründlich alle Oberflächen des fertiggestellten Briefkastens.

21. Grundieren und streichen oder beizen Sie Ihren Briefkasten in der Farbe Ihrer Wahl.

22. Befestigen Sie die Ziffern für Ihre Hausnummer seitlich an Ihrem Briefkasten.

23. Stülpen Sie Ihr Briefkasten-Häuschen über den Standardbriefkasten.

24. Als i-Tüpfelchen der Dekoration haben wir mehrere Pflanzen in 75 mm breiten Blumentöpfen in den „Garten" unseres Briefkasten-Häuschens gestellt.

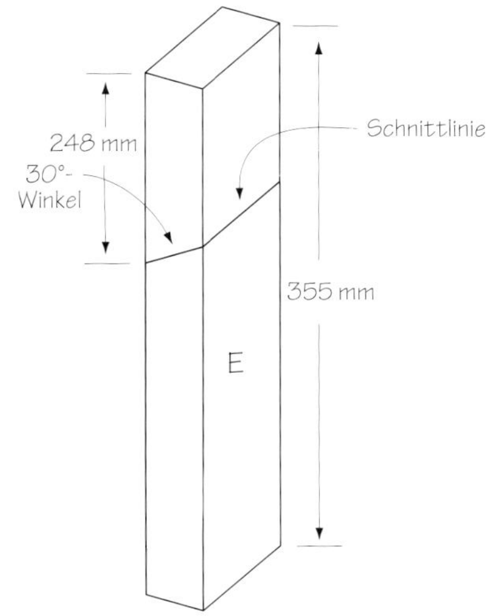

Abbildung 4

Eßtisch

Wir lieben es, draußen im Garten zu kochen und mit Freunden und der Familie zu essen, aber wir hatten nicht genug Platz an unserem alten Tisch neben dem Swimmingpool. Deswegen haben wir kurz entschlossen einen neuen gebaut! Jetzt haben wir reichlich Platz, das Essen vom Grill abzustellen – und auch für viele Nachbarn. Die geflieste Tischplatte erlaubt es Ihnen, die Farbe des Tisches an den Stil Ihrer übrigen Gartenmöbel anzupassen.

Spezielle Werkzeuge und Techniken

Nuten
Gehrungen
Kelle
Gummirakel
Fliesenschneider

Befestigungsmaterial

125 Schrauben 60 mm
50 Schrauben 50 mm

Materialbedarf

3	lfm	90 x 90 mm Fichte
7,50	lfm	45 x 95 mm Fichte
4,50	lfm	25 x 45 mm Fichte
6	lfm	18 x 190 mm Fichte

1 Platte wasserfestes Sperrholz 10 mm, 1315 x 700 mm
4 Abschlußknäufe*
Fliesen, genug, um die Tischfläche zu belegen*
Fliesenkleber
Fugenmasse
Fugenversiegelung

* Anmerkungen zum Material

Die hölzernen Abschlußknäufe, die wir als „Füße" für unsere Tischbeine verwendet haben, werden normalerweise als Abschluß bei Zaunpfosten verwendet. Sie können bei den meisten Holzfachmärkten erworben werden und sind oft schon mit einer mittig angebrachten, langen Schraube ausgestattet. Unsere waren 75 mm hoch. Sie können natürlich andere Formen von Abschlußknäufen wählen, sollten aber dabei beachten, daß Sie bei Größen über 75 mm die Länge Ihrer Beine entsprechend abändern, weil sonst der fertiggestellte Tisch nicht mehr die normale Höhe hat.
Wenn Sie die Fliesen für diesen Tisch aussuchen, denken Sie bitte daran, daß Sie eine Fläche von 1315 x 700 mm belegen müssen. Falls das Format Ihrer Fliesen nicht genau zu dieser Fläche paßt, können Sie entweder die Abmessungen des Tisches ändern oder – entsprechend unserer viel einfacheren Lösung – einfach die Fliesen in eigene interessante Formen schneiden.
Um die Fliesen „einzulegen", benötigen Sie eine glatte Kelle zum Verteilen des Klebers und eine Gummirakel für das Einbringen der Fugenmasse. Falls Sie die Fliesen auf das Maß Ihrer Tischfläche zuschneiden müssen oder sie in kleinere Mosaikteile schneiden wollen, wie wir das bei unserem Tisch getan haben, benötigen Sie auch einen Fliesenschneider.

Zuschnitt-Liste

Teil	*Beschreibung*	*Stück*	*Materialien*	*Abmessungen*
A	Bein	4	90 x 90 mm Fichte	660 mm lang
B	Zargenteil lang	2	45 x 95 mm Fichte	1405 mm lang
C	Zargenteil kurz	2	45 x 95 mm Fichte	790 mm lang
D	innere Querstrebe	3	45 x 95 mm Fichte	700 mm lang
E	kurze Distanzleiste	8	25 x 45 mm Fichte	295 mm lang
F	äußere Querstrebe	2	25 x 45 mm Fichte	650 mm lang
G	Rahmenteil lang	2	18 x 190 mm Fichte	1695 mm lang
H	Rahmenteil kurz	2	18 x 190 mm Fichte	1080 mm lang
I	Tischplatte	1	Sperrholz 10 mm	1315 x 700 mm

Bau der Beine

1. Schneiden Sie vier Beine aus 90 x 90 mm Fichte auf je 660 mm Länge zu.

2. Da die Beine den Tisch ordentlich unterstützen sollen, müssen sie jeweils eine Nut erhalten. Nehmen Sie Bezug auf Abbildung 1, um das obere Ende des einen Beins A zu „nuten" (hier in diesem Fall sagt man auch „ausklinken"). Beachten Sie, daß die „Nut" auf beiden Seiten 45 mm tief und 95 mm lang ist.

3. Wiederholen Sie Schritt 2, um die Enden der drei übrigen Beine A zu „nuten".

Hinzufügen der Tischzargen

4. Schneiden Sie zwei lange Zargenteile B aus 45 x 95 mm Fichte auf je 1405 mm Länge zu.

5. Schneiden Sie jeweils beide Enden der langen Zargenteile B auf eine Gehrung von 45° zu, wie in Abbildung 2 gezeigt. Beachten Sie, daß die Gehrungen spiegelverkehrt zueinander ausgeführt werden müssen.

6. Schneiden Sie zwei kurze Zargenteile C aus 45 x 95 mm Fichte auf je 790 mm Länge zu.

7. Schneiden Sie jeweils beide Enden der kurzen Zargenteile C genauso auf eine Gehrung von 45° zu, wie Sie das bei den langen Zargenteilen B gemacht haben.

8. Stellen Sie die langen Zargenteile B parallel zueinander auf eine ebenen Fläche, wobei die Gehrungsflächen nach innen zeigen. Passen Sie die kurzen Zargenteile C zwischen die langen Zargenteile B so ein, daß die Gehrungsflächen an allen vier Ecken genau aufeinanderliegen, wie in Abbildung 3 gezeigt. Geben Sie Leim auf die Gehrungsflächen und verschrauben Sie diese jeweils von einer Außenseite mit je einer 60 mm langen Schraube.

Befestigung der Beine

9. Stellen Sie ein Bein A mit der „Nut" nach unten hin und schieben Sie die „Nut" über eine Ecke der Zargenkonstruktion, wie in Abbildung 4 auf Seite 67 gezeigt. Geben Sie Leim auf die Kontaktflächen und schrauben Sie sowohl durch das lange Zargenteil B als auch das kurze Zargenteil C hindurch in das Bein A. Verwenden Sie jeweils zwei 60 mm lange Schrauben für jede Verbindung.

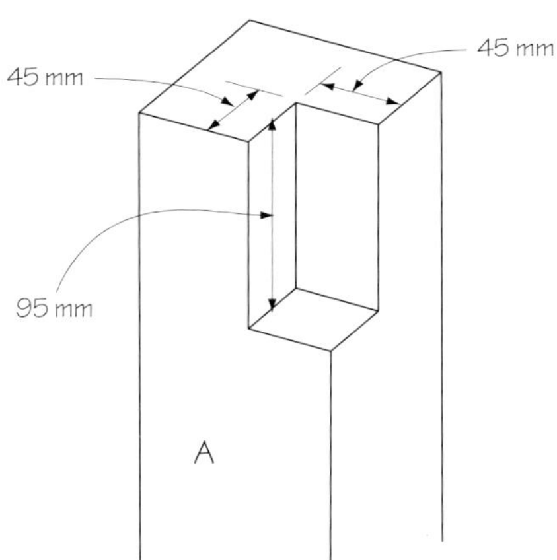

Abbildung 1

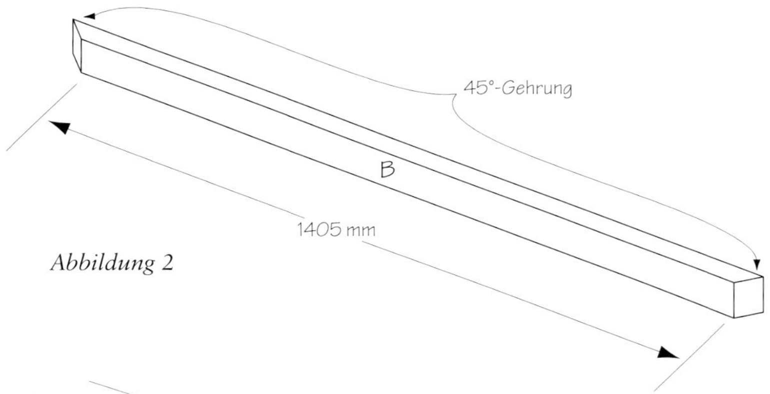

Abbildung 2

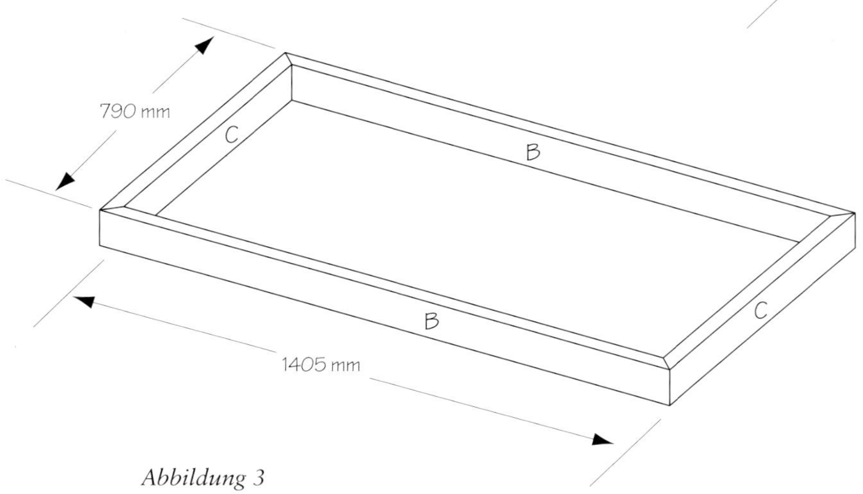

Abbildung 3

10. Wiederholen Sie Schritt 9 noch dreimal, um die übrigen drei Beine A an den drei Ecken der Zargenkonstruktion zu befestigen.

11. Unten an jedem Tischbein haben wir jeweils einen Zierknauf für Zaunpfosten befestigt. Markieren Sie den Mittelpunkt jeder Standfläche und schrauben Sie dort den Zierknauf fest.

Hinzufügen der inneren Querstreben

12. Schneiden Sie drei innere Querstreben D aus 45 x 95 mm Fichte auf je 700 mm Länge zu.

13. Passen Sie die drei inneren Querstreben D hochkant zwischen die beiden langen Zargenteile B mit einem Abstand von 295 mm zueinander ein, wie in Abbildung 5 gezeigt. Schrauben Sie durch die langen Zargenteile B hindurch in die Enden der inneren Querstreben D. Verwenden Sie jeweils zwei 60 mm lange Schrauben für jede Verbindung.

14. Schneiden Sie acht kurze Distanzleisten E aus 25 x 45 mm Fichte auf je 295 mm Länge zu.

15. Passen Sie eine kurze Distanzleiste E bündig mit der Oberkante des langen Zargenteils B zwischen dem kurzen Zargenteil C und der einen inneren Querstrebe D ein, wie in Abbildung 6 gezeigt. Schrauben Sie durch die kurze Distanzleiste E hindurch in das lange Zargenteil B, wobei Sie drei 50 mm lange Schrauben verwenden. Wiederholen Sie diesen Arbeitsschritt, um die restlichen sieben kurzen Distanzleisten E an den langen Zargenteilen B zu befestigen.

16. Schneiden Sie zwei äußere Querstreben F aus 25 x 45 mm Fichte auf je 650 mm Länge zu.

17. Passen Sie jeweils eine äußere Querstrebe F bündig mit der Oberkante jedes kurzen Zargenteils C ein, wie in Abbildung 6 gezeigt. Verwenden Sie jeweils vier oder fünf 50 mm lange Schrauben, um jede äußere Querstrebe F an den kurzen Zargenteilen C zu befestigen.

Hinzufügen des Plattenrahmens

18. Schneiden Sie zwei lange Rahmenteile G aus 18 x 190 mm Fichte auf je 1695 mm Länge zu.

19. Schneiden Sie jeweils beide Enden der langen Rahmenteile G auf nach innen verlaufende 45°-Gehrungen zu, wie in Abbildung 7 auf Seite 68 gezeigt.

20. Schneiden Sie zwei kurze Rahmenteile H aus 18 x 190 mm Fichte auf je 1080 mm Länge zu.

21. Schneiden Sie jeweils beide Enden der kurzen Rahmenteile H auf nach innen verlaufende 45°-Gehrungen zu, wie in Abbildung 7 gezeigt.

22. Schieben Sie die langen Rahmenteile G so über die langen Zargenteile B, daß die Gehrungen genau aufeinanderliegen, wie in Abbildung 7 gezeigt. Geben Sie Leim auf die Oberkanten der langen Zargenteile B und schrauben Sie

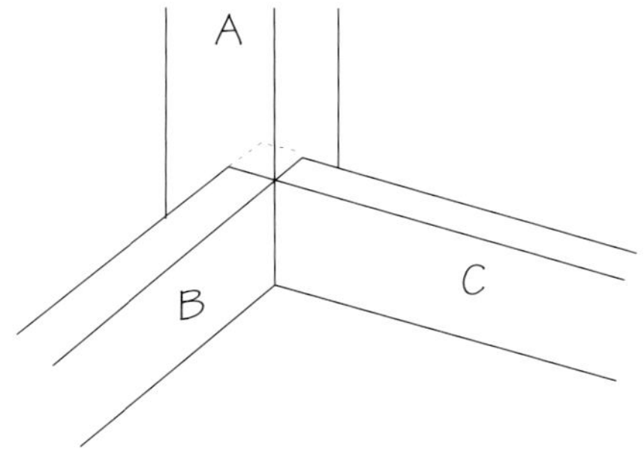

Abbildung 4

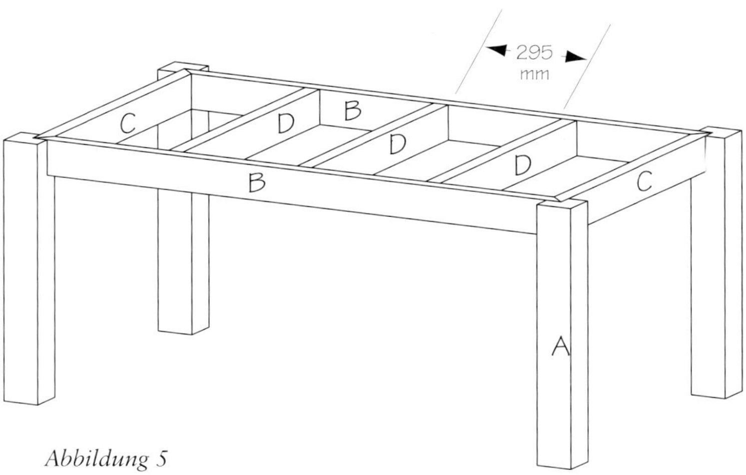

Abbildung 5

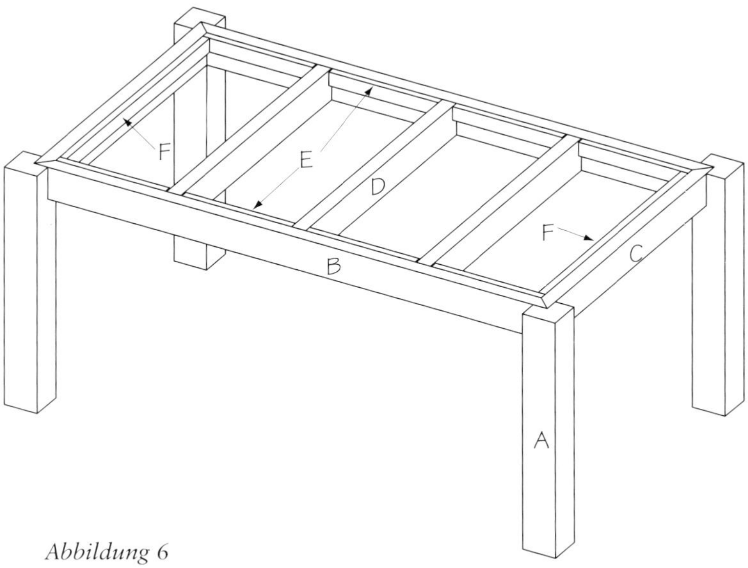

Abbildung 6

durch die langen Rahmenteile G hindurch in die langen Zargenteile B, wobei Sie ungefähr alle 100 mm 35 mm lange Schrauben verwenden.

23. Schieben Sie die kurzen Rahmenteile H so über die kurzen Zargenteile C, daß die Gehrungen genau aufeinanderliegen. Geben Sie Leim auf die Oberkanten der kurzen Zargenteile C und auf die Gehrungsflächen. Schrauben Sie durch die kurzen Rahmenteile H hindurch in die kurzen Zargenteile C, wobei Sie ungefähr alle 100 mm 35 mm lange Schrauben verwenden. Schließlich schrauben Sie schräg durch die Enden der kurzen Rahmenteile H hindurch in die Enden der langen Rahmenteile G, wobei Sie jeweils eine 60 mm lange Schraube für jede Verbindung verwenden.

Hinzufügen der Sperrholz-Tischplatte

24. Schneiden Sie eine Tischplatte I aus 10 mm starkem Sperrholz auf 1315 x 700 mm zu.

25. Passen Sie die Tischplatte I innerhalb der Rahmenteile ein, so daß sie auf den Querstreben zu liegen kommt. Die Platte liegt 8 mm tiefer als die Rahmenteile (G und H), damit genügend Zwischenraum für die Fliesen und den Kleber bleibt. Schrauben Sie durch die Tischplatte I hindurch in alle Stützstreben und -leisten (D, E und F), wobei Sie 35 mm lange Schrauben in einem Abstand von ungefähr 125 mm zueinander verwenden.

Hinzufügen der Fliesen

26. Folgen Sie der Gebrauchsanweisung des Herstellers und verteilen Sie vorsichtig mit einer Kelle eine gleichmäßige Schicht Fliesenkleber über die Oberfläche der Tischplatte I.

27. Legen Sie die Fliesen einzeln ins Kleberbett und stellen Sie dabei sicher, daß sie korrekt ausgerichtet sind. Verschieben Sie die Fliesen dann nicht mehr, denn sonst quillt Kleber an den Fliesenrändern hoch. Lassen Sie den Kleber über Nacht trocknen.

28. Mischen Sie die Fugenmasse entsprechend der Gebrauchsanweisung des Herstellers (oder verwenden Sie eine Fertigmischung).

29. Verteilen Sie die Fugenmasse mit einer Gummirakel, die schräg zur Oberfläche gehalten wird, so, daß die Fugenmasse gleichmäßig in die Zwischenräume zwischen den Fliesen gedrückt wird.

30. Verwenden Sie einen feuchten Lappen, um die überschüssige Fugenmasse von den Fliesen und den Holzverbindungen abzuwischen. Wenn Sie sie nämlich erst trocknen lassen, ist es sehr schwierig, diese durchgehärtete Masse zu entfernen. Versuchen Sie, möglichst wenig Wasser zum Entfernen des Überschusses zu verwenden, damit Sie die verbleibende Fugenmasse nicht verdünnen. Lassen Sie die Fugenmasse über Nacht trocknen.

31. Waschen Sie den verbliebenen Belag von den Fliesen und trocknen Sie sie mit einem alten Handtuch.

32. Wenn Sie zusätzlich noch eine Fugenversiegelung auftragen möchten, folgen Sie bitte der Gebrauchsanweisung des Herstellers.

Oberflächenbehandlung

33. Füllen Sie alle Risse, Spalten und Schraubenlöcher mit Holzkitt. Schleifen Sie sorgfältig alle Oberflächen des fertiggestellten Tisches.

34. Wir haben unseren Tisch in einem rötlichen Braunton passend zur Farbe unserer Fugenmasse gebeizt. Sie können Ihren in einer anderen Farbe beizen oder einfach mit einem wasserfesten Klarlack versiegeln.

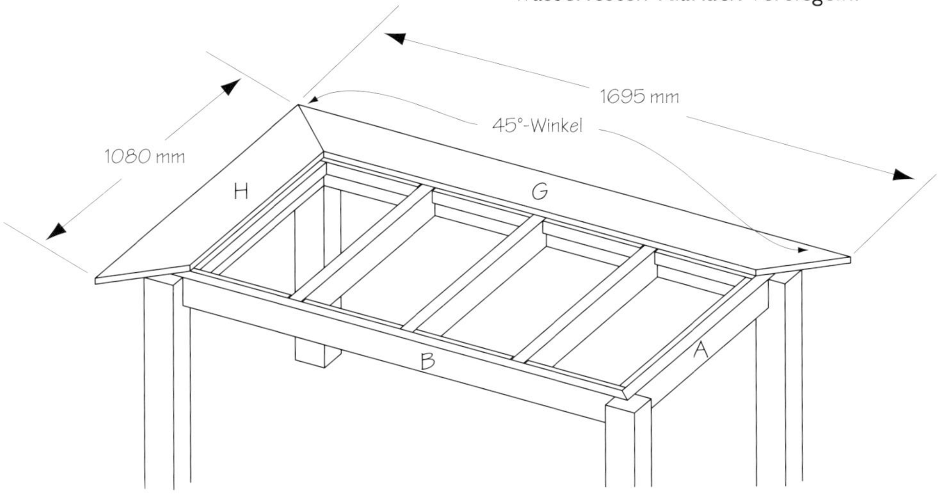

Abbildung 7

Laube

Diese romantische Laube wird Ihr ganz persönliches Versteck werden. Stellen Sie sie in eine ruhige Ecke Ihres Hofes, und sie wird der perfekte Ort für einen Kaffee am frühen Morgen oder das Faulenzen am späten Nachmittag. Der Rahmen ist aus 45 x 95-mm-Kanthölzern gebaut, so daß dieses schöne Stück auch sehr stabil ist.

Spezielle Werkzeuge und Techniken

Oberfräse
Nutfräser

Materialbedarf

43 lfm	45 x 95 mm Fichte
4 lfm	25 x 45 mm Fichte
11 lfm	18 x 95 mm Fichte

3 Felder Flechtwerk, 1250 x 2500 mm*
* Vorgefertigte Flechtwerk-Felder bekommen Sie in Holzfachmärkten

Befestigungsmaterial

200 Schrauben	65 mm
25 Schrauben	35 mm
14 Senkkopfschrauben	75 mm
200 Drahtstifte	35 mm

Zuschnitt-Liste

Teil	*Beschreibung*	*Stück*	*Material*	*Abmessungen*
A	Rahmenteil vertikal	6	45 x 95 mm Fichte	1850 mm lang
B	Rahmenteil horizontal	6	45 x 95 mm Fichte	550 mm lang
C	Latte	19	45 x 95 mm Fichte	600 mm lang
D	Füllung Seitenteil	2	Flechtwerk	586 x 876 mm
E	Rückenteil horizontal	3	45 x 95 mm Fichte	1453 mm lang
F	Füllung Rückenteil	1	Flechtwerk	1489 x 876 mm
G	Zargenteil lang	2	45 x 95 mm Fichte	1643 mm lang
H	Zargenteil kurz	2	45 x 95 mm Fichte	605 mm lang
I	Auflageleiste	2	25 x 45 mm Fichte	1553 mm lang
J	Sitzleiste	15	18 x 95 mm Fichte	605 mm lang
K	Dachstrebe lang	2	45 x 95 mm Fichte	1643 mm lang
L	Dachstrebe kurz	2	45 x 95 mm Fichte	605 mm lang
M	Füllung Dach	1	Flechtwerk	1589 x 646 mm

Bau der Seitenteile

1. Schneiden Sie zwei vertikale Rahmenteile A für den Rahmen aus 45 x 95 mm Fichte auf je 1850 mm zu.

2. Schneiden Sie drei horizontale Rahmenteile B aus 45 x 95 mm Fichte auf je 550 mm zu.

3. Legen Sie die beiden vertikalen Rahmenteile A mit der breiten Seite nach oben und parallel zueinander auf eine ebenen Fläche. Passen Sie die drei horizontalen Rahmenteile B zwischen die zwei vertikalen ein, mit Abständen untereinander wie in Abbildung 1 gezeigt.

Die Innenkanten der beiden horizontalen Rahmenteile B werden im oberen Teil später 18 mm tief ausgefräst, damit sie das Flechtwerk aufnehmen können. Deswegen müssen wir vermeiden, dort Schrauben zu setzen, wo sie vom Fräseinsatz erfaßt werden könnten. Markieren Sie die Innenkanten der Konstruktion und vermeiden Sie es, Schrauben in einem geringeren Abstand als 18 mm zu dieser Innenkante zu setzen. Dann geben Sie Leim auf die Kontaktflächen, zwingen die Konstruktion sicher zusammen und schrauben schräg durch jede Seitenkante der horizontalen Rahmenteile B hindurch in die vertikalen Rahmenteile A, wobei Sie jeweils zwei 65 mm lange Schrauben für jede Verbindung verwenden.

4. Schneiden Sie vier Leisten C aus 45 x 95 mm Fichte auf je 600 mm Länge zu.

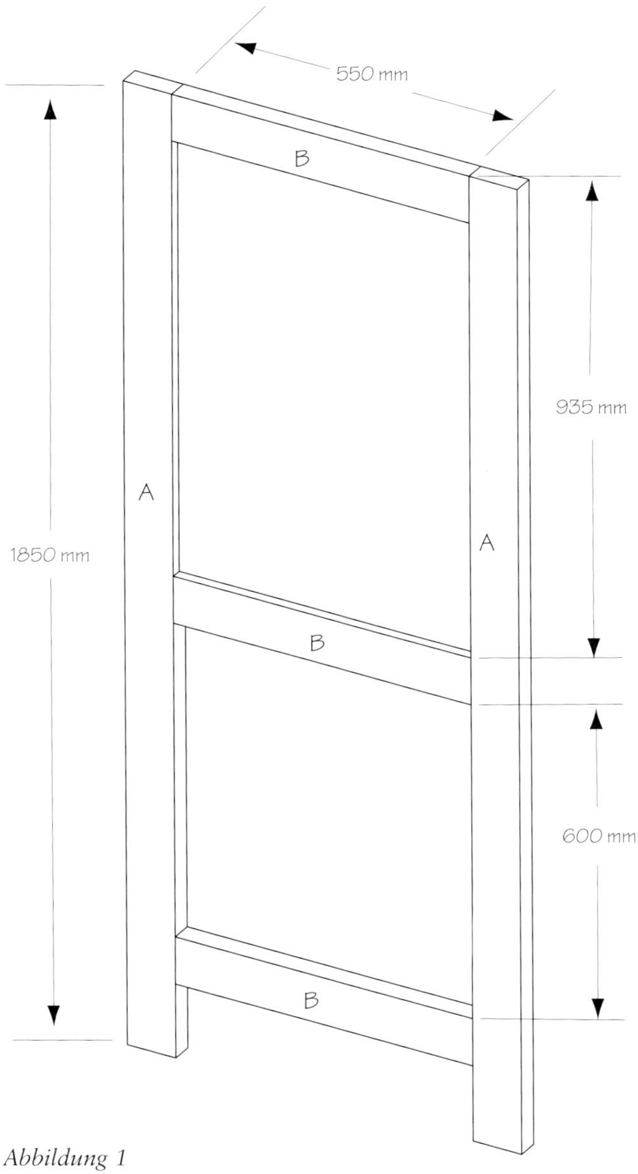

Abbildung 1

5. Passen Sie die vier Leisten C zwischen die beiden unteren horizontalen Rahmenteile B ein, wie in Abbildung 2 gezeigt. Schrauben Sie schräg durch jede Seitenkante der Leisten C hindurch in die beiden unteren horizontalen Rahmenteile B, wobei Sie jeweils zwei 65 mm lange Schrauben für jede Verbindung verwenden.

6. Die obere Öffnung zwischen den beiden oberen horizontalen Rahmenteilen B und den beiden vertikalen Rahmenteilen A muß mit der Oberfräse einen Falz erhalten, um das Flechtwerk aufnehmen zu können. Legen Sie die Konstruktion mit der von Ihnen als „Innenseite" gewählten Seite nach oben hin. Verwenden Sie einen Nutfräseinsatz, um einen 18 mm breiten und tiefen Falz zu fräsen, wo das Flechtwerk eingepaßt wird, wie in Abbildung 2 gezeigt.

7. Bevor Sie mit dem Zuschnitt der Felder aus Flechtwerk beginnen, planen Sie sorgfältig und genau, wie Sie die Teile hinlegen, die Sie zuschneiden müssen.

8. Geben Sie Leim auf die Kontaktflächen und passen Sie die Füllung D für das Seitenteil in den gefrästen Falz im oberen Abschnitt des Seitenteils ein. Verwenden Sie 35 mm lange Drahtstifte, um das Flechtwerk an den Rahmenteilen (A und B) zu befestigen.

9. Wiederholen Sie Schritt 1 bis 8, um das andere Seitenteil zusammenzubauen.

Bau des Rückenteils

10. Schneiden Sie zwei vertikale Rahmenteile A aus 45 x 95 mm Fichte auf je 1850 mm Länge zu.

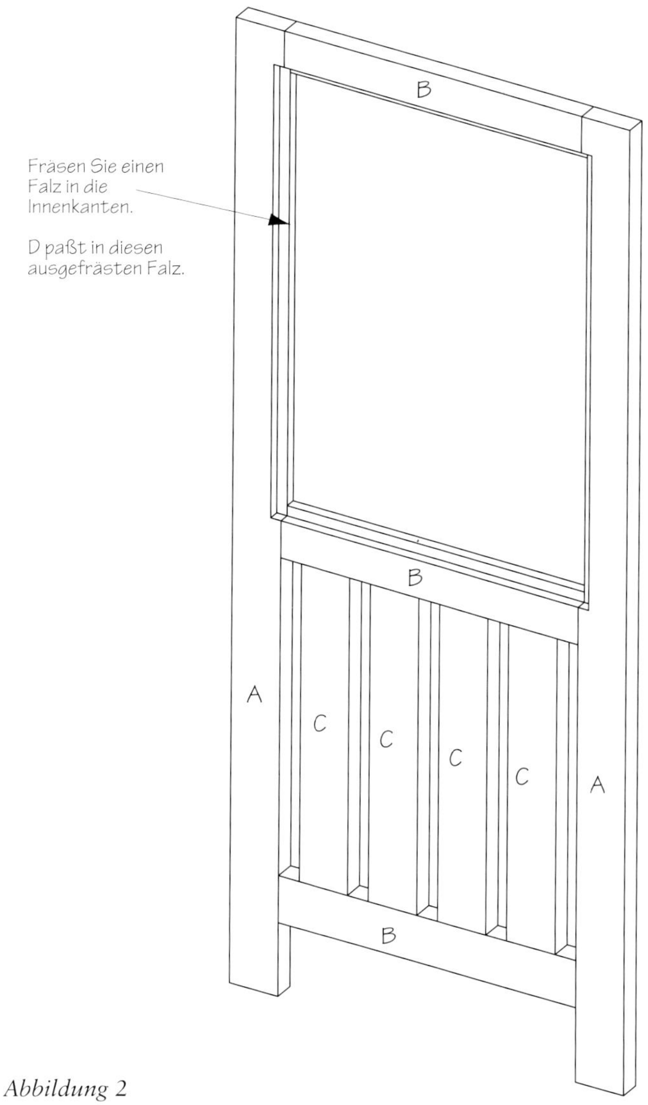

Abbildung 2

11. Schneiden Sie drei horizontale Rahmenteile E aus 45 x 95 mm Fichte auf je 1453 mm Länge zu.

12. Legen Sie die beiden vertikalen Rahmenteile A mit der breiten Seite nach oben in einem Abstand von 1453 mm parallel zueinander auf eine ebene Fläche.

Passen Sie die drei horizontalen Rückenteile E zwischen die zwei vertikalen Rahmenteile A ein, mit den gleichen Abständen zueinander wie in Abbildung 1 auf Seite 71 gezeigt. Auch hier erhalten die Innenkanten der beiden oberen Querfriese E später mit der Oberfräse einen 18 mm tiefen Falz, um das Flechtwerk aufnehmen zu können. Deswegen müssen wir vermeiden, dort Schrauben zu setzen, wo sie vom Fräseinsatz erfaßt werden könnten. Markieren Sie die zukünftige Innenseite der Konstruktion und vermeiden Sie es, Schrauben in einem geringeren Abstand als 18 mm zu deren Innenkanten zu setzen. Dann geben Sie Leim auf die Kontaktflächen, spannen die Konstruktion sicher zusammen und schrauben schräg durch jede Seitenkante der horizontalen Rahmenteile E hindurch in die vertikalen A, wobei Sie jeweils zwei 65 mm lange Schrauben für jede Verbindung verwenden.

13. Schneiden Sie 11 Leisten C aus 45 x 95 mm Fichte auf je 600 mm Länge zu.

14. Passen Sie die 11 Leisten C zwischen die beiden unteren horizontalen Rahmenteile E auf die gleiche Art und Weise ein, wie Sie das schon beim Zusammenbau der Seitenteile getan haben. Lassen Sie einen Abstand von 34 mm zwischen den Leisten. Wenn Sie den korrekten Abstand haben, schrauben Sie schräg durch jede Seitenkante der Leisten C hindurch in die beiden unteren horizontalen Rahmenteile E, wobei Sie jeweils zwei 65 mm lange Schrauben für jede Verbindung verwenden.

15. Nun muß die obere Öffnung zwischen den beiden oberen horizontalen Rahmenteilen E und den beiden vertikalen Rahmenteilen A mit der Oberfräse einen Falz erhalten, der die Füllung aus Flechtwerk aufnehmen kann. Lege Sie die Konstruktion mit der von Ihnen als „Innenseite" gewählten Seite nach oben hin. Verwenden Sie einen Nutfräseinsatz, um einen 18 mm tiefen und breiten Falz zu fräsen, in den das Flechtwerk eingepaßt wird.

16. Schneiden Sie die Füllung aus Flechtwerk für das Rückenteil F auf 1489 x 876 mm zu. Bewahren Sie die übriggebliebenen Abschnitte als Zierleisten auf.

17. Passen Sie die Füllung für das Rückenteil F in den gefrästen Falz im oberen Teil der Rückenkonstruktion ein. Verwenden Sie 35 mm lange Drahtstifte, um das Flechtwerk an den vertikalen A und horizontalen Rahmenteilen E zu befestigen.

Verbindung der Seitenteile mit dem Rückenteil

18. Für diesen nächsten Arbeitsschritt werden Sie sich vermutlich die Unterstützung eines Helfers wünschen. Falls keiner verfügbar ist, verwenden Sie lange Schraubzwingen, um die Teile an Ort und Stelle zu halten, während Sie sie miteinander verbinden. Legen Sie die Rückenkonstruktion mit der als „Innenseite" markierten Seite auf eine ebene Arbeitsfläche.

Stellen Sie ein Seitenteil mit der Seitenkante nach oben direkt an die Rückenkonstruktion. Bohren Sie die Löcher für die Schraubenköpfe vor und verwenden Sie drei 75 mm lange Senkkopfschrauben, um die Verbindung zu sichern. Bringen Sie diese Schrauben jeweils auf Höhe der horizontalen Rahmenteile E an.

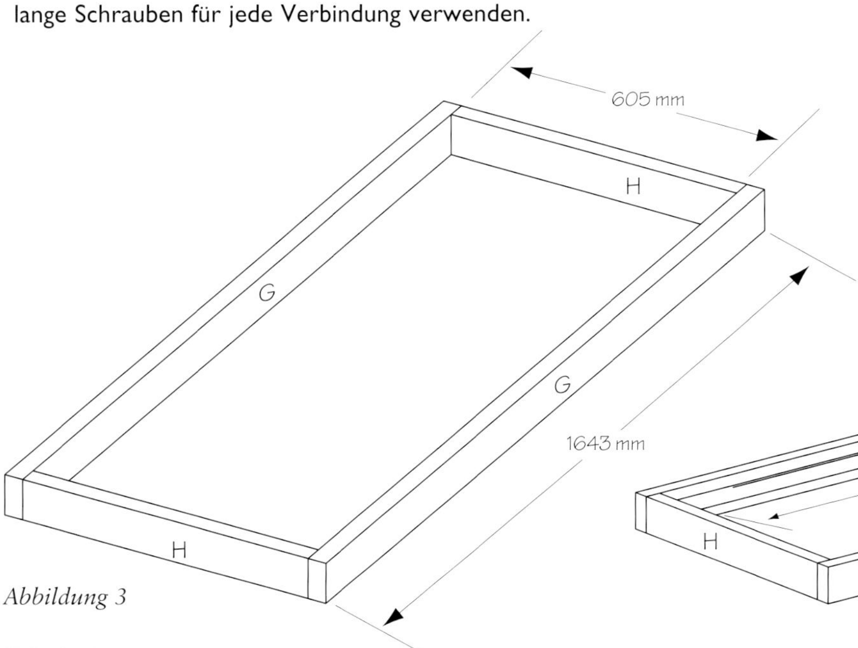

Abbildung 3

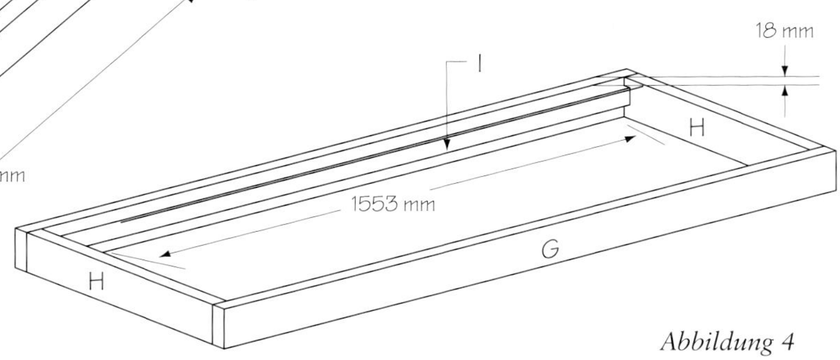

Abbildung 4

19. Wiederholen Sie den Arbeitsschritt, um das andere Seitenteil an der gegenüberliegenden Seite des Rückenteils zu befestigen.

Bau der Sitzfläche

20. Schneiden Sie zwei lange Zargenteile G aus 45 x 95 mm Fichte auf je 1643 mm Länge zu.
21. Schneiden Sie zwei kurze Zargenteile H aus 45 x 95 mm Fichte auf je 605 mm Länge zu.
22. Stellen Sie die beiden langen Zargenteile G in einem Abstand von 605 mm parallel zueinander auf eine ebene Fläche. Passen Sie die beiden kurzen Zargenteile H zwischen die zwei langen Zargenteile G ein, wie in Abbildung 3 gezeigt. Schrauben Sie durch die langen Zargenteile G hindurch in die Enden der kurzen Zargenteile H. Verwenden Sie jeweils zwei 65 mm lange Schrauben für jede Verbindung.
23. Schneiden Sie zwei Auflageleisten I aus 25 x 45 mm Fichte auf je 1553 mm Länge zu.
24. Geben Sie Leim auf die Kontaktflächen und schrauben Sie die eine Auflageleiste I 18 mm unterhalb der Oberkante an die Innenseite des einen langen Zargenteils G, wie in Abbildung 4 gezeigt. Verwenden Sie ungefähr alle 125 mm jeweils 35 mm lange Schrauben.
25. Wiederholen Sie Schritt 24, um die andere Auflageleiste I am entgegengesetzten langen Zargenteil G zu befestigen.
26. Schneiden Sie 15 Sitzleisten J aus 18 x 95 mm Fichte auf je 605 mm Länge zu.
27. Passen Sie die 15 Sitzleisten J über den beiden Auflageleisten I ein, wobei Sie einen Abstand von ungefähr 8 mm zwischen den Sitzleisten J lassen, wie in Abbildung 5 gezeigt. Wenn Sie mit dem Ausrichten zufrieden sind, nageln Sie durch jede Sitzleiste J hindurch in die Auflageleisten I, wobei Sie jeweils zwei 35 mm lange Nägel für jede Verbindung verwenden.
28. Legen Sie das Rückenteil mit den daran befestigten Seitenteilen auf seine Rückseite. Passen Sie die Sitzfläche dazwischen ein, wobei ihre Unterkante 355 mm vom unteren Ende der vertikalen Rahmenteile A entfernt ist. Bohren Sie Löcher für 75 mm lange Senkkopfschrauben vor, und zwar durch die vorderen vertikalen Rahmenteile hindurch in die Enden des langen vorderen Zargenteils G. Führen Sie die Senkkopfschrauben ein und ziehen Sie sie fest an. Wiederholen Sie diesen Arbeitsschritt, um zwei weitere Senkkopfschrauben durch die hinteren vertikalen Rahmenteile A hindurch in den Enden des hinteren langen Zargenteils G zu verankern.

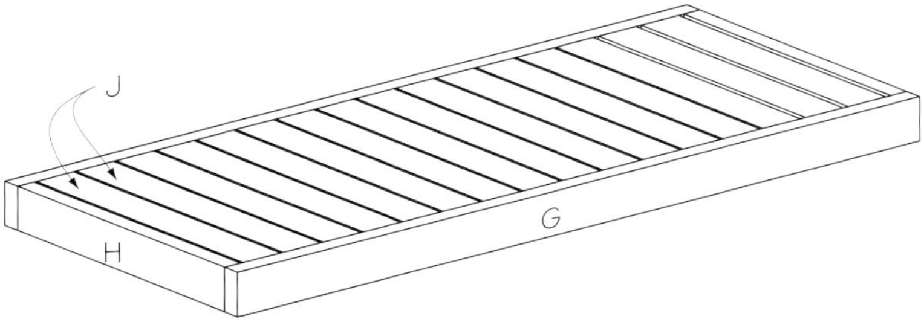

Abbildung 5

Anmerkung des Verlages: Durch die Umrechnung auf deutsche Maße sind nur 15 Sitzleisten J nötig – und nicht 16 wie in der Zeichnung gezeigt. Bitte halten Sie sich an die Tabelle.

Bau des Daches

29. Schneiden Sie zwei lange Dachstreben K aus 45 x 95 mm Fichte auf je 1643 mm Länge zu.
30. Schneiden Sie zwei kurze Dachstreben L aus 45 x 95 mm Fichte auf je 605 mm Länge zu.
31. Stellen Sie die beiden langen Dachstreben K im Abstand von 605 mm parallel zueinander auf eine ebene Fläche, vergleichbar der Anordnung in Abbildung 3 auf Seite 72. Passen Sie die beiden kurzen Dachstreben L zwischen die beiden langen Dachstreben K ein. Schrauben Sie durch die beiden langen Dachstreben K hindurch in die Enden der kurzen Dachstreben L, wobei Sie jeweils zwei 65 mm lange Schrauben für jede Verbindung verwenden.
32. Auch das Dach erhält eine eingelassene Füllung aus Flechtwerk. Damit es die Füllung aufnehmen kann, verwenden Sie einen Falzfräseinsatz, um die Innenkanten der einen Seite der Dachkonstruktion mit einem 18 x 18 mm Falz zu versehen.
33. Schneiden Sie eine Füllung M aus Flechtwerk für das Dach auf 1589 x 641 mm zu.
34. Passen Sie die Füllung M für das Dach in die ausgefräste Vertiefung der Dachkonstruktion ein. Nageln Sie durch die Füllung M hindurch in die langen und kurzen Dachstreben (K und L), wobei Sie 35 mm lange Drahtstifte verwenden.
35. Legen Sie die Rückenkonstruktion mit den daran befestigten Seitenteilen und dem Bankteil auf seine Rückseite. Passen Sie die Dachkonstruktion bündig mit der Oberkante der vertikalen Rahmenteile A dazwischen ein. Bohren Sie Löcher vor für 75 mm lange Senkkopfschrauben, und zwar durch die vorderen vertikalen Rahmenteile hindurch in die Enden der vorderen langen Dachstrebe K. Führen Sie die Senkkopfschrauben ein und ziehen Sie sie fest an. Wiederholen Sie diesen Arbeitsschritt, um zwei weitere Senkkopfschrauben durch die hinteren Längsstreben A hindurch in den Enden der hinteren langen Dachstrebe K zu verankern.

Endbehandlung

36. Decken Sie alle überstehenden Kanten der Flechtwerk-Füllungen mit den übriggebliebenen Leisten der nicht gebrauchten Flechtwerk-Füllungen ab. Verwenden Sie Leim und 35 mm lange Drahtstifte mit einem ungefähren Abstand von 125 mm zueinander, um diese zu sichern.
37. Füllen Sie alle Risse, Spalten und Schraubenlöcher mit Holzkitt und schleifen Sie gründlich alle Oberflächen des fertiggestellten Projekts.
38. Grundieren und streichen oder beizen Sie Ihre Laube in der Farbe Ihrer Wahl.

Blumenkasten mit Zaun

Dieser hübsche Blumenkasten kommt so richtig zur Geltung, wenn er mit farbenprächtigen Blumen bepflanzt wird. Er sieht nicht nur von außen bezaubernd aus, wenn er auf dem Fensterbrett steht, sondern verschönert auch Ihren Blick vom Zimmer aus dem Fenster. Der Kasten ist um einen günstigen Kunststoff-Pflanzkasten herumgebaut. Die Größe kann an jede beliebige Fenstergröße angepaßt werden.

Materialbedarf

9,50 lfm	25 x 45 mm Fichte
0,75 lfm	58 x 58 mm Fichte
0,30 lfm	18 x 95 mm Fichte

Kunststoff-Pflanzkasten*

Befestigungsmaterial

150 Nägel	30 mm
4 Schrauben	50 mm

Zuschnitt-Liste

Teil	*Beschreibung*	*Stück*	*Material*	*Abmessungen*
A	Rahmenteil lang	4	25 x 45 mm Fichte	760 mm lang
B	Rahmenteil kurz	4	25 x 45 mm Fichte	210 mm lang
C	Zaunlatte	22	25 x 45 mm Fichte	205 mm lang
D	Zaunpfosten	2	58 x 58 mm	220 mm lang
E	Pfostenkappe	2	18 x 95 mm Fichte	70 x 70 mm

* Anmerkungen zum Materialbedarf

Wir haben einen Kunststoff-Pflanzkasten gekauft, der 740 mm lang, 230 mm breit und 135 mm tief ist. Er hat oben einen Rand, der auf dem von uns gebauten hölzernen Rahmen ruht. Sie können diesen Plan für jeden beliebig großen Kasten verwenden, müssen aber die Abmessungen entsprechend abändern. Die Rahmenkonstruktion muß nur unter den Rand des Pflanzkastens passen.

Bau der Rahmenkonstruktion

1. Schneiden Sie vier lange Rahmenteile A aus 25 x 45 mm Fichte auf je 760 mm Länge zu.

2. Schneiden Sie vier kurze Rahmenteile B aus 25 x 45 mm Fichte auf je 210 mm Länge zu.

3. Stellen Sie zwei lange Rahmenteile A in einem Abstand von 210 mm parallel zueinander auf eine ebene Fläche. Passen Sie zwei kurze Rahmenteile B zwischen die zwei langen Rahmenteile A ein, wie in Abbildung 1 gezeigt. Nageln Sie durch die langen Rahmenteile A hindurch in die Enden der kurzen Rahmenteile B. Verwenden Sie jeweils zwei 30 mm lange Nägel für jede Verbindung.

4. Wiederholen Sie diese Arbeitsschritte für den Bau des zweiten Rahmens.

5. Schneiden Sie 22 Zaunlatten C aus 25 x 45 mm Fichte auf je 205 mm Länge zu.

6. Spitzen Sie jede der 22 Zaunlatten C an einem Ende an, wie in Abbildung 2 auf Seite 77 gezeigt.

7. Stellen Sie die beiden Rahmenkonstruktionen mit einer langen Seite nach unten auf eine ebenen Fläche, im Abstand von 50 mm und parallel zueinander. Befestigen Sie 14 Zaunlatten C auf der Oberseite der beiden Rahmenkonstruktionen, wobei Sie mit den beiden Zaunlatten am Rand beginnen, wie in Abbildung 3 auf Seite 77 gezeigt. Diese beiden Zaunlatten sollten jeweils absolut bündig mit den Enden der langen Rahmenteile A abschließen. Lassen Sie einen Abstand von 10 mm zwischen den Zaunlatten.

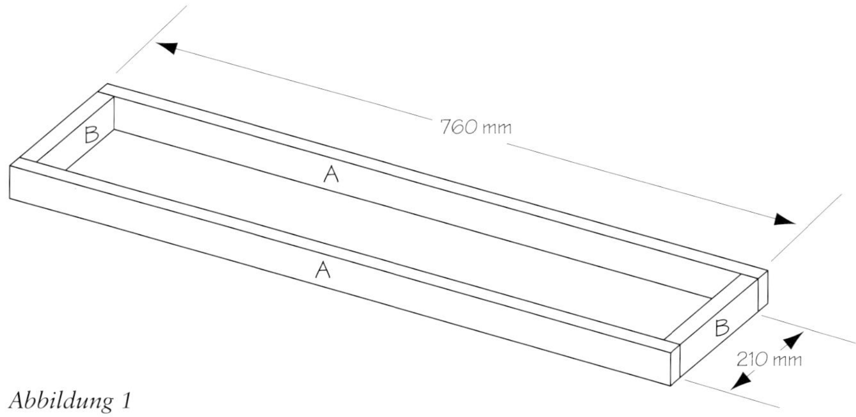

Abbildung 1

Beachten Sie, daß die stumpfen Enden der Zaunlatten bündig mit der Unterkante der „unteren" Rahmenkonstruktion abschließen und 75 mm über die Oberkante der „oberen" Rahmenkonstruktion hinausragen.
Geben Sie Leim auf die Kontaktflächen und nageln Sie durch die Zaunlatten hindurch in die beiden oberen langen Rahmenteile A, wobei Sie jeweils zwei 30 mm lange Nägel für jede Verbindung verwenden.

8. Folgen Sie den Anweisungen in Schritt 6, um jeweils vier Zaunlatten an den beiden Seiten zu befestigen.

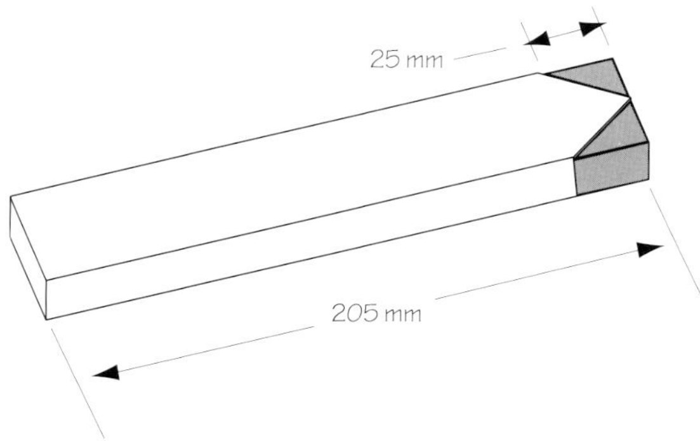

Abbildung 2

Hinzufügen der Eckpfosten

9. Schneiden Sie zwei Zaunpfosten D aus 58 x 58 mm Fichte auf je 220 mm Länge zu.

10. Schneiden Sie zwei Pfostenkappen E aus 18 x 95 mm Fichte auf je 70 x 70 mm Länge zu.

11. Richten Sie eine Pfostenkappe E über dem einen Ende des einen Zaunpfostens D aus. Geben Sie Leim auf die Kontaktflächen und nageln Sie durch die Pfostenkappe E hindurch in das Ende des Zaunpfostens D, wobei Sie zwei 30 mm lange Nägel verwenden. Wiederholen Sie diesen Arbeitsschritt, um die andere Pfostenkappe E am zweiten Zaunpfosten D zu befestigen.

12. Passen Sie die Zaunpfosten an den beiden Eckkanten des Blumenkastens in die von den dort angebrachten Zaunlatten gebildeten Ecken ein, wie in Abbildung 4 gezeigt. Schrauben Sie durch die Innenecken der beiden Rahmenkonstruktionen hindurch in die Zaunpfosten D, wobei Sie jeweils eine 50 mm lange Schraube für jede Verbindung verwenden.

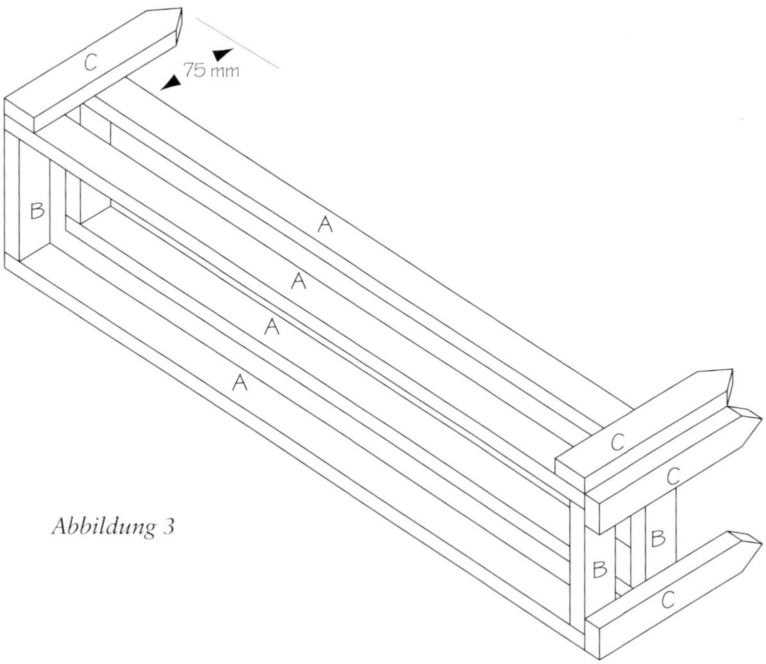

Abbildung 3

Oberflächenbehandlung

13. Füllen Sie alle Risse und Spalten sowie Schraubenlöcher mit Holzkitt und schleifen Sie gründlich alle Oberflächen des fertiggestellten Blumenkastens.

14. Grundieren und streichen oder beizen Sie Ihren Blumenkasten in der Farbe Ihrer Wahl.

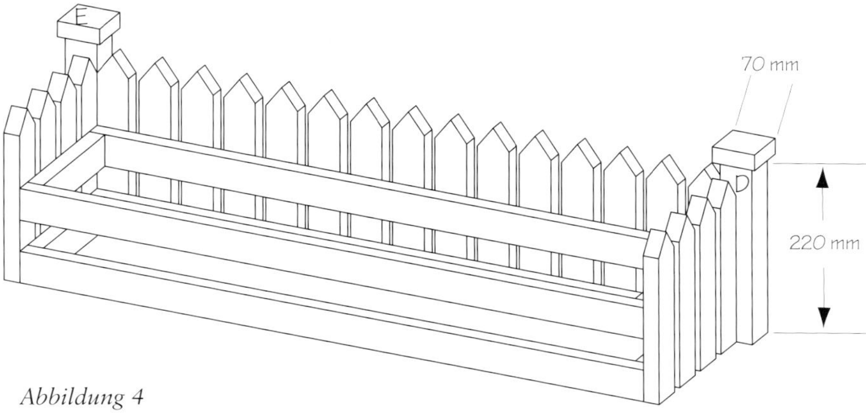

Abbildung 4

Anmerkung des Verlages: Durch die Umrechnung auf deutsche Maße sind nur 14 Zaunlatten nötig – und nicht 15 wie hier gezeigt. Bitte halten Sie sich an die Tabelle.

Stuhl

Dieser schöne Stuhl ist komfortabel, robust genug für den Gebrauch draußen im Garten und sehr günstig herzustellen. Sie werden vielleicht vier oder fünf davon bauen wollen, als Ergänzung zum Eßtisch von Seite 64, und ein paar zusätzliche für den Garten oder die Veranda.

Spezielle Werkzeuge und Techniken

Nuten (Ausklinkungen)
Gehrungen

Materialbedarf

3,50 lfm	45 x 95 mm Fichte
9,50 lfm	25 x 45 mm Fichte
2,00 lfm	34 x 54 mm Fichte

Befestigungsmaterial

20 Nägel	30 mm
20 Schrauben	30 mm
6 Schrauben	75 mm

Zuschnitt-Liste

Teil	*Beschreibung*	*Stück*	*Material*	*Abmessungen*
A	Hinterbein	2	45 x 95 mm Fichte*	940 mm lang
B	Vorderbein	2	45 x 95 mm Fichte*	455 mm lang
C	Vorderzarge	1	25 x 45 mm Fichte*	400 mm lang
D	Seitenzarge	2	25 x 45 mm Fichte*	425 mm lang
E	Hinterzarge	1	25 x 45 mm Fichte*	400 mm lang
F	Verstärkung Seite	2	25 x 45 mm Fichte	370 mm lang
G	Verstärkung Front	1	25 x 45 mm Fichte	360 mm lang
H	Holm seitlich	2	34 x 54 mm Fichte*	370 mm lang
I	Mittelholm	1	34 x 54 mm Fichte*	360 mm lang
J	Leiste kurz	1	25 x 45 mm Fichte	360 mm lang
K	Leiste lang	12	25 x 45 mm Fichte	480 mm lang

* Anmerkung: Teil muß entweder auf geringere Breite aufgetrennt oder entsprechend heruntergehobelt werden.

Zuschnitt der Beine

Die hinteren Stuhlbeine sind aus 45 x 95 mm Fichte zugesägt. Die Stuhlbeine sind oben nach hinten geneigt, um ein bequemes Sitzen zu ermöglichen. Obwohl es kompliziert aussieht, ist das wirklich einfach zu bewerkstelligen. Lassen Sie sich einfach etwas Zeit und messen und sägen Sie genau.

1. Schneiden Sie zwei Hinterbeine A aus 45 x 95 mm Fichte auf je 940 mm Länge zu.

2. Nehmen Sie Bezug auf Abbildung 1, um das erste Stuhlbein anzureißen und zuzuschneiden. Messen Sie die Punkte „a", „b", „c" und „d" aus und markieren Sie diese. Ziehen Sie jeweils einen Strich von „a" nach „b", von „c" nach „d" und von „d" nach „e". Dann sägen Sie entlang der Linien, um die schraffierten Flächen der Form zu entfernen. Verwenden Sie das so erhaltenen Hinterbein A, um das zweite Hinterbein A zuzuschneiden.

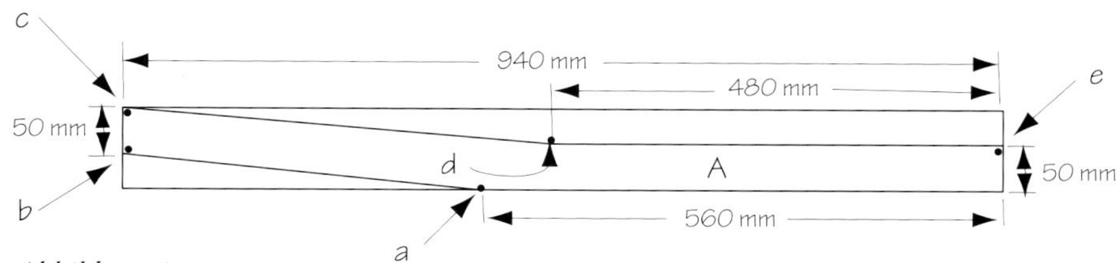

Abbildung 1

3. Messen Sie 410 mm von der zukünftigen Standfläche des Beins ab und schneiden Sie eine 45 mm breite und 20 mm tiefe Nut (Ausklinkung) in das Bein A, wie in Abbildung 2 gezeigt. Wiederholen Sie diesen Arbeitsschritt, um auch beim anderen Hinterbein A eine Ausklinkung vorzunehmen. Da die Ausklinkungen beide auf der Innenseite der Hinterbeine zu erfolgen haben, muß die zweite Ausklinkung spiegelverkehrt zur Ausklinkung im ersten Hinterbein A erfolgen.

4. Schneiden Sie zwei Vorderbeine B aus 45 x 95 mm Fichte auf je 455 mm Länge zu. Trennen Sie jedes Vorderbein auf eine Breite von 50 mm auf (oder lassen Sie es von einem Freund oder Schreiner auf dieses Maß herunterhobeln).

5. Die Vorderbeine B erhalten eine Nut (Ausklinkung), um die Stuhlzargen aufzunehmen. Folgen Sie Abbildung 3, um die Ausklinkung an dem einen Vorderbein B vorzunehmen. Wiederholen Sie diesen Arbeitsschritt, um das zweite Vorderbein B zu nuten. Wie schon bei den Hinterbeinen muß die Ausklinkung am zweiten Vorderbein B spiegelverkehrt zu der am ersten erfolgen.

Hinzufügen der Stuhlzargen

6. Schneiden Sie eine Vorderzarge C aus 20 x 45 mm Fichte (heruntergehobelt aus 25 x 45 mm) auf 400 mm Länge zu.

7. Schneiden Sie beide Enden der Vorderzarge C auf jeweils nach innen weisende 45°-Gehrungen, wie in Abbildung 4 gezeigt.

8. Schneiden Sie zwei Seitenzargen D aus 20 x 45 mm Fichte (heruntergehobelt aus 25 x 45 mm) auf je 425 mm Länge zu. Schneiden Sie jeweils ein Ende der Seitenzargen auf spiegelverkehrte 45°-Gehrungen zu, wie in Abbildung 5 gezeigt.

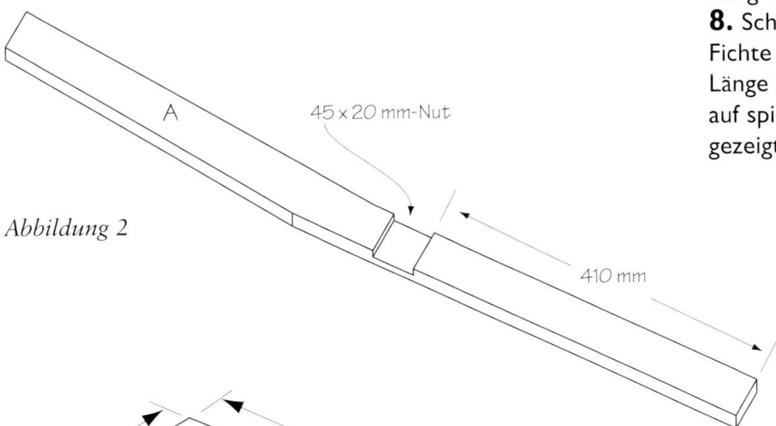

Abbildung 2

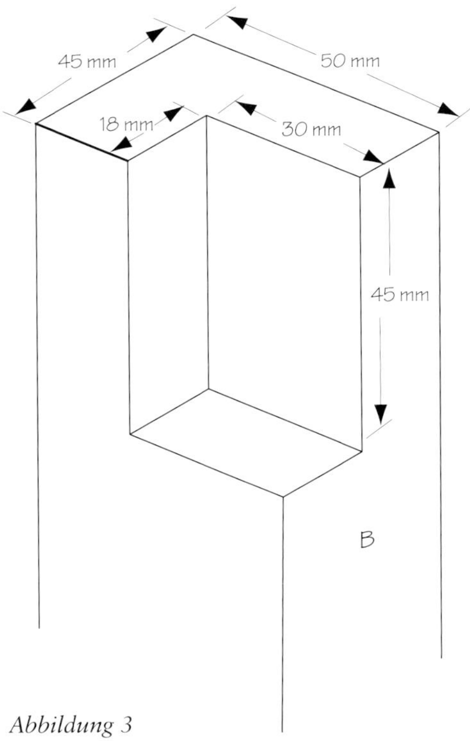

Abbildung 3

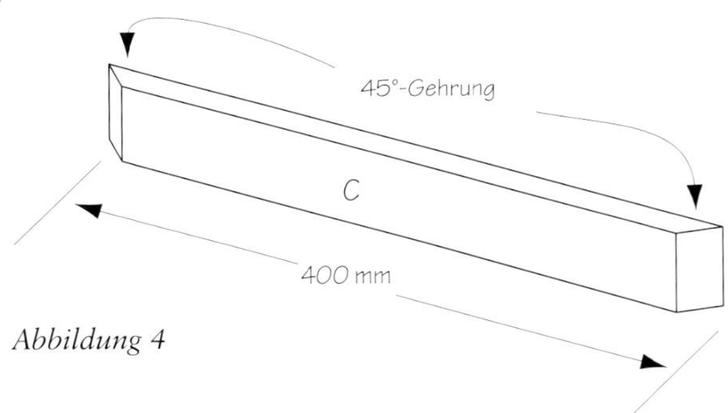

Abbildung 4

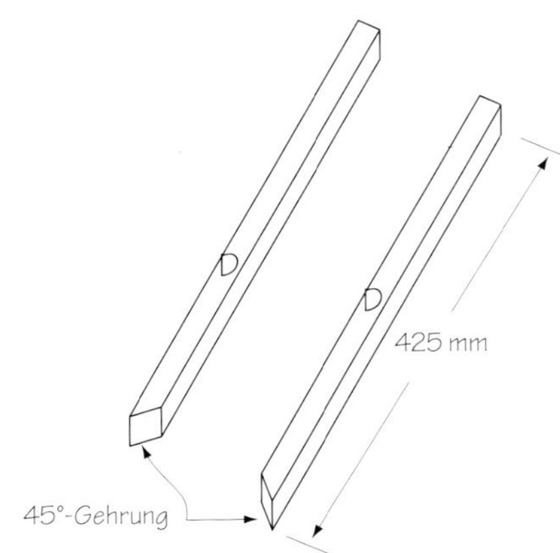

Abbildung 5

9. Schneiden Sie eine Hinterzarge E aus 20 x 45 mm Fichte (heruntergehobelt aus 25 x 45 mm) auf 400 mm Länge zu.

10. Nehmen Sie Bezug auf Abbildung 6, um die Stuhlzargen mit den Stuhlbeinen zu verbinden. Zuerst passen Sie die stumpfen Enden der Seitenzargen D 20 mm von der Hinterkante entfernt in die Ausklinkung der Hinterbeine A ein. Stellen Sie sicher, daß sich die Gehrungsflächen der Seitenzargen D gegenüberliegen. Geben Sie Leim auf die Kontaktflächen und schrauben Sie durch die Seitenzargen D hindurch in die Ausklinkung der Hinterbeine A, wobei Sie jeweils zwei 30 mm lange Schrauben für jede Verbindung verwenden.

11. Schieben Sie die Hinterzarge E über die stumpfen Enden der Seitenzargen D in die Ausklinkungen der beiden Hinterbeine A. Geben Sie Leim auf die Kontaktflächen und schrauben Sie durch die Hinterzarge E hindurch in die Enden der Seitenzargen D. Verwenden Sie jeweils zwei 30 mm lange Schrauben für jede Verbindung.

12. Passen Sie die Vorderzarge C zwischen die beiden auf Gehrung geschnittenen Enden der Seitenzargen D in die Ausklinkungen der Vorderbeine B ein. Geben Sie Leim auf die Kontaktflächen und schrauben Sie durch die Vorderzarge C hindurch in die Vorderbeine B. Verwenden Sie jeweils zwei 30 mm lange Schrauben für jede Verbindung.

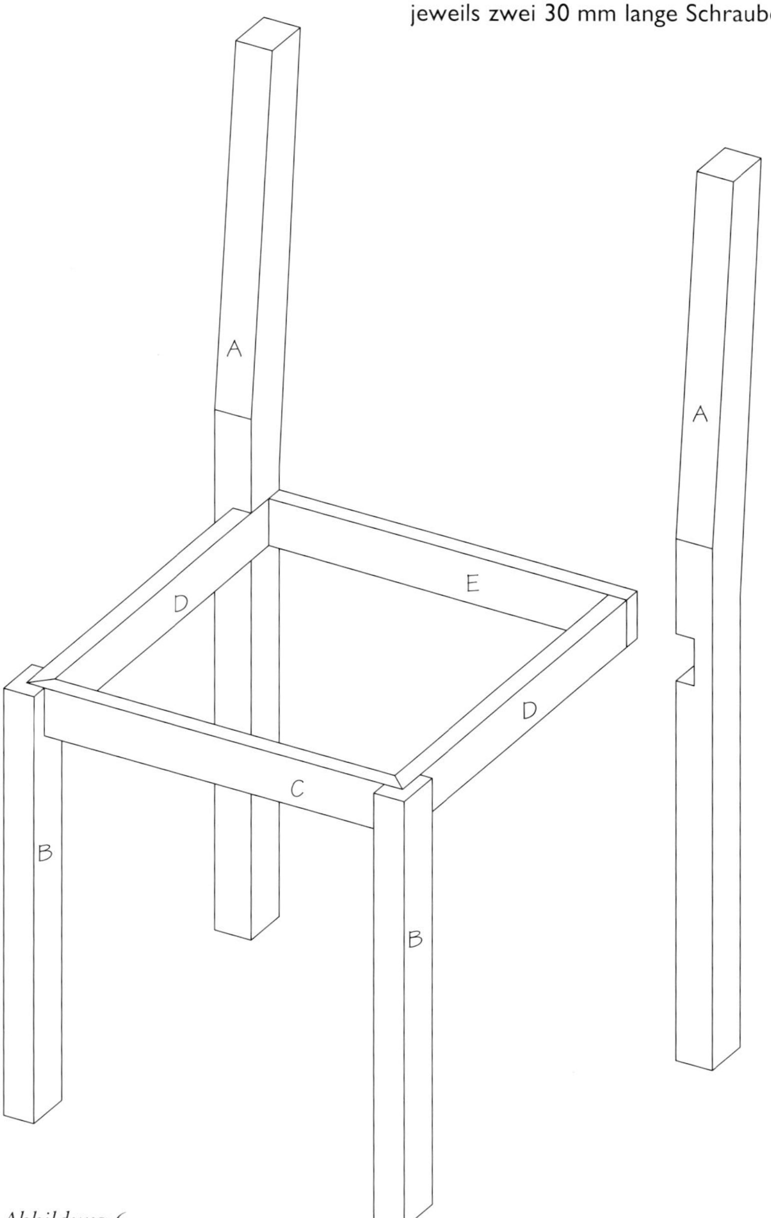

Abbildung 6

Hinzufügen der Verstärkungsstreben

13. Schneiden Sie zwei Verstärkungsstreben F für die Seiten aus 25 x 45 mm Fichte auf je 370 mm Länge zu.

14. Passen Sie eine Verstärkungsstrebe F zwischen Vorder- und Hinterbein (A und B) so ein, daß sie vollflächig auf der Seitenzarge D aufliegt, wie in Abbildung 7 gezeigt. Geben Sie Leim auf die Kontaktflächen und schrauben Sie durch die Seitenzarge D hindurch in die Verstärkungsstrebe F, wobei Sie drei 30 mm lange Schrauben verwenden. Wiederholen Sie diesen Arbeitsschritt, um die andere Verstärkungsstrebe F an der entgegengesetzten Seitenzarge D zu befestigen.

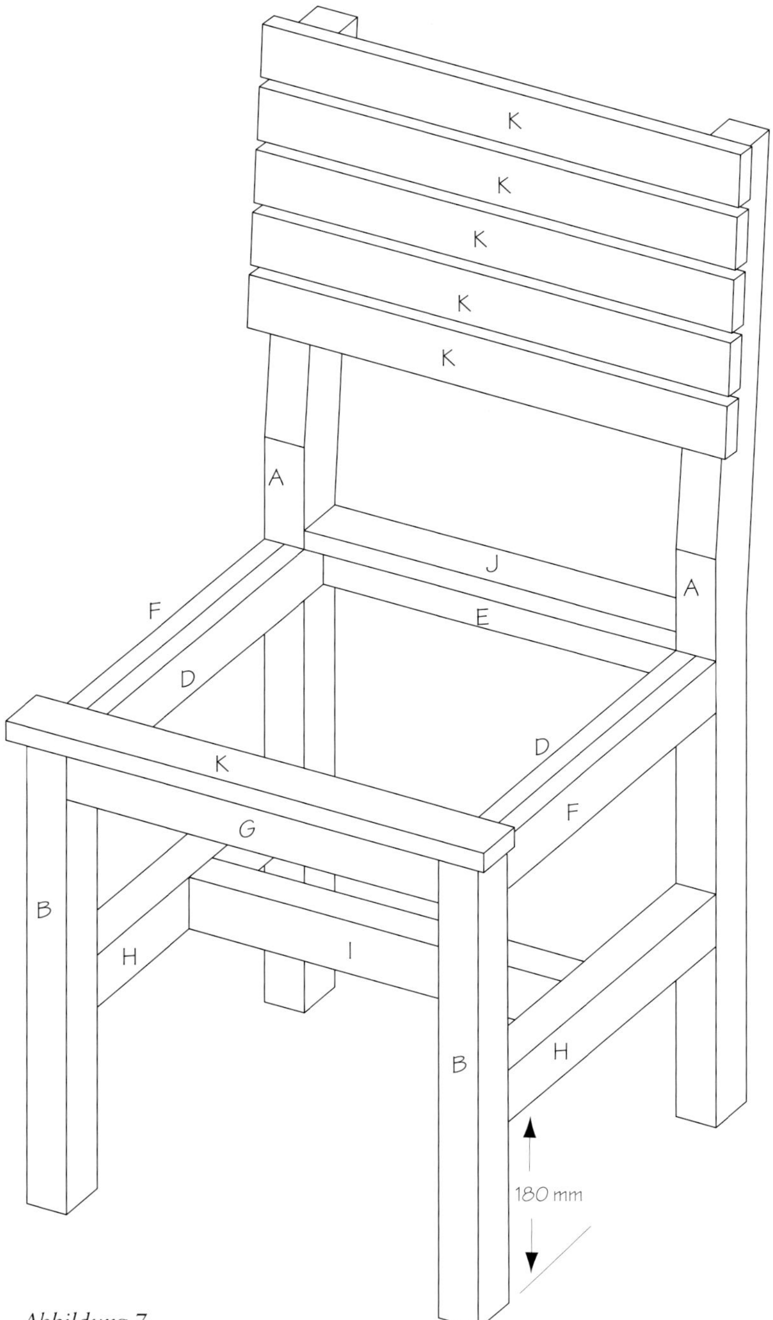

Abbildung 7

15. Schneiden Sie eine Verstärkungsstrebe G für die Vorderseite aus 25 x 45 mm Fichte auf 360 mm Länge zu.
16. Passen Sie die Verstärkungsstrebe G zwischen den beiden Vorderbeinen B so ein, daß sie vollflächig auf der Vorderzarge C aufliegt, wie in Abbildung 7 gezeigt. Geben Sie Leim auf die Kontaktflächen und schrauben Sie durch die Vorderzarge C hindurch in die Verstärkungsstrebe G, wobei Sie drei 30 mm lange Schrauben verwenden.

Hinzufügen der Querholme

17. Schneiden Sie zwei seitliche Holme H aus 34 x 50 mm Fichte (heruntergehobelt aus 34 x 54 mm) auf je 370 mm Länge zu.
18. Passen Sie einen seitlichen Holm H 180 mm vom Fuß eines jeden Beins zwischen ein Vorderbein B und ein Hinterbein A ein, wie in Abbildung 7 gezeigt. Schrauben Sie durch Vorder- und Hinterbein (A und B) hindurch in die Enden des seitlichen Holms H, wobei Sie jeweils eine 75 mm lange Schraube für jede Verbindung verwenden. Wiederholen Sie diesen Arbeitsschritt, um den zweiten seitlichen Holm H zwischen den restlichen Vorder- und Hinterbeinen (A und B) zu befestigen.
19. Schneiden Sie einen Mittelholm I aus 34 x 50 mm Fichte (heruntergehobelt aus 34 x 54 mm) auf 360 mm Länge zu.
20. Schieben Sie den Mittelholm I mittig zwischen die beiden seitlichen Holme H, wie in Abbildung 7 gezeigt. Schrauben Sie durch die seitlichen Holme H hindurch in die Enden des Mittelholms I, wobei Sie jeweils eine 75 mm lange Schraube verwenden.

Hinzufügen der Sitz- und Rückenlehnenfläche

21. Schneiden Sie eine kurze Sitzleiste J aus 25 x 45 mm Fichte auf 360 mm Länge zu.
22. Passen Sie die kurze Sitzleiste J mit der breiten Seite nach oben zwischen die beiden Hinterbeine A ein, wobei sie auf der Oberkante der Hinterzarge E aufliegt und bündig mit der Vorderkante der Stuhlbeine abschließt, wie in Abbildung 7 gezeigt. Geben Sie Leim auf die Kontaktflächen und nageln Sie durch die kurze Sitzleiste J hindurch in die Hinterzarge E, wobei Sie drei 30 mm lange Nägel verwenden.
23. Schneiden Sie 12 lange Leisten K aus 25 x 45 mm Fichte auf je 480 mm Länge zu.
24. Sieben lange Leisten werden benötigt, um die Sitzfläche zu vervollständigen. Befestigen Sie die erste lange Leiste K an der Stuhlvorderseite, wobei sie die vordere Verstärkungsstrebe G und die Außenkanten der Vorderbeine B jeweils um 15 mm überragt, wie in Abbildung 7 gezeigt. Geben Sie Leim auf die Kontaktflächen und nageln Sie durch die langen Leisten K hindurch in die Vorderbeine B und die Vorderzarge C. Verwenden Sie jeweils zwei 30 mm lange Nägel für jedes Vorderbein und vier 30 mm lange Nägel für die Vorderzarge C.
25. Befestigen Sie die zweite lange Leiste K hinten am Sitz, mit einem Abstand von 15 mm zu den Hinterbeinen B und einem gleichmäßigen Überhang von jeweils 15 mm über jede seitliche Verstärkungsstrebe F. Geben Sie Leim auf die Kontaktflächen und nageln Sie durch die langen Leisten K hindurch in die Seitenzargen D. Verwenden Sie jeweils zwei 30 mm lange Nägel für jede Verbindung.
26. Wiederholen Sie Schritt 25, um die übrigen fünf langen Leisten K mit einem gleichmäßigen Abstand von 15 mm zueinander am Stuhlsitz zu befestigen.
27. Die fünf übrigen langen Leisten K werden für die Stuhllehne verwendet. Befestigen Sie die erste lange Leiste K 15 mm höher als die Oberkante der Hinterbeine A und mit einem gleichmäßigen Überhang auf beiden Seiten, wie in Abbildung 7 gezeigt. Nageln Sie durch jede lange Leiste K hindurch in die Hinterbeine A, wobei Sie jeweils zwei 30 mm lange Nägel für jede Verbindung verwenden.
28. Befestigen Sie die übrigen vier langen Leisten K unterhalb der ersten, mit einem Abstand von 15 mm zueinander, wie in Abbildung 7 gezeigt.

Oberflächenbehandlung

29. Füllen Sie alle Risse, Spalten und Schraubenlöcher mit Holzkitt und schleifen Sie gründlich alle Oberflächen des fertiggestellten Stuhls.
30. Grundieren und streichen oder beizen Sie Ihren Stuhl in der Farbe Ihrer Wahl.

Beistelltisch

Kleine Tische sind im Garten und auf der Veranda immer willkommen. Dieser hier ist nur wenig mehr als einen halben Meter breit und paßt deswegen wirklich fast überall hin. Stellen Sie einen gleich neben Ihren Lieblings-Ruhesessel oder machen Sie zwei davon und stellen Sie sie aneinander, um einen handlichen Kaffeetisch zu zaubern.

Spezielle Werkzeuge und Techniken

Spanngurt
Gehrungen

Materialbedarf

6,50 lfm	25 x 45 mm Fichte
5,00 lfm	18 x 95 mm Fichte
2,50 lfm	58 x 58 mm Fichte
0,75 lfm	45 x 95 mm Fichte

Befestigungsmaterial

40 Nägel	45 mm
15 Schrauben	30 mm
30 Schrauben	45 mm
10 Schrauben	60 mm
4 Schrauben	100 mm

Zuschnitt-Liste

Teil	*Beschreibung*	*Stück*	*Material*	*Abmessungen*
A	Rahmenteil lang	2	25 x 45 mm Fichte	405 mm lang
B	Rahmenteil kurz	2	25 x 45 mm Fichte	355 mm lang
C	Leiste	8	25 x 45 mm Fichte	405 mm lang
D	Randleiste	4	18 x 95 mm Fichte	595 mm lang
E	Zargenteil	4	18 x 95 mm Fichte	405 mm lang
F	Tischbein	4	58 x 58 mm Fichte	500 mm lang
G	Eckaussteifung	4	45 x 95 mm Fichte	180 mm lang

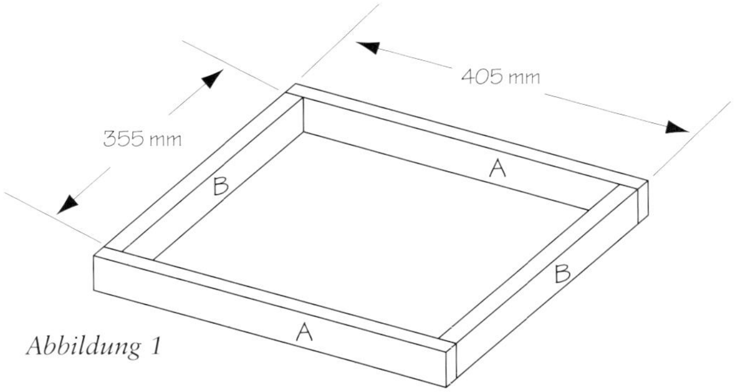

Abbildung 1

Bau der Tischplatte

1. Schneiden Sie zwei lange Rahmenteile A aus 25 x 45 mm Fichte auf je 405 mm Länge zu.

2. Schneiden Sie zwei kurze Rahmenteile B aus 25 x 45 mm Fichte auf je 355 mm Länge zu.

3. Stellen Sie die beiden kurzen Rahmenteile B zwischen die Enden der langen Rahmenteile A, wie in Abbildung 1 gezeigt. Schrauben Sie durch die langen Rahmenteile A hindurch in die Enden der kurzen Rahmenteile B, wobei Sie jeweils zwei 45 mm lange Schrauben für jede Verbindung verwenden.

4. Schneiden Sie acht Leisten C aus 25 x 45 mm Fichte auf je 405 mm Länge zu.

5. Schieben Sie die acht Leisten C über die Rahmenkonstruktion, wie in Abbildung 2 gezeigt. Verteilen Sie die Leisten C gleichmäßig über die Breite des Rahmens, wobei Sie zwischen den Leisten und zu den Rändern hin jeweils 5 mm Abstand lassen, wie in Abbildung 2 gezeigt. Nageln Sie durch die Leisten C hindurch in die langen Rahmenleisten A, wobei Sie jeweils zwei 45 mm lange Nägel für jede Verbindung verwenden.

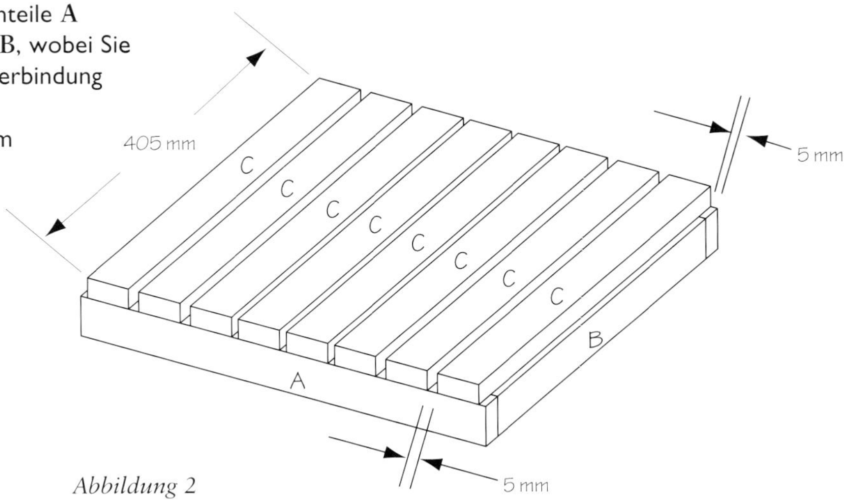

Abbildung 2

6. Schneiden Sie vier Zargenteile E aus 18 x 95 mm Fichte auf je 405 mm Länge zu.
7. Befestigen Sie die vier Zargenteile E an den langen und kurzen Rahmenteilen (A und B), wie in Abbildung 3 gezeigt, bündig mit den Ecken und Oberkanten der Rahmenkonstruktion aus Schritt 3. Die offenen Ecken werden später die Tischbeine aufnehmen. Geben Sie Leim auf die Kontaktflächen und schrauben Sie durch die Rahmenteile (A und B) hindurch in die vier Zargenteile E. Verwenden Sie jeweils drei 45 mm lange Schrauben, um jedes Zargenteil E zu sichern.
8. Der nächste Schritt besteht darin, die Tischplattenkonstruktion mit den Randleisten D einzurahmen. Schneiden Sie vier Randleisten D aus 18 x 95 mm Fichte auf je 595 mm Länge zu. Schneiden Sie jeweils beide Enden aller vier Randleisten auf jeweils spiegelverkehrt verlaufende 45°-Gehrungen zu, wie in Abbildung 4 gezeigt. Die lange Kante jeder Randleiste D sollte jeweils 595 mm und die kurze jeweils 405 mm lang sein.

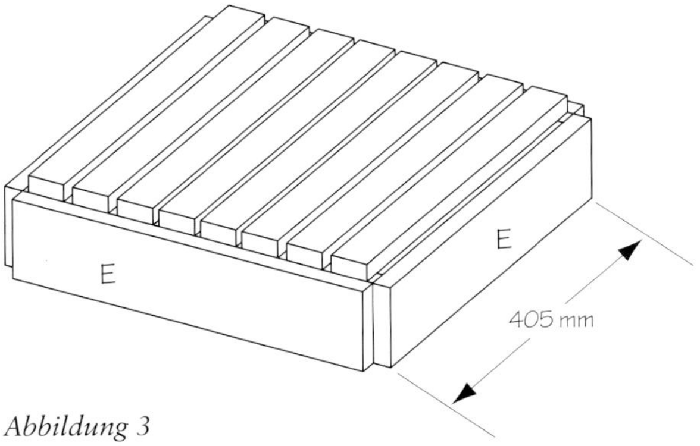

Abbildung 3

9. Leimen und spannen Sie die vier Randleisten D zu einem vierseitigen „Bilderrahmen" zusammen. Ein Spanngurt ist bei dieser Aktion sehr nützlich. Lassen Sie die Konstruktion über Nacht trocknen.
10. Schieben Sie die „Bilderrahmen"-Konstruktion über die Tischplatten-Konstruktion auf die Zargenteile E, wie in Abbildung 5 gezeigt. Sie sollte flach auf den Oberkanten der vier Zargenteile E aufliegen. Geben Sie Leim auf die Kontaktflächen und nageln Sie durch jede der Randleisten D hindurch in die Zargenteile E. Verwenden Sie jeweils vier oder fünf 45 mm lange Nägel für jede Randleiste D.

Hinzufügen der Beine

11. Schneiden Sie vier Beine F aus 58 x 58 mm Fichte auf je 500 mm Länge zu.
12. Schneiden Sie mit 45°-Schnitten vier dreieckige Aussteifungen G so aus einem 18 x 95 mm Fichtenbrett, daß die Maserung parallel zur langen Seite verläuft, wie in Abbildung 6 auf Seite 87 gezeigt.
13. Bohren Sie ein 12 mm großes Loch, von der Mitte der langen Seite der dreieckigen Eckaussteifung G in Richtung der 90°-Ecke, auf 25 mm Tiefe, wie in Abbildung 6 gezeigt.
14. Legen Sie die Tischplatten-Konstruktion umgekehrt auf eine ebene Fläche.
Geben Sie Leim auf die kurzen Seitenkanten der dreieckigen Eckaussteifungen G und schieben Sie sie jeweils in die von den Zargenteilen E gebildeten Innenecken über den Rahmenteilen (A und B), wie in Abbildung 7 gezeigt. Schrauben Sie durch die spitzen Ecken der dreieckigen Eckaussteifungen G hindurch in die Rahmenteile (A und B) und die Zargenteile E. Verwenden Sie jeweils zwei 45 mm lange Schrauben für jede Eckaussteifung.

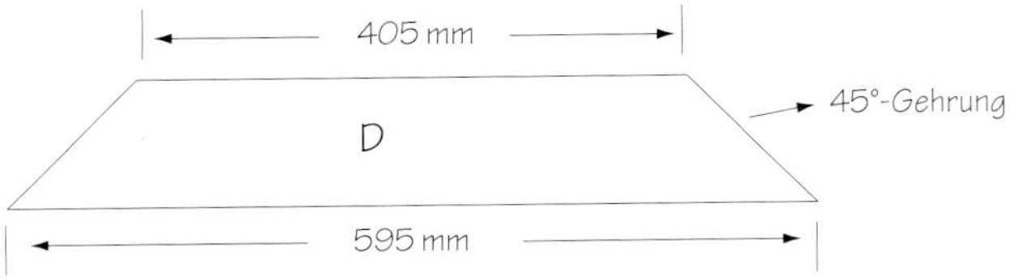

Abbildung 4

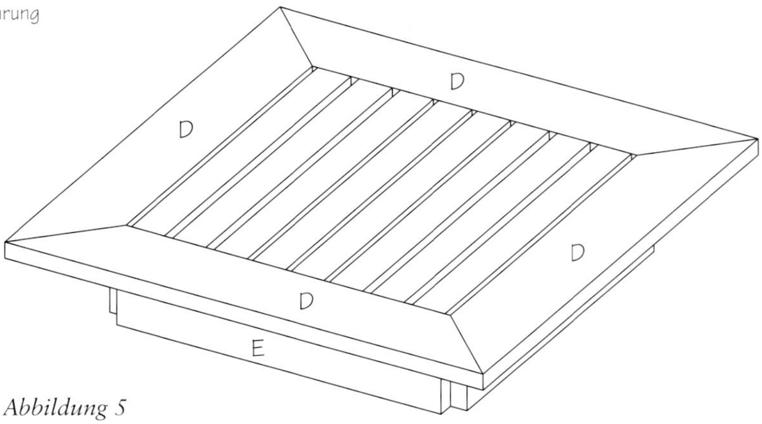

Abbildung 5

15. Stellen Sie jeweils eines der vier Beine F an jede Ecke der Konstruktion und dabei mit einer Seitenkante an die Enden der Zargenteile E, wie in Abbildung 7 gezeigt. Vergewissern Sie sich, daß die Beine im rechten Winkel zur Konstruktion sind. Dann führen Sie jeweils eine 100 mm lange Schraube in das in jede dreieckige Eckaussteifung G vorgebohrte Loch und drehen diese durch jede Eckaussteifung G hindurch in jedes Bein F.

16. Um den Beinen F einen besseren Halt zu geben, drehen Sie vorsichtig die ganze Konstruktion herum. Überprüfen Sie nochmals, daß die Beine absolut im rechten Winkel stehen. Dann schrauben Sie von oben durch jede der Randleisten D hindurch in die Beine F. Verwenden Sie jeweils zwei 65 mm lange Schrauben für jedes Bein F – je eine von jeder Randleiste aus.

Oberflächenbehandlung

17. Füllen Sie alle Risse, Spalten und Schraubenlöcher mit Holzkitt und schleifen Sie sorgfältig alle Oberflächen des Beistelltisches.

18. Sie können den fertiggestellten Tisch grundieren und in der Farbe Ihrer Wahl streichen oder beizen, oder – falls Sie druckimprägniertes Holz verwendet haben – einfach so belassen wie er ist, wie im Foto auf Seite 84 gezeigt.

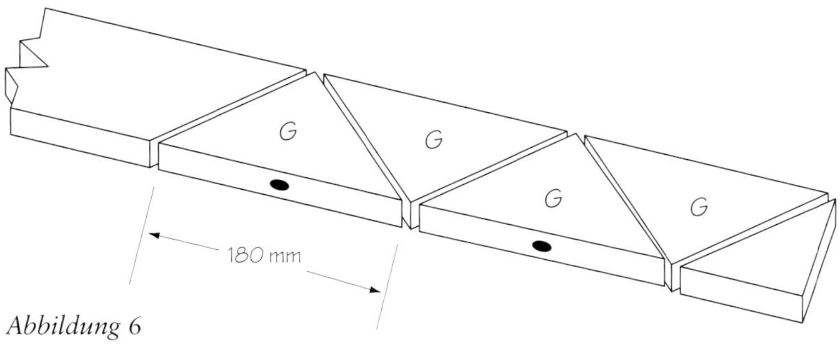

Abbildung 6

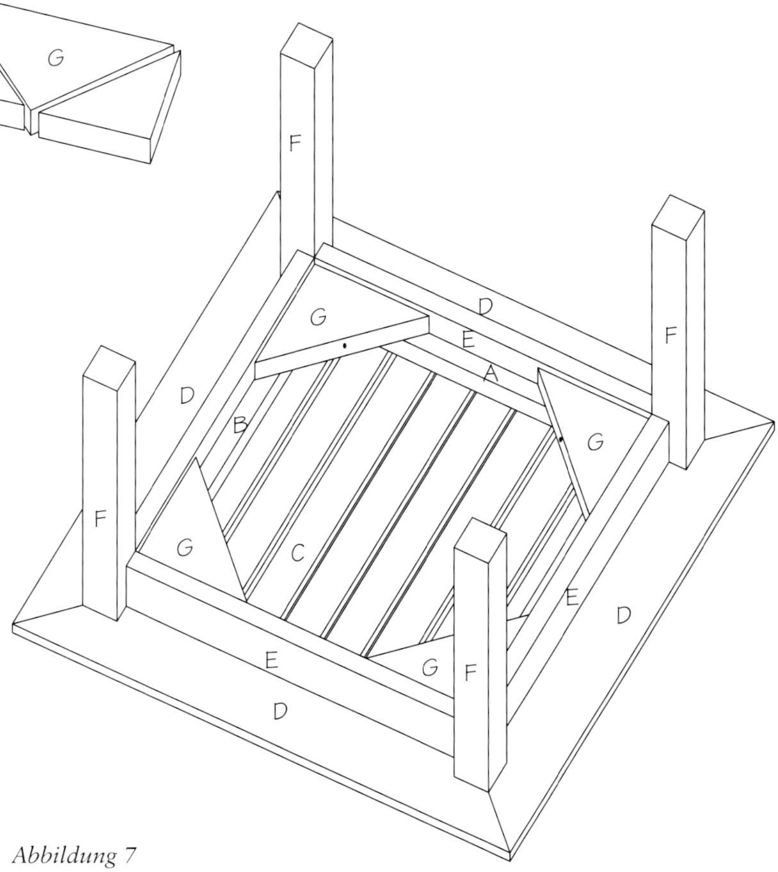

Abbildung 7

Viktorianische Liebesbank

Der Anblick dieser romantischen Liebesbank täuscht: Sie sieht aus, als sei sie schwierig herzustellen, doch die viktorianischen Accessoires sind in Wirklichkeit lediglich verschnörkelte hölzerne Konsolen, die in den meisten Holzfachmärkten erhältlich sind. Wenn Sie die Liebesbank geschliffen und lackiert haben, werden Ihre Freunde annehmen, daß sie von einem Schreinermeister gebaut wurde!

Spezielle Werkzeuge und Techniken

Nuten
Schraubzwingen

Materialbedarf

12,50 lfm	45 x 95 mm Fichte
5,00 lfm	18 x 95 mm Fichte
4,00 lfm	25 x 45 mm Fichte

1 Platte wasserfestes Sperrholz 12 mm, 500 x 1200 mm
2 Zier-Holzkonsolen mit jeweils 200 und 300 mm Schenkellänge*
2 Zier-Holzkonsolen mit jeweils 150 und 230 mm Schenkellänge*

Befestigungsmaterial

125 Nägel	30 mm
80 Nägel	40 mm
20 Schrauben	90 mm
15 Schrauben	60 mm

Zuschnitt-Liste

Teil	*Beschreibung*	*Stück*	*Material*	*Abmessungen*
A	Seitensprosse	6	18 x 95 mm Fichte	350 mm lang
B	Rahmenteil Seite	4	45 x 95 mm Fichte	395 mm lang
C	Bein	4	45 x 95 mm Fichte	860 mm lang
D	Bankzarge	2	45 x 95 mm Fichte	1145 mm lang
E	Querstrebe Mitte	1	45 x 95 mm Fichte	495 mm lang
F	Auflageleiste kurz	2	25 x 45 mm Fichte	495 mm lang
G	Auflageleiste lang	4	25 x 45 mm Fichte	500 mm lang
H	Sitzfläche	1	Sperrholz 12 mm	495 x 1145 mm
I	Rahmenteil Rücken	2	45 x 95 mm Fichte	1145 mm lang
J	Rückensprosse	8	18 x 95 mm Fichte	250 mm lang
K	Mittelteil Verzierung	1	45 x 95 mm Fichte	200 mm lang*
L	Konsole groß	2	200 x 300 mm*	
M	Konsole klein	2	150 x 230 mm*	

* Anmerkungen zum Material

Es ist nicht notwendig, die gleichen dekorativen Konsolen zu finden, die wir verwendet haben. Jede andere Form kann verwendet werden, nur die Abmessungen der großen Konsolen sollten ungefähr die gleichen sein, wie angegeben. Falls sie ein wenig abweichen, müssen Sie die Länge des Mittelteils der Kopfverzierung K so abändern, daß sie wieder zu den Abmessungen Ihrer Konsolen paßt.

Bau der Seitenteile

1. Schneiden Sie sechs Seitensprossen A aus 18 x 95 mm Fichte auf je 350 mm Länge zu.

2. Schneiden Sie vier Rahmenteile B für die Seiten aus 45 x 95 mm Fichte auf je 395 mm Länge zu.

3. Schneiden Sie eine 18 mm breite und 15 mm tiefe Nut in die eine lange Seitenkante eines jeden Rahmenteils B, wie in Abbildung 1 gezeigt.

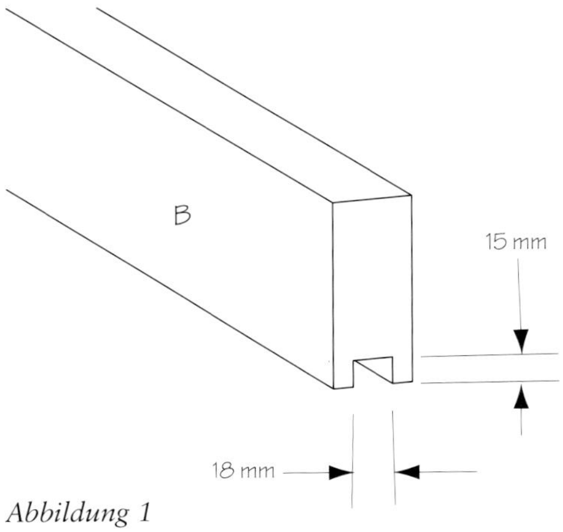

Abbildung 1

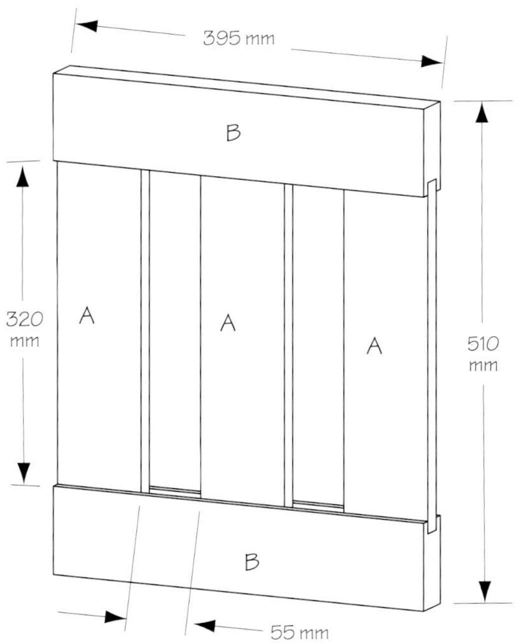

Abbildung 2

4. Arbeiten Sie auf einer ebenen Fläche und legen Sie zwei Rahmenteile B parallel zueinander mit den Nuten nach innen hin, wie in Abbildung 2 gezeigt. Passen Sie die Enden von drei Seitensprossen A in die Nuten der beiden Rahmenteile B ein. Wenn die Seitensprossen A richtig in die Nuten eingepaßt sind, sollte der Abstand zwischen den beiden Rahmenteilen B 320 mm betragen, wie in Abbildung 2 gezeigt. Die beiden äußeren Seitensprossen A sollten bündig mit den Enden der Rahmenteile B abschließen und einen Abstand von jeweils 55 mm zur mittleren Sprosse A haben. Wenn alles optimal ausgerichtet ist, sollte die Leistenkonstruktion insgesamt 510 mm lang und 395 mm breit sein. Sichern Sie die Sprossen in ihrer Position, indem Sie seitlich durch die genuteten Kanten der Rahmenteile B hindurch in die Enden der Seitensprossen A nageln, wobei Sie jeweils zwei 30 mm lange Nägel für jede Verbindung verwenden.

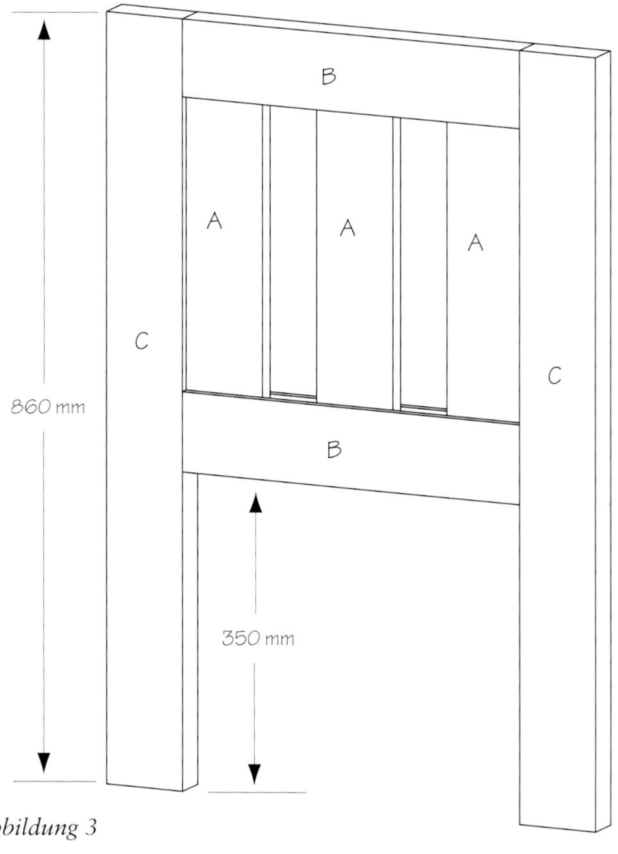

Abbildung 3

5. Schneiden Sie vier Beine C aus 45 x 95 mm Fichte auf je 860 mm Länge zu.

6. Schieben Sie die Leistenkonstruktion so zwischen zwei Beine C, daß die Oberkante der Leistenkonstruktion bündig mit dem oberen Ende der Beine C abschließt und jeweils 350 mm vom anderen Ende des Beins C entfernt ist, wie in Abbildung 3 auf Seite 90 gezeigt. Schrauben Sie schräg durch die Außenkanten der Rahmenteile B hindurch in die Beine, wobei Sie jeweils eine 90 mm lange Schraube für jede Verbindung verwenden.

7. Wiederholen Sie Schritt 4 bis 6, um das zweite Seitenteil zusammenzubauen.

Hinzufügen der Sitzfläche

8. Schneiden Sie zwei Bankzargen D aus 45 x 95 mm Fichte auf je 1145 mm Länge zu.

9. Für den nächsten Schritt wünschen Sie sich vielleicht einen bereitwilligen Helfer zur Unterstützung. Fall Sie allein arbeiten, verwenden Sie eine lange Schraubzwinge, um die Konstruktion zusammenzuhalten, während Sie sie zusammenschrauben. Stellen Sie die Seitenteile in einem Abstand von 1145 mm parallel zueinander auf die gleiche 860 mm lange Seitenkante C, wie in Abbildung 4 gezeigt. Passen Sie eine Bankzarge D 415 mm unterhalb der Oberkante zwischen die beiden Seitenteile ein. Die Oberkante der Bankzarge D sollte absolut bündig mit der Oberkante der beiden unteren Rahmenteile B abschließen. Schrauben Sie durch die Seitenteile hindurch in die Enden der Bankzarge D, wobei Sie jeweils zwei 65 mm lange Schrauben für jede Verbindung verwenden.

10. Drehen Sie die Konstruktion herum und befestigen Sie die übrige Bankzarge D auf der entgegengesetzten Seite der Seitenteile in der selben Art und Weise, wie Sie das in Schritt 9 getan haben.

11. Schneiden Sie eine Mittelstrebe E aus 45 x 95 mm Fichte auf 495 mm Länge zu.

12. Passen Sie die Mittelstrebe E in der Mitte der Konstruktion (mit der breiten Seite nach oben) zwischen die beiden Bankzargen D ein, wie in Abbildung 5 gezeigt. Die Mittelstrebe E sollte 12 mm unterhalb der Oberkante der Bankzargen D eingepaßt werden, genau mittig zwischen beiden Seitenteilen. Schrauben Sie durch die Bankzargen D hindurch in die Enden der Mittelstrebe E. Verwenden Sie jeweils zwei 65 mm lange Schrauben für jede Verbindung.

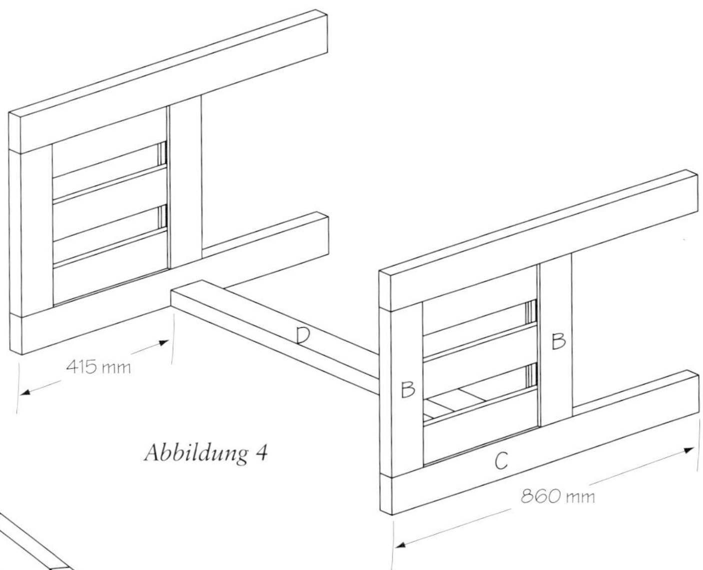

Abbildung 4

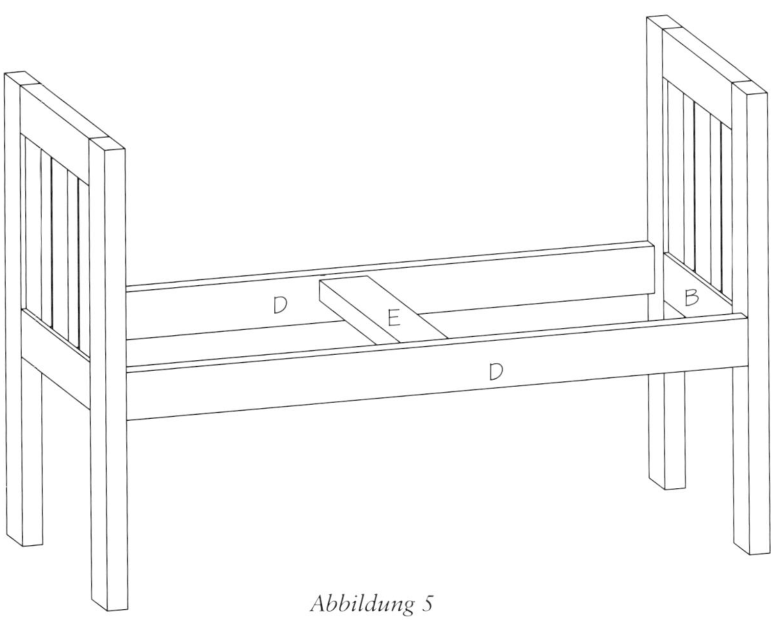

Abbildung 5

Hinzufügen der Auflageleisten

13. Schneiden Sie zwei kurze Auflageleisten F aus 25 x 45 mm Fichte auf je 495 mm Länge zu.

14. Befestigen Sie eine kurze Auflageleiste F am unteren Rahmenteil B des einen Seitenteils, zwischen den beiden Bankzargen D und 12 mm unterhalb der Oberkante des unteren Rahmenteils B, wie in Abbildung 6 gezeigt. Geben Sie Leim auf die Kontaktflächen und nageln Sie durch die kurze Auflageleiste F hindurch in die untere Rahmenleiste B. Verwenden Sie drei 40 mm lange Nägel, um sie in dieser Position zu sichern.

15. Wiederholen Sie Schritt 14, um die andere kurze Auflageleiste F am gegenüberliegenden unteren Rahmenteil B zu befestigen.

16. Schneiden Sie vier lange Auflageleisten G aus 25 x 45 mm Fichte auf je 500 mm Länge zu.

17. Befestigen Sie eine lange Auflageleiste G an der Innenseite einer Bankzarge D, 12 mm unterhalb der Oberkante dieser Bankzarge D und zwischen der einen kurzen Auflageleiste F und der Mittelstrebe E, wie in Abbildung 6 gezeigt.

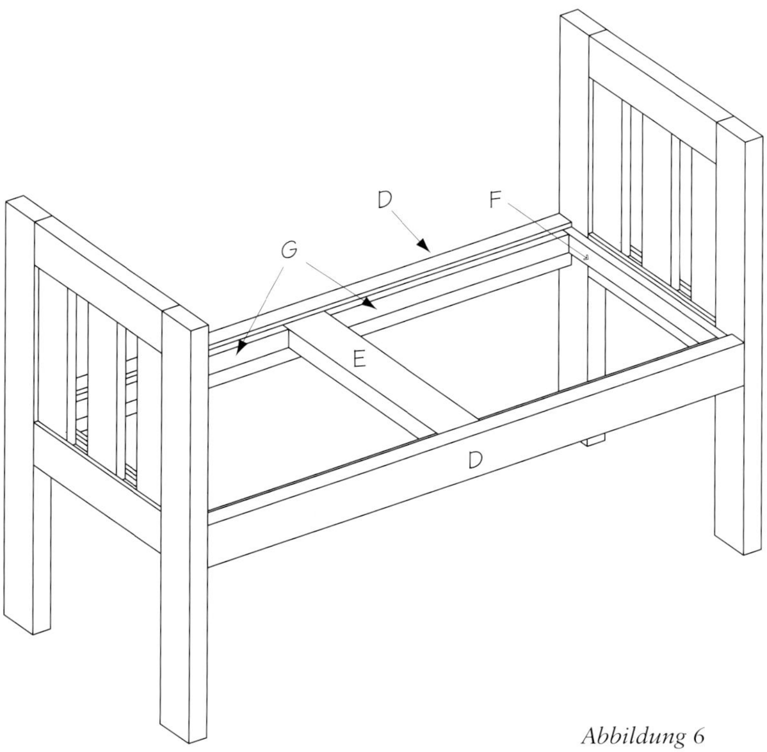

Abbildung 6

Geben Sie Leim auf die Kontaktflächen und verwenden Sie vier 40 mm lange Nägel, die Sie gleichmäßig über die Länge verteilen, um die Leiste in ihrer Position zu sichern.

18. Wiederholen Sie Schritt 17 drei weitere Male, um die übrigen langen Auflageleisten G an den Innenseiten der Bankzargen D zu befestigen.

19. Schneiden Sie eine Sitzfläche H aus 12 mm starkem Sperrholz auf 495 x 1145 mm zu.

20. Schieben Sie die Sitzfläche H über die Auflageleisten (F und G) und die Mittelstrebe E. Geben Sie Leim auf die Kontaktflächen und nageln Sie durch die Sitzfläche H hindurch in die Mittelstrebe E und die Auflageleisten (F und G). Verwenden Sie dabei 40 mm lange Nägel in Abständen von jeweils 100 bis 120 mm.

Bau der Rückenlehne der Liebesbank

21. Schneiden Sie zwei Rahmenteile I für die Rückenlehne aus 45 x 95 mm Fichte auf je 1145 mm Länge zu.

22. Schneiden Sie jeweils eine 18 mm breite und 15 mm tiefe Nut in eine der schmalen Seitenkanten eines jeden Rahmenteils I, wie das schon in Abbildung 1 auf Seite 90 gezeigt wurde.

23. Schneiden Sie acht Rückensprossen J aus 18 x 95 mm Fichte auf je 250 mm Länge zu.

24. Arbeiten Sie auf einer ebenen Fläche und legen Sie die beiden Rahmenteile I mit den Nuten nach innen parallel zueinander hin, wie das schon in Abbildung 2 auf Seite 90 gezeigt wurde. Passen Sie die Enden der Rückensprossen J in die Nuten der beiden Rahmenteile I ein. Wenn die Rückensprossen J richtig in die Nuten eingepaßt sind, sollte der Abstand zwischen den beiden Rahmenteilen I 220 mm betragen. Die beiden äußeren Rückensprossen J sollten bündig mit den Enden der Rahmenteile I abschließen, wie das schon in Abbildung 3 auf Seite 90 gezeigt wurde, und alle acht Rückensprossen sollten einen Abstand von 55 mm zueinander haben. Wenn alles optimal ausgerichtet ist, sollte die Rückenlehnen-Konstruktion insgesamt 1145 mm lang und 410 mm breit sein.

Sichern Sie die Leisten, indem Sie seitlich durch die genutete Kante der Rahmenteile I hindurch in die Enden der Rückensprossen J nageln, wobei Sie jeweils zwei 30 mm lange Nägel für jede Verbindung verwenden.

25. Nun sind Sie so weit, daß Sie die Rückenlehnen-Konstruktion zwischen die beiden Seitenteile einpassen können. Um die Bank etwas komfortabler zu gestalten, ist die Rückenlehne in einem bestimmten Winkel geneigt – am oberen Ende nach außen und am unteren nach innen. Der Neigungswinkel ist vorbestimmt durch die Breite der Hinterbeine. Die Unterkante der Rückenlehne wird bündig mit den Innenkanten der Hinterbeine C und die Oberkante bündig mit den Außenkanten der Hinterbeine C eingepaßt, wie in Abbildung 7 gezeigt. Wenn Sie die Rückenlehne optimal eingepaßt haben, sichern Sie ihre Position mit Schraubzwingen. Schrauben Sie durch die Hinterbeine C hindurch in die Enden der Rahmenteile I, wobei Sie jeweils drei 90 mm lange Schrauben für jede Verbindung verwenden.

Hinzufügen der Zierelemente

26. Schneiden Sie das Mittelstück der Rückenlehnen-Verzierung K aus 45 x 95 mm Fichte auf 200 mm Länge zu. (Anmerkung: Sie müssen dieses Maß abändern, wenn die von Ihnen gekauften großen Konsolen bei der entsprechenden Schenkellänge von der in der Materialbedarfs-Liste angegebenen abweichen.)

27. Befestigen Sie eine große Konsole L an der 200 mm langen Seitenkante des Mittelstücks K, wobei Sie sich am Foto auf Seite 94 orientieren können. Geben Sie Leim auf die Kontaktflächen und nageln Sie schräg durch die Seitenkanten und Enden der großen Konsole L in die Seitenkante des Mittelstücks K. Verwenden Sie jeweils drei 40 mm lange Nägel an jeder Seitenkante und einen Nagel an jedem Ende. Wiederholen Sie diesen Arbeitsschritt, um die andere große Konsole zu befestigen.

28. Messen Sie sorgfältig, um die exakte Mitte der Rückenlehne und deren Verzierung zu bestimmen. Geben Sie Leim auf die Kontaktflächen, schieben Sie die beiden Markierungen übereinander und befestigen Sie die Rückenlehnen-Verzierung an dem oberen Rahmenteil der Rückenlehne.

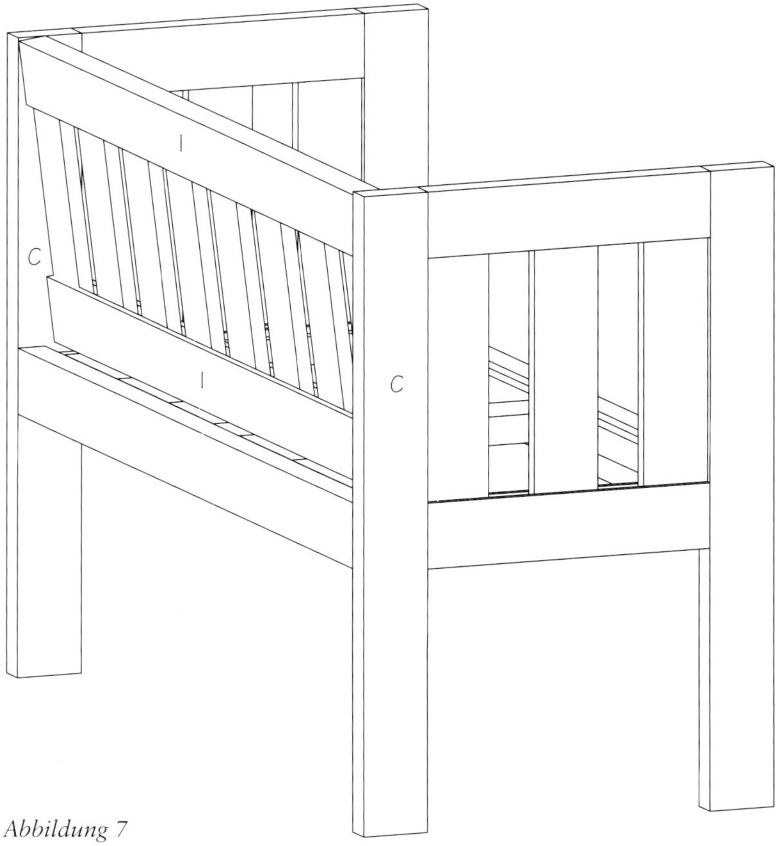

Abbildung 7

Nageln Sie schräg durch die Konsolen hindurch in das obere Rahmenteil der Rückenlehne, wobei Sie 40 mm lange Nägel verwenden.

29. Befestigen Sie die kleineren Konsolen M in gleicher Weise an der Bank, und zwar bündig mit der von den Vorderkanten der Vorderbeine C und den vorderen Bankzarge D gebildeten Innenecken, wobei Sie sich wieder an dem Foto unten orientieren können. Der längere Schenkel sollte an der Bankzarge D befestigt werden.

Oberflächenbehandlung

30. Füllen Sie alle Risse, Spalten und Schraubenlöcher mit Holzkitt und schleifen Sie sorgfältig alle Oberflächen der fertiggestellten Bank.

31. Grundieren und streichen oder beizen Sie Ihre viktorianische Liebesbank in der Farbe Ihrer Wahl.

Eine Mahnung zur Vorsicht: Die Zierelemente sind ziemlich zerbrechlich; versuchen Sie deshalb nie, die fertiggestellte Bank beim Tragen an den Zierelementen festzuhalten, weil sie sehr wahrscheinlich einer solchen Belastung nicht gewachsen sind.

Rechteckiger Blumenkasten

Dieser stabile Blumenkasten mißt 60 x 70 Zentimeter und nimmt auch wirklich große Pflanzen auf. Falls Sie die Preisangebote von großen Blumenkästen in den Gartencentern kennen, werden Sie zu schätzen wissen, wie ökonomisch dieser herzustellen ist.

Materialbedarf

4,50 lfm	25 x 45 mm Fichte
2,50 lfm	18 x 95 mm Fichte
9,00 lfm	18 x 145 mm Fichte

1 Platte wasserfestes Sperrholz 12 mm, 450 mm x 550 mm

Befestigungsmaterial

120 Schrauben 45 mm

Zuschnitt-Liste

Teil	*Beschreibung*	*Stück*	*Material*	*Abmessungen*
A	Rahmenteil lang	4	25 x 45 mm Fichte	544 mm lang
B	Rahmenteil kurz	4	25 x 45 mm Fichte	399 mm lang
C	Boden	1	Sperrholz 12 mm	435 x 544 mm
D	Planke Seite	14	18 x 145 mm Fichte	460 mm lang
E	Zierleiste kurz	2	18 x 95 mm Fichte	509 mm lang
F	Zierleiste lang	2	18 x 95 mm Fichte	589 mm lang

Bau der Rahmen

1. Schneiden Sie vier lange Rahmenteile A aus 25 x 45 mm Fichte auf je 544 mm Länge zu.

2. Schneiden Sie vier kurze Rahmenteile B aus 25 x 45 mm Fichte auf je 399 mm Länge zu.

3. Stellen Sie zwei lange Rahmenteile A im Abstand von 399 mm parallel zueinander auf eine ebene Fläche. Passen Sie zwei kurze Rahmenteile B zwischen die Enden der langen Rahmenteile A, wie in Abbildung 1 gezeigt. Schrauben Sie durch die Enden der langen Rahmenteile A hindurch in die kurzen Rahmenteile B, wobei Sie jeweils zwei 45 mm lange Schrauben für jede Verbindung verwenden.

4. Wiederholen Sie Schritt 3, um aus den übrigen beiden langen Rahmenteilen A und kurzen Rahmenteilen B einen zweiten Rahmen zu formen.

Hinzufügen des Bodens

5. Schneiden Sie einen Boden C aus 12 mm starkem Sperrholz auf 435 x 544 mm zu.

6. Bohren Sie sechs 25-mm-Löcher durch den Boden C, um eine Entwässerung zu ermöglichen. Eine exakte Anordnung der Löcher ist nicht wichtig, aber Sie sollten gut über den Boden C verteilt liegen.

7. Befestigen Sie den Boden C an dem einen Rahmen, wie in Abbildung 1 gezeigt. Geben Sie Leim auf die Kontaktflächen und schrauben Sie durch den Boden C hindurch in die Seitenkanten der langen und kurzen Rahmenteile (A und B).

Hinzufügen der Beplankung

8. Schneiden Sie 14 Planken D aus 18 x 145 mm Fichte auf je 460 mm Länge zu.

9. Arbeiten Sie auf einer ebenen Oberfläche und schieben Sie drei Planken D mit den breiten Seitenflächen nach oben aneinander. Stellen Sie den mit dem Boden C versehenen Rahmen 18 mm vom einen Ende der drei Planken entfernt auf eine 435 mm lange Seitenkante, wie in Abbildung 2 gezeigt. Geben Sie Leim auf die Kontaktflächen und schrauben Sie durch das kurze Rahmenteil B hindurch in jede der drei Planken D. Verwenden Sie jeweils zwei 30 mm lange Schrauben für die Befestigung jeder Planke D. Wiederholen Sie diesen Arbeitsschritt, um den anderen Rahmen an denselben drei Planken D zu befestigen.

10. Wiederholen Sie Schritt 9, um drei weitere Planken D auf der gegenüberliegenden Seite der beiden Rahmen zu befestigen, wie in Abbildung 3 auf Seite 97 gezeigt.

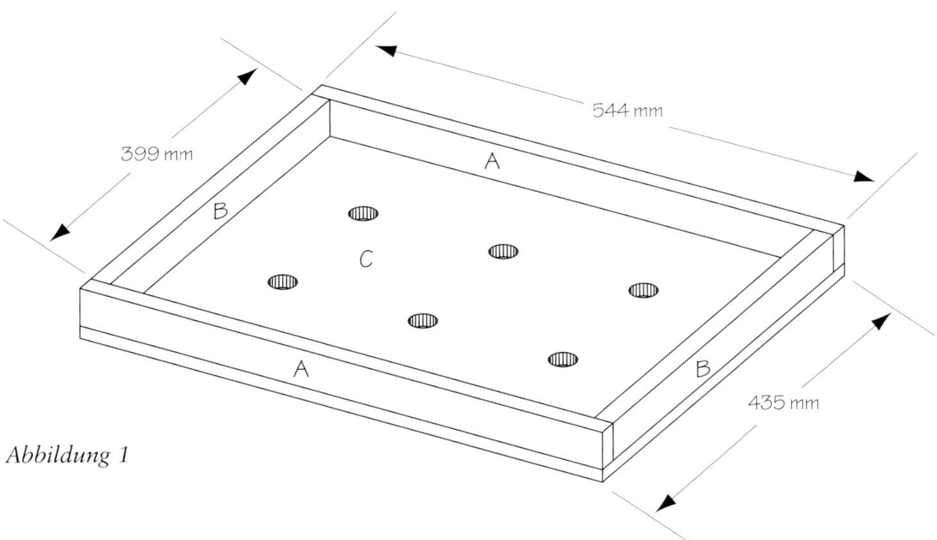

Abbildung 1

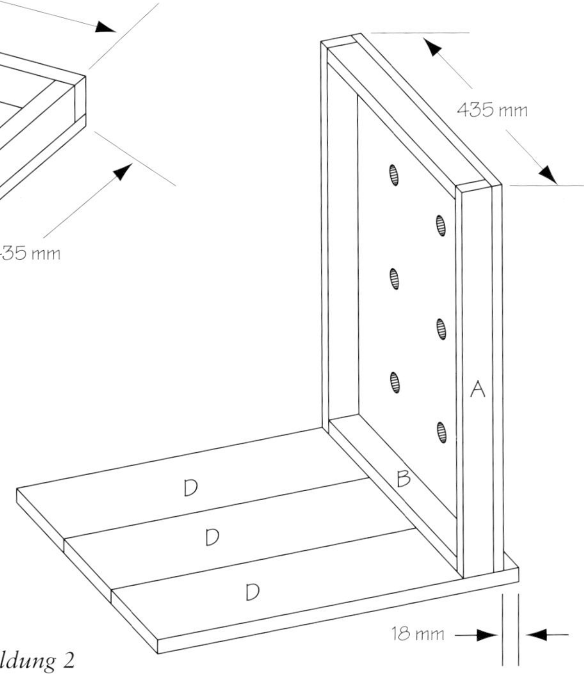

Abbildung 2

11. Wiederholen Sie Schritt 9, um vier Planken D an einer langen Seite der beiden Rahmen zu befestigen, wie in Abbildung 3 gezeigt. Beachten Sie, daß diese vier Planken D jeweils die drei Planken der kurzen Seiten überlappen, die Sie kurz zuvor befestigt haben.

12. Wiederholen Sie Schritt 11, um die übrigen vier Planken D an der anderen langen Seite der beiden Rahmen zu befestigen.

Hinzufügen der Zierleisten

13. Schneiden Sie zwei kurze Zierleisten E aus 18 x 95 mm Fichte auf je 509 mm Länge zu.

14. Schneiden Sie zwei lange Zierleisten F aus 18 x 95 mm Fichte auf je 589 mm Länge zu.

15. Richten Sie die kurzen Zierleisten E so aus, daß ihre Innenkanten bündig mit den Innenkanten der langen Rahmenteile A abschließen, wie in Abbildung 4 gezeigt. Die Enden der kurzen Zierleisten E müssen bündig mit den Innenkanten der kurzen Rahmenteile B abschließen. Die Zierleisten überlappen den Blumenkasten jeweils 59 mm. Geben Sie Leim auf die Oberkanten der langen Rahmenteile A und der jeweiligen Planken D; dann schrauben Sie durch jede kurze Zierleiste E hindurch in die langen Rahmenteile A, wobei Sie jeweils vier 30 mm lange Schrauben für jede Zierleiste verwenden.

16. Richten Sie beide langen Zierleisten F mit ihren Innenkanten bündig zu den Innenflächen der kurzen Rahmenteile B und mit ihren Enden bündig zu den Außenkanten der kurzen Zierleisten E aus, wie in Abbildung 4 gezeigt. Geben Sie Leim auf die Oberkanten der beiden kurzen Rahmenteile B und der Planken D; dann schrauben Sie durch jede lange Zierleiste F hindurch in die kurzen Rahmenteile B, wobei Sie jeweils vier 30 mm lange Schrauben für jede Zierleiste verwenden.

Oberflächenbehandlung

17. Wir haben unseren Blumenkasten unbehandelt belassen, aber wenn Sie ein etwas ordentlicheres Aussehen wünschen, füllen Sie alle Risse, Spalten und Schraubenlöcher mit Holzkitt und schleifen Sie sorgfältig alle Oberflächen des fertiggestellten Blumenkastens.

18. Grundieren und streichen oder beizen Sie das fertiggestellte Projekt in der Farbe Ihrer Wahl oder versiegeln Sie es einfach mit einem wasserfesten Klarlack zum Erreichen eines natürlichen Aussehens.

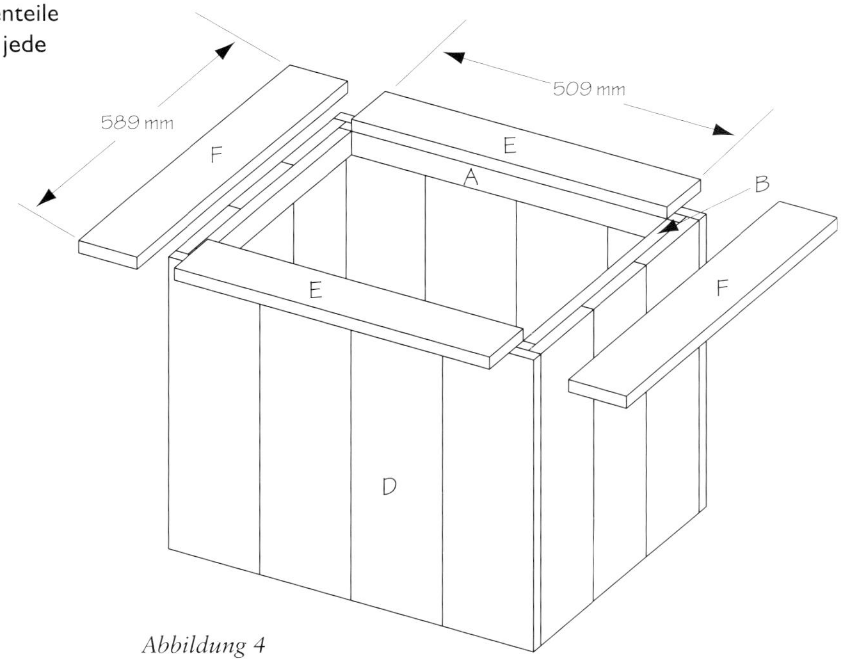

Abbildung 4

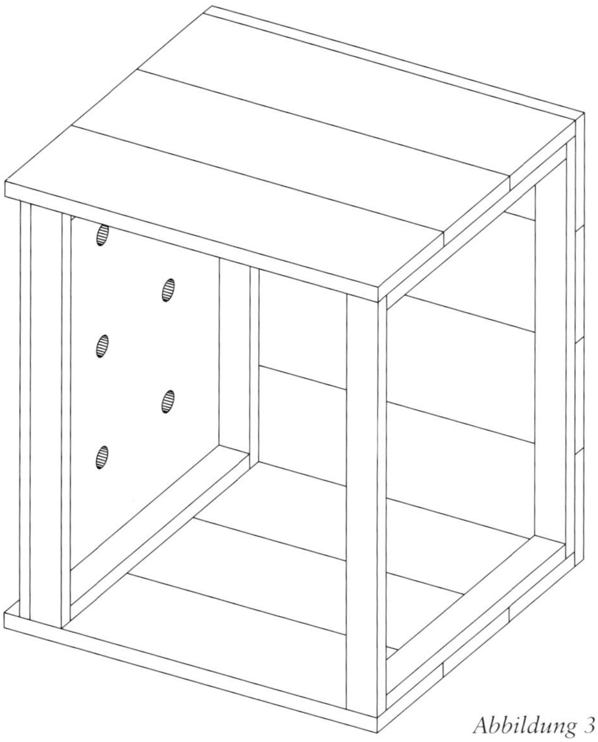

Abbildung 3

Umtopftisch

Dieser praktische Umtopftisch ist für jeden Gärtner eine große Hilfe. Im unteren Ablagefach können große Blumentöpfe, die sonst viel Platz in der Garage bräuchten, gelagert werden, und auf den oberen Regalbrettern finden kleinere Töpfe, Pflanzenschutzmittel und andere Utensilien Platz. Es gibt sogar eine Schublade zum Verstauen von kleineren Gartenwerkzeugen. In die Arbeitsfläche ist eine Plastikwanne für die Umtopferde eingebaut. Mit Hilfe dieses Umtopftisches wird Ihr Garten garantiert der schönste in der ganzen Nachbarschaft werden!

Spezielle Werkzeuge und Techniken

große Schraubzwingen
Gehrungen

Materialbedarf

10,00 lfm	18 x 190 mm Fichte
4,00 lfm	18 x 145 mm Fichte
14,00 lfm	18 x 95 mm Fichte
4,50 lfm	25 x 45 mm Fichte*
8,00 lfm	45 x 95 mm Fichte

1 Platte wasserfestes Sperrholz 10 mm, 650 x 650 mm
Plastikwanne, schwere Qualität, ungefähres Maß 280 x 330 mm

* muß teilweise heruntergehobelt werden

Befestigungsmaterial

20 Schrauben	65 mm
100 Schrauben	40 mm
35 Schrauben	30 mm
10 Nägel	40 mm
20 Nägel	30 mm
35 Drahtstifte	30 mm

Zuschnitt-Liste

Teil	*Beschreibung*	*Stück*	*Material*	*Abmessungen*
A	Querstrebe Bein	4	45 x 95 mm Fichte	520 mm lang
B	Bein	4	45 x 95 mm Fichte	840 mm lang
C	Seitenzarge	2	18 x 95 mm Fichte	610 mm lang
D	Vorderzarge	1	18 x 95 mm Fichte	1326 mm lang
E	Leiste Ablagefach	4	18 x 95 mm Fichte	1290 mm lang
F	Brett breit	2	18 x 190 mm Fichte	1550 mm lang
G	Brett schmal	2	18 x 145 mm Fichte	1550 mm lang
H	Gratleiste	2	25 x 45 mm Fichte	510 mm lang
I	Verstärkungsleiste	2	25 x 45 mm Fichte	360 mm lang
J	Seitenteil Regal	2	18 x 190 mm Fichte	860 mm lang
K	Anschlagbrett	2	18 x 95 mm Fichte	1514 mm lang
L	Regalboden	2	18 x 190 mm Fichte	1514 mm lang
M	Querstrebe Aufsatz	1	45 x 95 mm Fichte	1514 mm lang
N	Seitenteil Schublade	2	Sperrholz 10 mm	175 x 130 mm
O	Hängeleiste	2	18 x 18 mm Fichte*	185 mm lang
P	Schubladenboden	1	Sperrholz 10 mm	365 x 175 mm
Q	Schubladenrückseite	1	Sperrholz 10 mm	385 x 130 mm
R	Schubladenvorderseite	1	18 x 190 mm Fichte	470 mm lang
S	Laufleiste-Seitenteil	1	25 x 45 mm Fichte*	530 mm lang
T	Laufleiste-Unterteil	1	18 x 18 mm Fichte*	530 mm lang
U	Anschlagleiste	2	45 x 95 mm Fichte	200 mm lang

* heruntergehobelt

Bau der Seitenteile

1. Schneiden Sie vier Querstreben A für die Beine aus 45 x 95 mm Fichte auf je 520 mm Länge zu.

2. Schneiden Sie vier Beine B aus 45 x 95 mm Fichte auf je 840 mm Länge zu.

3. Stellen Sie zwei Beine B im Abstand von 520 mm parallel zueinander. Passen Sie zwei Querstreben A dazwischen ein, wie in Abbildung 1 gezeigt. Die obere Querstrebe A sollte bündig mit den oberen Enden der beiden Beine B abschließen, und die untere Querstrebe A sollte 160 mm vom unteren Ende der beiden Beine B entfernt sein. Schrauben Sie durch die Beine B hindurch in die Enden der Querstreben A. Verwenden Sie jeweils zwei 65 mm lange Schrauben für jede Verbindung. Wiederholen Sie diesen Arbeitsschritt, um ein zweites Seitenteil zusammenzubauen, wobei Sie die übrigen zwei Beine B und Querstreben A verwenden.

Hinzufügen des „Zargenrahmens“

4. Schneiden Sie zwei Seitenzargen C aus 18 x 95 mm Fichte auf je 610 mm Länge zu.

5. Geben Sie Leim auf die Kontaktflächen und befestigen Sie eine Seitenzarge C am oberen Ende des einen Seitenteils, wie in Abbildung 2 gezeigt. Schrauben Sie durch die Seitenzarge C hindurch in die obere Querstrebe A und in die beiden Beine B. Verwenden Sie jeweils zwei 40 mm lange Schrauben bei jedem Bein B und drei Schrauben bei der Querstrebe A. Wiederholen Sie diesen Arbeitsschritt, um die andere Seitenzarge am anderen Seitenteil zu befestigen.

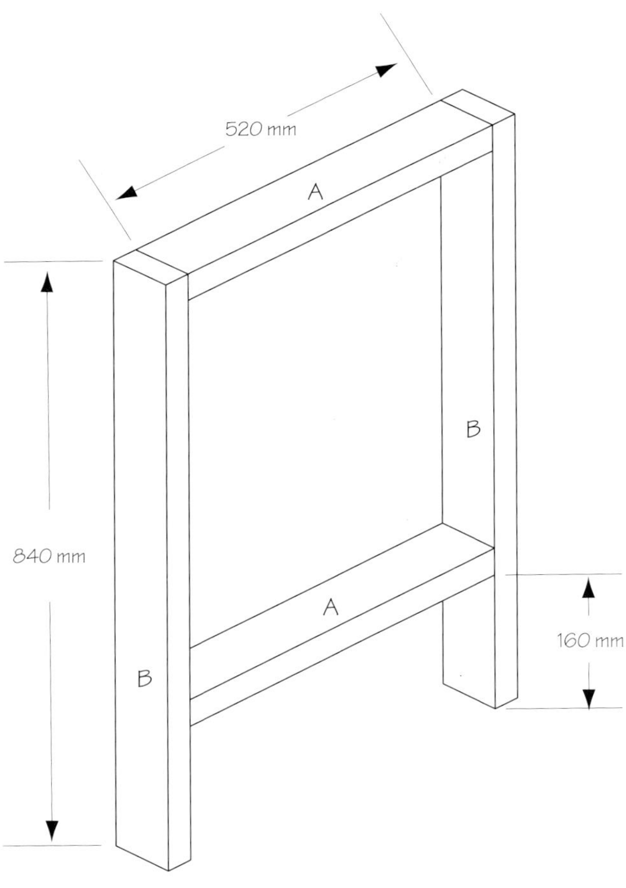

Abbildung 1

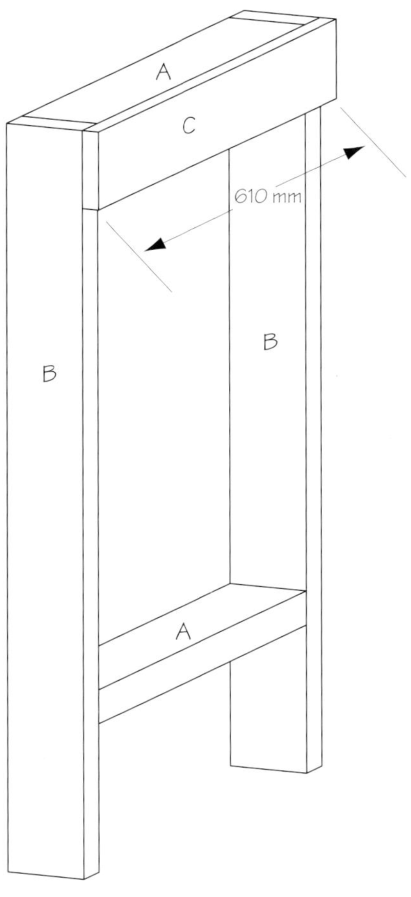

Abbildung 2

6. Schneiden Sie eine lange Vorderzarge D aus 18 x 95 mm Fichte auf 1326 mm Länge zu.
7. Stellen Sie die beiden Seitenteile in einem Abstand von 1100 mm parallel zueinander und mit den Seitenzargen nach außen auf eine ebene Fläche. Schieben Sie die Vorderzarge D über die Enden der Seitenzargen C, wie in Abbildung 3 gezeigt. Schrauben Sie durch die Vorderzarge D hindurch in die Beine B. Verwenden Sie jeweils zwei 40 mm lange Schrauben für jede Verbindung.
8. Schneiden Sie vier Leisten E für das untere Ablagefach aus 18 x 95 mm Fichte auf je 1290 mm Länge zu.
9. Ordnen Sie die Leisten E in gleichmäßigem Abstand auf den beiden unteren Querstreben A der Seitenteile an, wie in Abbildung 3 gezeigt. Schrauben Sie durch die Leisten E hindurch in die Oberkanten der unteren Querstreben A, wobei Sie jeweils zwei 40 mm lange Schrauben für jede Verbindung verwenden.

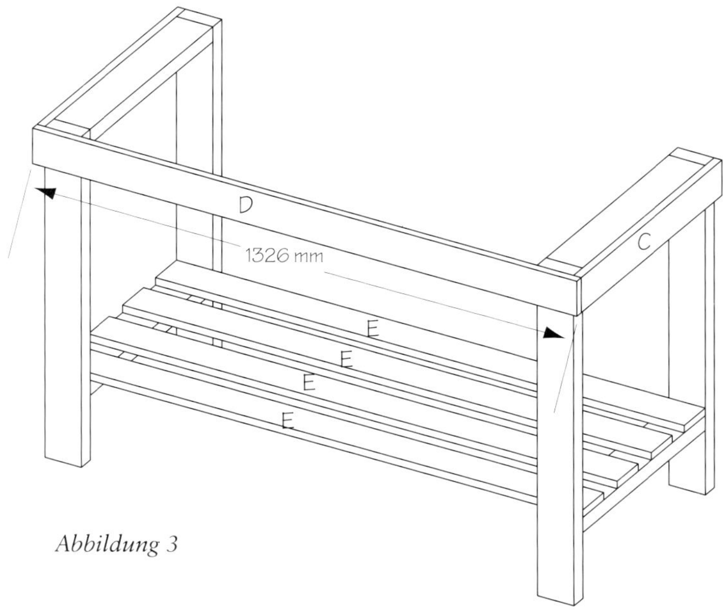

Abbildung 3

Bau der Arbeitsplatte

10. Schneiden Sie zwei breite Bretter F für die Arbeitsfläche aus 18 x 190 mm Fichte auf je 1550 mm Länge zu.
11. Schneiden Sie zwei schmale Bretter G für die Arbeitsfläche aus 18 x 145 mm Fichte auf je 1550 mm Länge zu.
12. Legen Sie die vier Bretter (F und G), die breiten F außen und die schmalen G innen, so aneinander, daß sie ein Rechteck von 670 x 1550 mm bilden, wie in Abbildung 4 gezeigt. Geben Sie Leim auf die Kontaktflächen und spannen Sie die Bretter zusammen, wobei Sie sicherstellen müssen, daß alle vier Bretter über ihre gesamte Länge plan liegen. Lassen Sie die Plattenverbindung über Nacht durchhärten.
13. Schneiden Sie zwei Gratleisten H aus 25 x 45 mm Fichte auf je 510 mm Länge zu. Diese werden gebraucht, um die verleimte Platte zu verstärken. Schrauben Sie diese an die rechteckige Arbeitsplatte, wobei Sie sie jeweils 80 mm von der Vorder- und Hinterkante und jeweils 60 mm von den Seitenkanten anordnen, wie in Abbildung 5 gezeigt. Verwenden Sie jeweils acht 40 mm lange Schrauben bei jeder Gratleiste H.

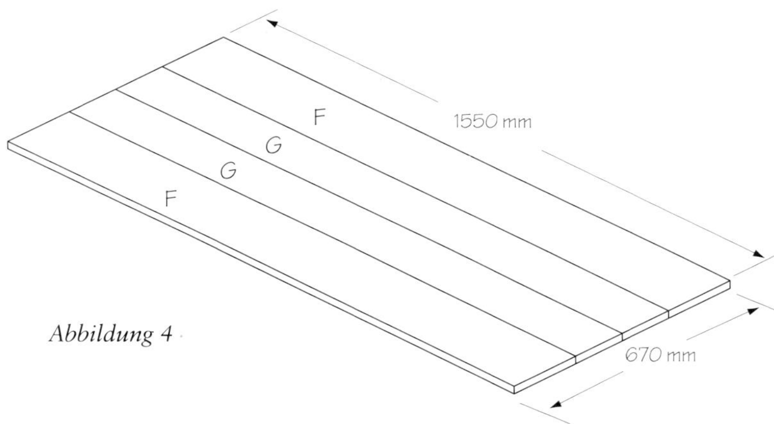

Abbildung 4

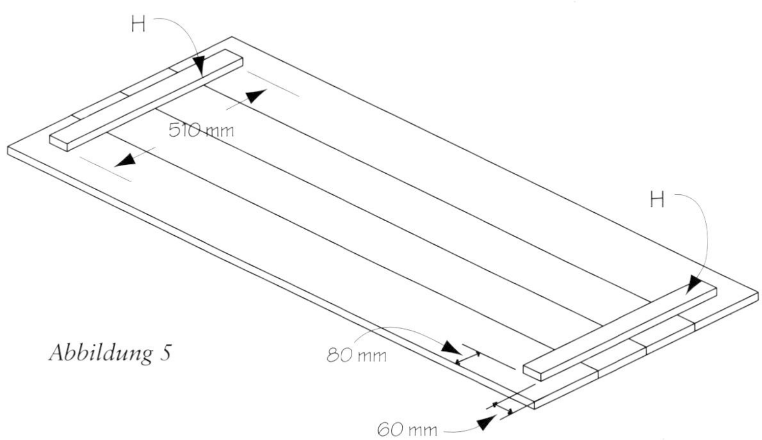

Abbildung 5

Hinzufügen des Erdbehälters

14. Als nächstes schneiden Sie ein Loch für den Erdbehälter in die rechteckige Arbeitsplatte. Wir haben eine Plastikwanne als Erdbehälter genommen. Schieben Sie die umgedrehte Wanne über die ebenfalls umgedreht liegende und die Gratleisten zeigende Arbeitsplatte, wie in Abbildung 6 gezeigt. Halten Sie die Wanne in dieser Position und übertragen Sie Ihren Umriß mit einem Bleistift auf die Holzoberfläche. Entfernen Sie die Wanne. Zeichnen Sie die eigentliche Schnittlinie ungefähr 10 mm innerhalb der ersten Umrißlinie. Ihr Umfang muß so groß sein, daß die Wanne hineinpaßt und der Wannenrand auf dem Holz aufliegt. Stellen Sie sicher, daß alle vier Seiten der ausgeschnittenen Fläche parallel zu den vier Seiten der rechteckigen Arbeitsplatte ausgerichtet sind. Wenn Sie mit der Lage und der Größe des Ausschnitts zufrieden sind, sägen Sie den inneren Abschnitt aus, damit Platz für die Wanne geschaffen wird.

15. Um die Arbeitsplatte um den Rand der Ausschnittsfläche herum auszusteifen, schneiden Sie zwei Verstärkungsleisten I aus 25 x 45 mm Fichte auf je 360 mm Länge zu.

16. Legen Sie die beiden Verstärkungsleisten I bündig an die langen Seitenkanten der ausgeschnittenen Fläche, wobei diese um den gleichen Betrag über die beiden kurzen Seitenkanten hinausragen, wie in Abbildung 6 gezeigt. Schrauben Sie durch die Verstärkungsleisten I hindurch in die rechteckige Arbeitsplatte, wobei Sie jeweils sechs 40 mm lange Schrauben für jede Verbindung verwenden.

17. Drehen Sie die rechteckige Arbeitsplatte wieder herum. Ordnen Sie sie mittig über den Seitenteilen an. Die Platte sollte jeweils 112 mm über die Seiten und 42 mm nach vorn herausragen.

18. Befestigen Sie die rechteckige Arbeitsplatte auf den Seitenteilen. Schrauben Sie durch die Platte hindurch in beide Seitenteile, wobei Sie jeweils fünf gleichmäßig verteilte 40 mm lange Schrauben bei jedem Seitenteil verwenden.

Bau des Regalaufsatzes

19. Schneiden Sie zwei Seitenteile J für den Regalaufsatz aus 18 x 190 mm Fichte auf je 860 mm Länge zu.

20. Schneiden Sie zwei Anschlagbretter K aus 18 x 190 mm Fichte auf je 1514 mm Länge zu.

21. Schneiden Sie zwei Regalböden L aus 18 x 190 mm Fichte auf je 1514 mm Länge zu.

22. Verleimen Sie einen Regalboden L mit der Längskante eines Anschlagbretts K, wobei Sie beide Teile so anordnen, wie in Abbildung 7 gezeigt. Verstärken Sie die Verbindung, indem Sie alle 150 mm 40 mm lange Schrauben eindrehen. Wiederholen Sie diesen Schritt mit dem anderen Regalboden L und dem anderen Anschlagbrett K.

23. Stellen Sie die beiden Seitenteile J des Regalaufsatzes in einem Abstand von 1514 mm parallel zueinander auf eine ebene Oberfläche.

Passen Sie eine Regalboden-Konstruktion bündig zwischen die beiden Seitenteile J des Regalaufsatzes ein, wie in Abbildung 8 gezeigt. Schrauben Sie durch die Seitenteile J hindurch in die Enden von Anschlagbrett K und Regalboden L. Verwenden Sie jeweils zwei 40 mm lange Schrauben an jedem Ende des Anschlagbretts K und jeweils drei Schrauben an jedem Ende des Regalbodens L.

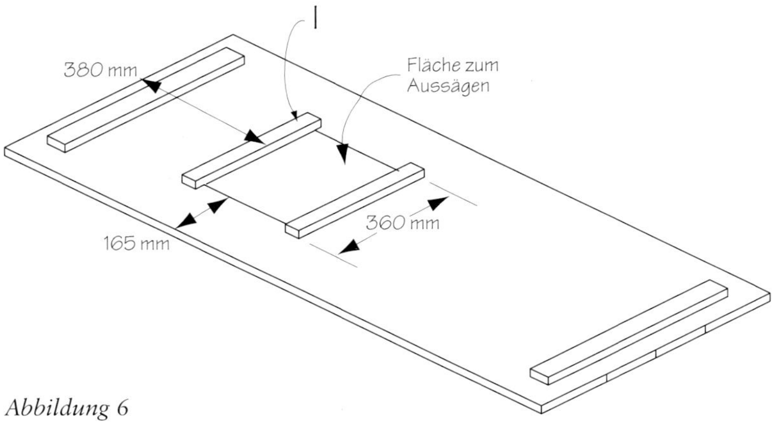

Abbildung 6

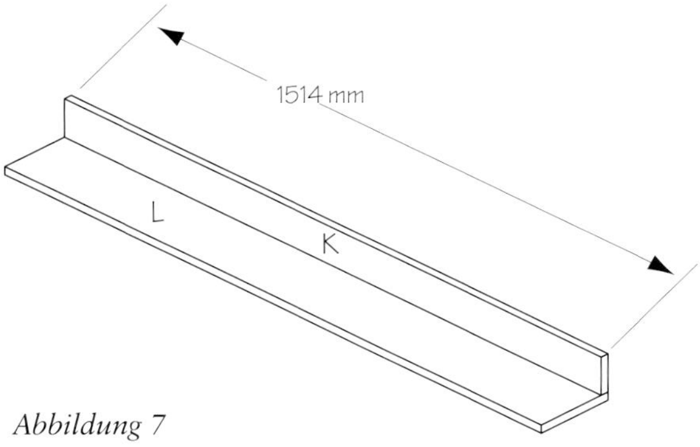

Abbildung 7

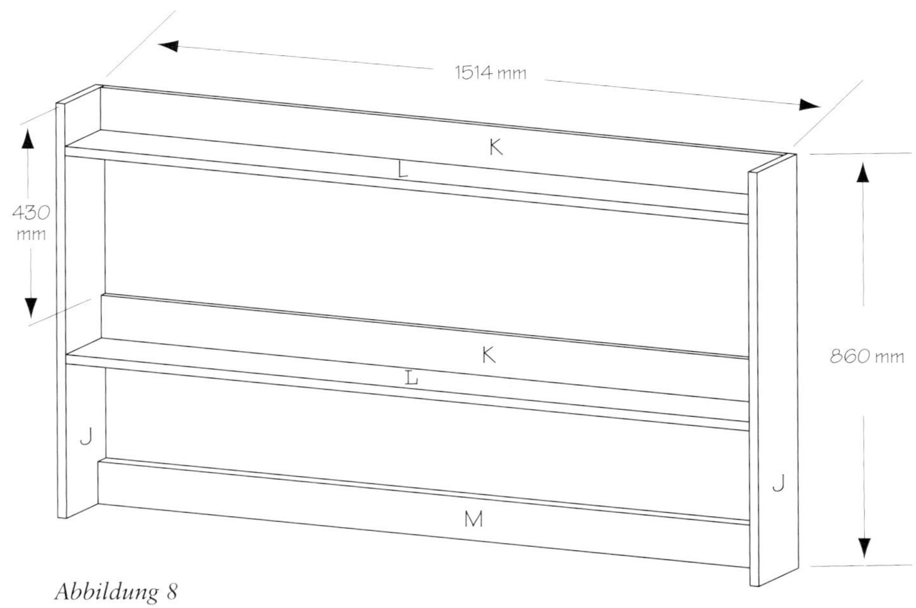

Abbildung 8

24. Wiederholen Sie Schritt 23, um die andere Regalboden-Konstruktion zwischen den beiden Seitenteilen J 430 mm unterhalb der oberen Enden der Seitenteile zu befestigen, wie in Abbildung 8 gezeigt.

25. Schneiden Sie eine Querstrebe M für den Boden des Regalaufsatzes aus 45 x 95 mm Fichte auf je 1514 mm Länge zu.

26. Befestigen Sie die Querstrebe M zwischen den beiden Seitenteilen J bündig mit den unteren Enden der Seitenteile, wie in Abbildung 8 gezeigt. Schrauben Sie durch die Seitenteile J hindurch in die Enden der Querstrebe M, wobei Sie jeweils zwei 65 mm lange Schrauben für jede Verbindung verwenden.

Hinzufügen der Schublade

27. Schneiden Sie zwei Seitenteile N für die Schublade aus 10 mm starkem wasserfestem Sperrholz auf 130 x 175 mm zu.

28. Schneiden Sie zwei Hängeleisten O für die Schublade aus 18 x 18 mm Fichte (heruntergehobelt aus 25 x 45 mm) auf je 185 mm Länge zu. Um ein leichtes Gleiten der Schublade zu gewährleisten, hobeln Sie die Hängeleisten O an einer Seitenfläche auf ungefähr 12 mm Stärke zurück.

29. Geben Sie Leim auf die 18 mm breiten Kontaktflächen und befestigen Sie eine Hängeleiste O an einer 175 mm langen Seitenkante des einen Seitenteils N, wobei Sie drei 25 mm lange Drahtstifte verwenden, wie in Abbildung 9 gezeigt. Beachten Sie, daß die Hängeleiste O 10 mm über die hintere Kante des Seitenteils N hinausragt.

30. Wiederholen Sie Schritt 29, um die andere Hängeleiste O am anderen Seitenteil N des Schubladens zu befestigen. Dabei sollte die Hängeleiste spiegelbildlich zu der des ersten Seitenteils angebracht werden.

31. Schneiden Sie einen Schubladenboden P aus 10 mm starkem wasserfestem Sperrholz auf 365 x 175 mm zu.

32. Schneiden Sie eine Schubladenrückseite Q aus 10 mm starkem wasserfestem Sperrholz auf 385 x 130 mm zu.

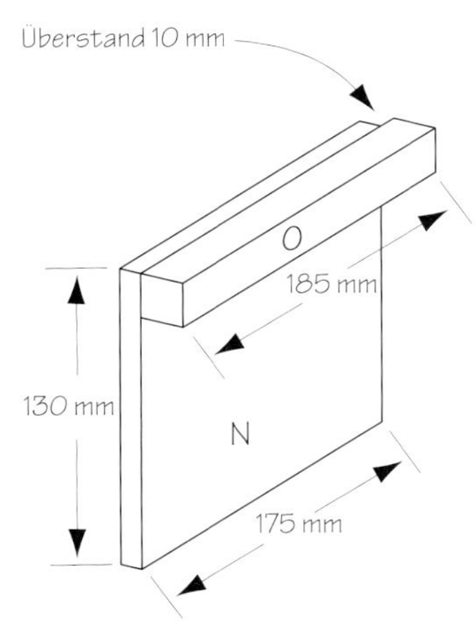

Abbildung 9

33. Setzen Sie den Schubladenboden P, seine Seitenteile N und die Schubladenrückseite Q zusammen, wie in Abbildung 10 gezeigt, wobei Sie die Schubladenrückseite Q über die Enden der Seitenteile N schieben und den Schubladenboden P bündig mit den Unterkanten der Seitenteile N einpassen. Nageln Sie durch die Seitenteile N und die Schubladenrückseite Q hindurch in die Seitenkanten des Schubladenbodens P. Verwenden Sie 25 mm lange Drahtstifte, die Sie in einem Abstand von ungefähr 75 mm setzen.

34. Schneiden Sie eine Schubladenvorderseite R aus 18 x 190 mm Fichte auf 470 mm Länge zu.

35. Runden Sie mit der Oberfräse die Außenkanten der Schubladenvorderseite R oder schleifen Sie einfach die Kanten, um sie leicht abzurunden.

36. Befestigen Sie die Schubladenvorderseite R an der Schubladenkonstruktion. Schieben Sie die Schubladenvorderseite R so über die Konstruktion, daß sie 18 mm über deren Oberkante und jeweils 25 mm über die beiden Hängeleisten O hinausragt, wie in Abbildung 10 gezeigt. Nageln Sie durch die Schubladenvorderseite hindurch in die Enden der Seitenteile N, in die Vorderkante des Schubladenbodens P und in die Enden der Hängeleisten, wobei Sie 40 mm lange Drahtstifte verwenden. Nehmen Sie jeweils zwei Nägel für jede Verbindung.

Hinzufügen der Laufleisten

37. Die Laufleisten bestehen aus zwei miteinander verleimten Holzleisten. Wir werden zuerst die beiden Leisten miteinander verbinden und dann die so entstehende Konstruktion entsprechend ablängen, um die zwei Laufleisten zu erhalten. Schneiden Sie das Seitenteil S für die Laufleisten aus 18 x 40 mm Fichte (heruntergehobelt aus 25 x 45 mm) auf 530 mm Länge zu.

38. Schneiden Sie das Unterteil T für die Laufleisten aus 18 x 18 mm Fichte (heruntergehobelt aus 25 x 45 mm) auf 530 mm Länge zu.

39. Geben Sie Leim auf die Kontaktflächen und befestigen Sie das Unterteil T an einer Kante des Seitenteils S, wie in Abbildung 11 gezeigt. Richten Sie die langen Kanten akkurat aus. Verwenden Sie 30 mm lange Nägel und setzen Sie diese alle 75 oder 100 mm. Lassen Sie den Leim durchhärten.

40. Schneiden Sie die zwei Laufleisten aus der zusammengeleimten Konstruktion auf je 185 mm Länge zu.

41. Montieren Sie eine Laufleiste unter dem ersten Regalboden L 10 mm vom rechten Seitenteil J entfernt, wie in Abbildung 12 gezeigt. Schrauben Sie durch den Regalboden L hindurch in die Laufleiste, wobei Sie zwei 30 mm lange Schrauben verwenden.

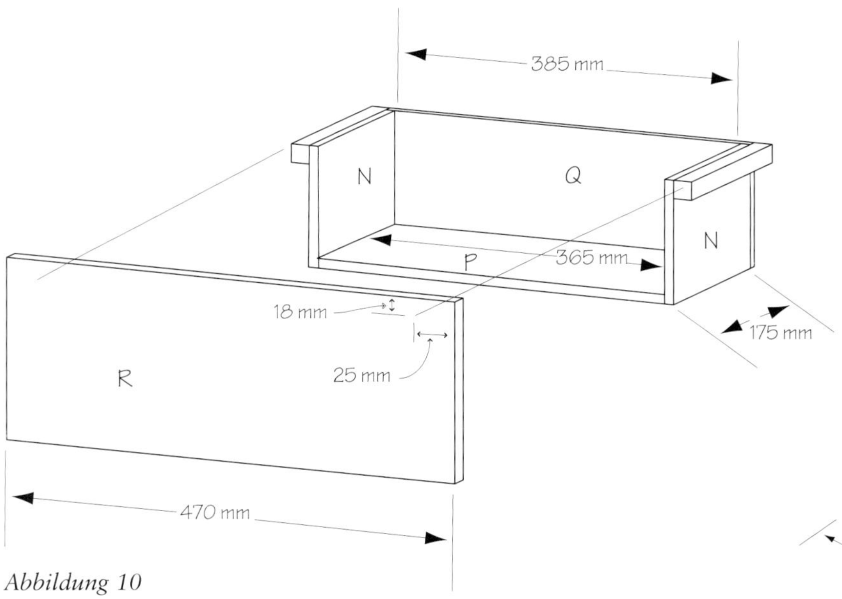

Abbildung 10

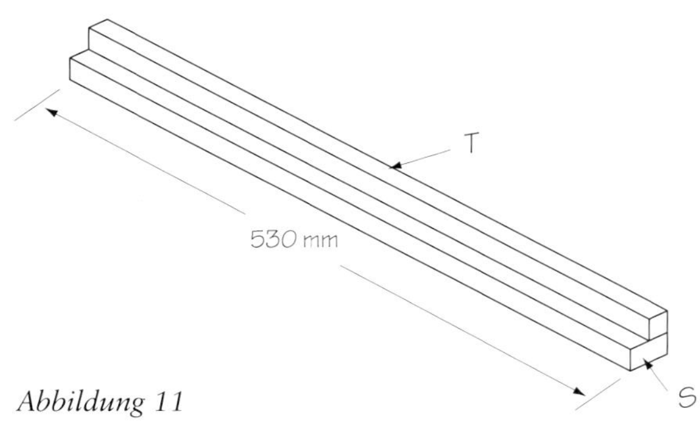

Abbildung 11

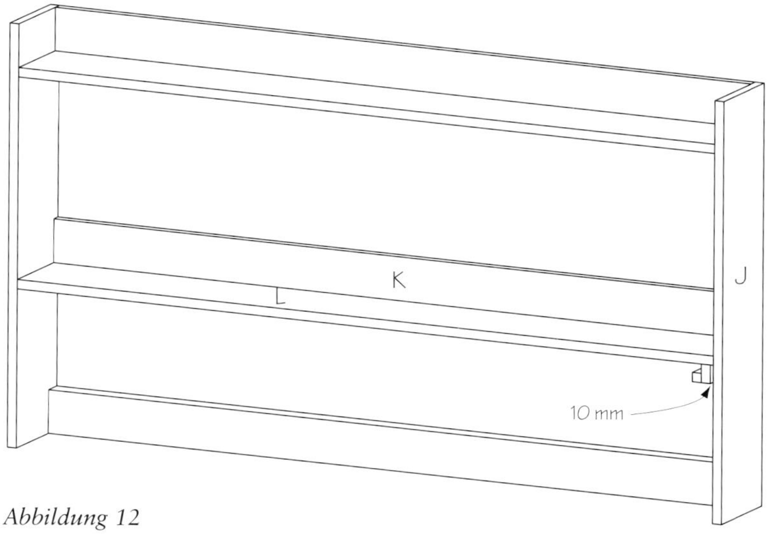

Abbildung 12

42. Schieben Sie die Schublade hinein und markieren Sie die Position für die zweite Laufleiste. Stellen Sie sicher, daß Sie ein wenig Spiel lassen – Sie wollen sicherlich keine Gewalt anwenden müssen, um den Schubladen zu öffnen oder zu schließen. Befestigen Sie die zweite Laufleiste unter dem unteren Regalboden an der markierten Stelle.

Befestigen des Regalaufsatzes

43. Schneiden Sie zwei Anschlagleisten U aus 45 x 95 mm Fichte auf je 200 mm Länge zu.
44. Schneiden Sie jeweils ein Ende einer Anschlagleiste U auf eine Gehrung von 45° zu, wie in Abbildung 13 gezeigt.
45. Geben Sie Leim auf die Kontaktflächen und befestigen Sie die Anschlagleisten an der Rückseite der Hinterbeine und der Hinterkante der Arbeitsplatte. Schrauben Sie durch die Anschlagleisten U hindurch in die Enden der Querstreben A und die Rückseiten der Hinterbeine B. Verwenden Sie jeweils zwei 65 mm lange Schrauben für jede Verbindung.

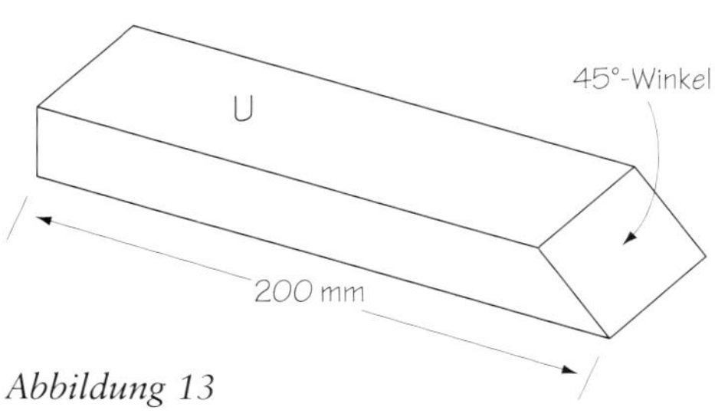

Abbildung 13

46. Stellen Sie das Oberteil so auf das Unterteil, daß Seitenteile und Rückenteil jeweils in einer Ebene liegen. Um den Umtopftisch transportabel zu gestalten, haben wir auf eine Verleimung verzichtet. Für den Transport können die beiden Teile auseinandergenommen werden. Schrauben Sie von unten durch die Arbeitsplatte hindurch in die unteren Enden der Seitenteile J des Regalaufsatzes. Verwenden Sie jeweils drei 40 mm lange Schrauben für jede Verbindung.

Abschließende Arbeiten

47. Wir haben ein 150 mm langes Stück der Laufleisten-Konstruktion, das wir übrig behalten haben, als Schubladenknauf verwendet und diesen mit zwei 40 mm langen Schrauben an der Vorderseite des Schubladens befestigt. Sie können dieselbe Technik anwenden oder einen anderen Knauf in der Eisenwarenhandlung kaufen.
48. Füllen Sie alle Risse, Spalten und Schraubenlöcher mit Holzkitt und schleifen Sie gründlich alle Oberflächen des fertiggestellten Umtopftisches.
49. Schützen Sie den fertiggestellten Tisch mit einer guten Lasur oder einem Lack vor der Witterung.

Fußmatte

Diese große Fußmatte sieht nicht nur gut aus, sondern ist auch äußerst praktisch. Schmutz kann leicht von den Schuhsohlen abgestreift werden, und das wetterbeständige Holz können Sie mit dem Wasserschlauch abspritzen. Die Fußmatte bietet auch bei Regenwetter eine rutschsichere Oberfläche, weil das Wasser in die Zwischenräume zwischen den Holzleisten ablaufen kann.

Materialbedarf

15,50 lfm 25 x 45 mm Fichte
3,50 lfm 18 x 95 mm Fichte

Befestigungsmaterial

300 Nägel 30 mm
10 Nägel 50 mm

Zuschnitt-Liste

Teil	*Beschreibung*	*Stück*	*Material*	*Abmessungen*
A	Rahmenteil lang	2	25 x 45 mm Fichte	875 mm lang
B	Rahmenteil kurz	2	25 x 45 mm Fichte	745 mm lang
C	Auflageleiste schmal	6	25 x 45 mm Fichte*	695 mm lang
D	Auflageleiste breit	2	18 x 95 mm Fichte	695 mm lang
E	Leiste schmal	9	25 x 45 mm Fichte*	875 mm lang
F	Leiste breit	2	18 x 95 mm Fichte	875 mm lang

* müssen auf 18 x 45 mm heruntergehobelt werden

Bau des Rahmens

1. Schneiden Sie zwei lange Rahmenteile A aus 25 x 45 mm Fichte auf je 875 mm Länge zu.
2. Schneiden Sie zwei kurze Rahmenteile B aus 25 x 45 mm Fichte auf je 745 mm Länge zu.
3. Stellen Sie die beiden kurzen Rahmenteile B im Abstand von 875 mm parallel zueinander auf eine ebene Fläche. Passen Sie die beiden langen Rahmenteile A zwischen die beiden kurzen Rahmenteile B ein, wie in Abbildung 1 gezeigt. Nageln Sie durch die kurzen Rahmenteile B hindurch in die Enden der langen Rahmenteile A, wobei Sie jeweils zwei 50 mm lange Nägel für jede Verbindung verwenden.

Hinzufügen der Auflageleisten

4. Schneiden Sie sechs schmale Auflageleisten C aus 18 x 45 mm Fichte (heruntergehobelt aus 25 x 45 mm) auf je 695 mm Länge zu.
5. Schneiden Sie zwei breite Auflageleisten D aus 18 x 95 mm Fichte auf je 695 mm Länge zu.
6. Legen Sie die Rahmenkonstruktion auf eine ebene Fläche. Nehmen Sie Bezug auf Abbildung 2, um die schmalen und breiten Auflageleisten (C und D) in die Rahmenkonstruktion einzupassen, wobei Sie die beiden breiten Auflageleisten D in der Rahmenmitte und jeweils drei schmale Auflageleisten C rechts und links davon anordnen. Alle Auflageleisten sollten bündig mit dem Rahmenboden

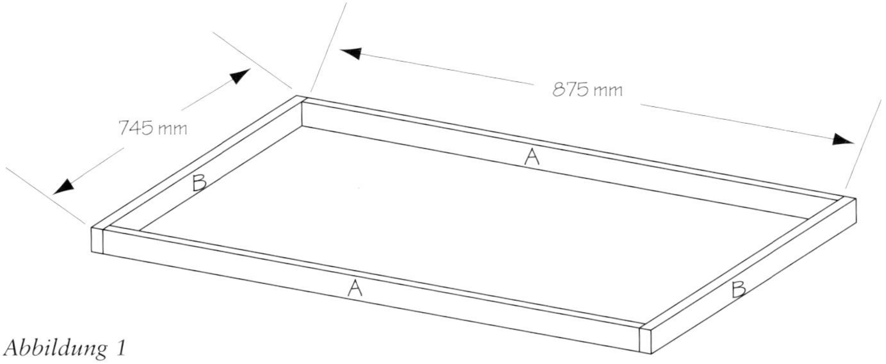

Abbildung 1

abschließen und einen Abstand von ungefähr 60 mm zueinander haben. Die exakte Einhaltung dieses Abstands ist nicht notwendig. Nageln Sie durch die langen Rahmenteile A hindurch in die Enden der schmalen und breiten Auflageleisten (C und D).

Hinzufügen der Trittfläche

7. Schneiden Sie neun schmale Leisten E aus 18 x 45 mm Fichte (heruntergehobelt aus 25 x 45 mm) auf je 875 mm Länge zu.

8. Schneiden Sie zwei breite Leisten F aus 18 x 95 mm Fichte auf je 875 mm Länge zu.

9. Legen Sie die Rahmenkonstruktion auf eine ebene Fläche. Nehmen Sie Bezug auf Abbildung 3, um die schmalen und breiten Leisten (E und F) in der Rahmenkonstruktion auszurichten. Schieben Sie zuerst eine schmale Leiste E in die Mitte, dann die beiden breiten Leisten F links und rechts daneben und dann jeweils vier schmale Leisten E in die verbleibenden Zwischenräume. Lassen Sie dabei einen Abstand von je 10 mm zwischen den Leisten. Die äußeren beiden schmalen Leisten E sollten bündig mit den langen Rahmenteilen A abschließen. Geben Sie Leim auf die Kontaktflächen und nageln Sie durch die langen Rahmenteile A hindurch in die Enden der schmalen und breiten Leisten (E und F). Dann nageln Sie noch durch jede der schmalen und breiten Leisten (E und F) hindurch in die schmalen und breiten Auflageleisten (C und D).

Oberflächenbehandlung

10. Füllen Sie alle Risse, Spalten und Schraubenlöcher mit Holzkitt und schleifen Sie sorgfältig alle Oberflächen der fertiggestellten Fußmatte.

11. Streichen oder beizen Sie Ihre Fußmatte in der Farbe Ihrer Wahl.

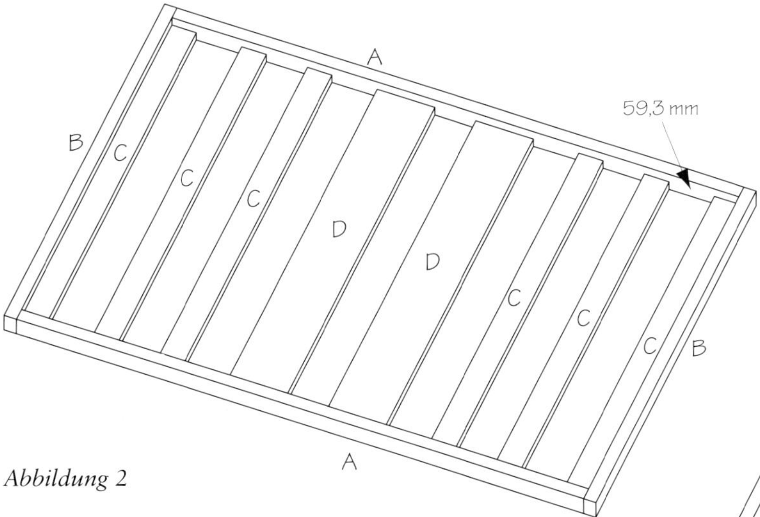

Abbildung 2

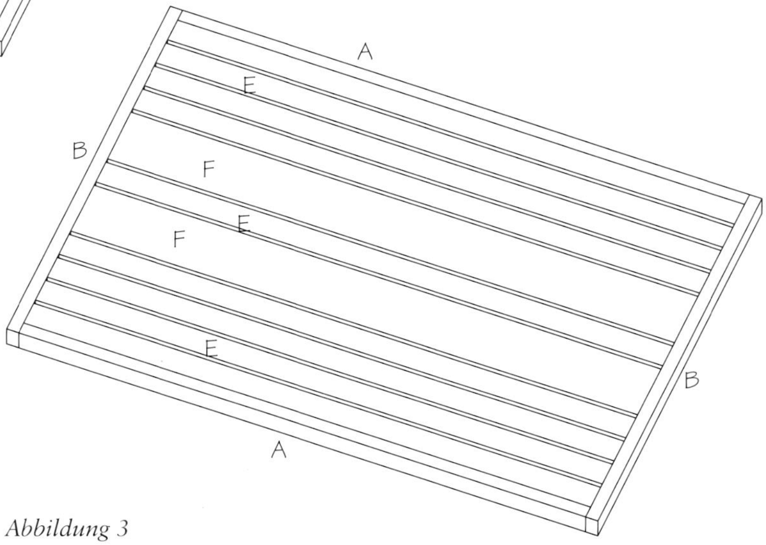

Abbildung 3

Hängemattenständer

Falls Sie sich schon immer eine Hängematte in Ihrem Garten gewünscht haben, Sie aber bisher keine Möglichkeit hatten, eine aufzuhängen, weil Ihre Bäume nicht am richtigen Platz stehen, ist hier die Lösung des Problems: Nein – Sie müssen nicht zwei Bäume ausgraben und neu einpflanzen! Bauen Sie statt dessen diesen stabilen Hängemattenständer, hängen Sie Ihre Lieblingshängematte ein und stellen Sie ihn hin wo Sie wollen – vorzugsweise dort, wo Sie niemand stören kann!

Spezielle Werkzeuge und Techniken

Nuten
Gehrungen

Materialbedarf

11,50 lfm 90 x 90 mm Fichte
2 gedrechselte Pfostenabschlüsse

Befestigungsmaterial

40 Schrauben 75 mm
40 Schrauben 50 mm
2 Schloßschrauben 8 x 100 mm mit 4 Unterlegscheiben und 2 Muttern
2 T-förmige Metall-Verbindungsmittel, 90 mm breit
2 große Schraubhaken (stabil genug, um der Zugkraft einer Hängematte und zweier Erwachsener standzuhalten)

Zuschnitt-Liste

Teil	*Beschreibung*	*Stück*	*Material*	*Abmessungen*
A	Fußstrebe lang	2	90 x 90 mm Fichte	2000 mm lang
B	Ständerbalken	2	90 x 90 mm Fichte	1435 mm lang
C	Ständerstrebe lang	2	90 x 90 mm Fichte	814 mm lang
D	Ständerstrebe kurz	4	90 x 90 mm Fichte	305 mm lang
E	Fußstrebe kurz	2	90 x 90 mm Fichte	1500 mm lang

Zuschnitt der Teile

Der Ständer besteht aus zwei identischen Teilstücken aus 90 x 90 mm Fichte. Seine Stabilität kommt durch ein System von Nuten zustande, die in die einzelnen Teile geschnitten werden. Das ist nicht allzu schwer zu bewerkstelligen, erfordert aber einige Geduld und mehrmaliges Überprüfen, um sicherzustellen, daß jedes Kantholz die richtige Form erhält. Nehmen Sie sich genug Zeit und arbeiten Sie sorgfältig, und alle Teile werden optimal zusammenpassen. Die folgenden Hinweise gelten für den Bau einer Ständerhälfte. Am Ende sind zwei Hälften erforderlich; falls Sie beide auf einmal anfertigen wollen, wiederholen Sie einfach jeden Arbeitsschritt.

1. Schneiden Sie eine lange Fußstrebe A aus 90 x 90 mm Fichte auf 2000 mm Länge zu.

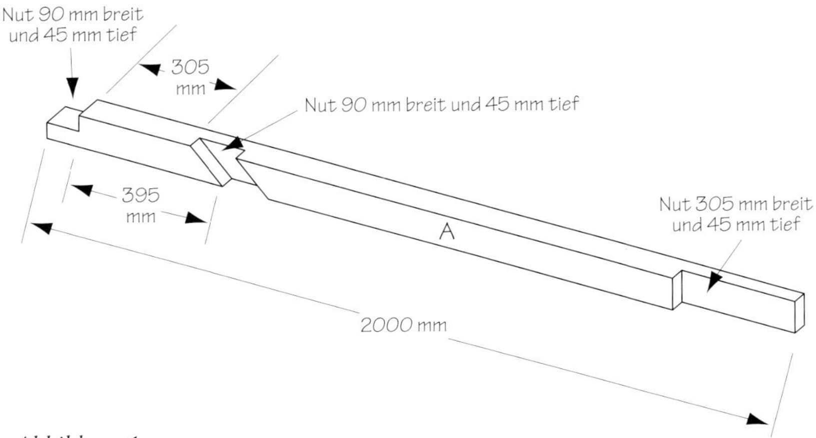

Abbildung 1

2. Nehmen Sie Bezug auf Abbildung 1, um einen Zapfen auszumessen und abzusetzen, indem Sie in das eine Ende der langen Fußstrebe A eine 90 mm breite und 45 mm tiefe Nut (Ausklinkung) schneiden.
3. Schneiden Sie, wie in Abbildung 1 gezeigt, eine 90 mm breite und 45 mm tiefe Nut im Winkel von 45 Grad in die lange Fußstrebe A, 305 mm vom abgesetzten Zapfen entfernt. Abbildung 1 zeigt einen zusätzlichen 305 mm langen Zapfen am anderen Ende. **Dieser Zapfen wird später abgesetzt.**
4. Schneiden Sie einen aufrechten Ständerbalken B aus 90 x 90 mm Fichte auf je 1435 mm Länge zu.
5. Nehmen Sie Bezug auf Abbildung 2, um 305 mm vom zukünftigen Fuß des aufrechten Ständerbalkens B entfernt eine Nut auszumessen und zu schneiden, die 90 mm breit und 45 mm tief ist und in einem Winkel von 45 Grad verläuft.
6. Schneiden Sie eine lange Ständerstrebe C aus 90 x 90 mm Fichte auf 866 mm Länge zu.
7. Schneiden Sie beide Enden der langen Ständerstrebe C auf jeweils nach innen verlaufende Gehrungen von 45 Grad, wie in Abbildung 3 gezeigt.
8. Schneiden Sie an jedem Ende der langen Ständerstrebe C eine 90 mm breite und 45 mm tiefe Nut parallel zu den Gehrungsflächen, die eine oben und die andere unten, wie in Abbildung 4 gezeigt.
9. Schneiden Sie zwei kurze Ständerstreben D aus 90 x 90 mm Fichte auf 305 mm Länge zu.
10. Schneiden Sie beide Enden der kurzen Ständerstreben D auf jeweils nach innen verlaufende Gehrungen von 45° zu, und zwar in der gleichen Art und Weise, wie Sie das schon bei den langen Ständerstreben C gemäß Abbildung 3 getan haben.

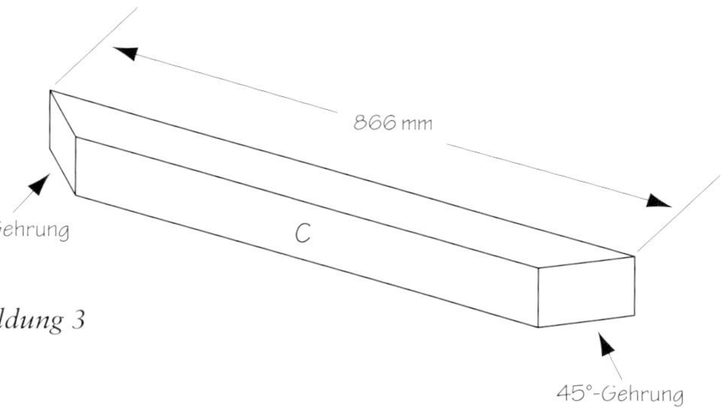

Abbildung 3

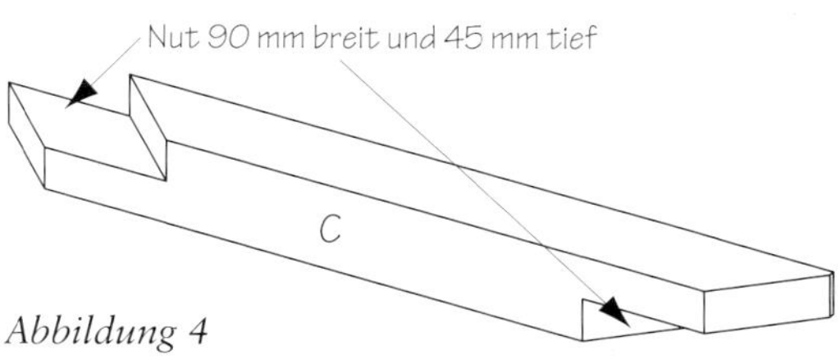

Abbildung 4

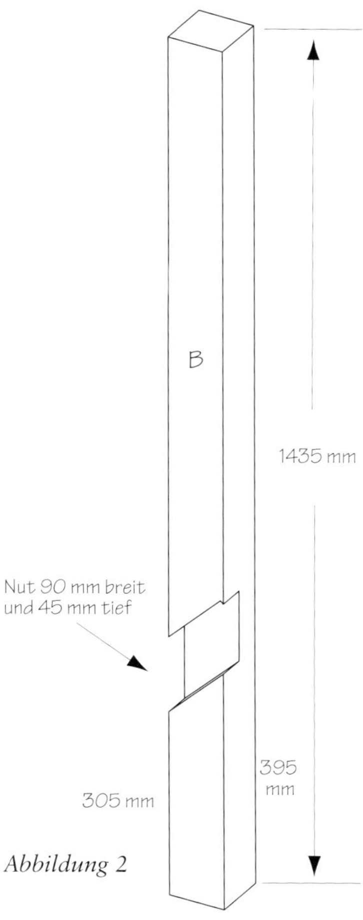

Abbildung 2

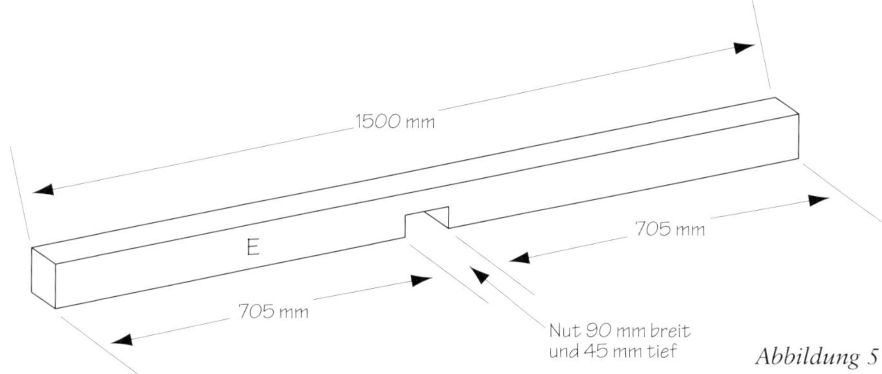

Abbildung 5

11. Schneiden Sie eine kurze Fußstrebe E aus 90 x 90 mm Fichte auf 1500 mm Länge zu.
12. Nehmen Sie Bezug auf Abbildung 5, um genau in der Mitte der kurzen Fußstrebe E eine 90 mm breite und 45 mm tiefe Nut zu schneiden.

Zusammenbau des Ständers

13. Legen Sie die lange Fußstrebe A mit der genuteten Endfläche nach oben auf eine ebene Fläche, wie in Abbildung 1 auf Seite 110 gezeigt.
14. Legen Sie die kurze Fußstrebe E mit der genuteten Seite nach unten über den stehengebliebenen Zapfen der langen Fußstrebe A. Verschrauben Sie beide miteinander, indem Sie durch die kurze Fußstrebe hindurch in die lange Fußstrebe schrauben. Verwenden Sie vier 75 mm lange Schrauben, um die Verbindung zu sichern.
15. Passen Sie die lange Ständerstrebe C in die diagonale Nut im Ständerbalken B ein, wie in Abbildung 6 gezeigt.
16. Nehmen Sie Bezug auf Abbildung 7, um die abschließenden Schritte beim Zusammenbau auszuführen. Stellen Sie den Ständerbalken B mittig auf den Kreuzungspunkt von kurzer und langer Fußstrebe (E und A). Passen Sie das freie Ende der langen Ständerstrebe C in die diagonale Nut in der langen Fußstrebe A ein. **Sichern Sie die Verbindung noch nicht.**
17. Schieben Sie das Metall-Verbindungsmittel mit dem Querbalken des „T" nach unten so über die Verbindung von Ständerbalken B und kurzer Fußstrebe E, daß seine Seitenklammern den Ständerbalken umfassen. Schrauben Sie das Metall-Verbindungsmittel an die kurze Fußstrebe E, wofür Sie 50 mm lange Schrauben verwenden.
18. Stellen Sie sicher, daß der Ständerbalken exakt im rechten Winkel sowohl zur kurzen als auch zur langen Fußstrebe (C und A) steht. Als erstes schrauben Sie durch das Metall-Verbindungsmittel, um den Ständerbalken an seinem Platz zu sichern. Dann schrauben Sie durch die „Nut-und-Zapfen-Verbindung" zwischen langer Fußstrebe A und langer Ständerstrebe C, wobei Sie vier 75 mm lange Schrauben verwenden. Schließlich schrauben Sie durch die „Nut-und-Zapfen-Verbindung" zwischen Ständerbalken B und langer Ständerstrebe C, wobei Sie auch hier vier 75 mm lange Schrauben verwenden.
19. Schieben Sie eine kurze Ständerstrebe D mit der kurzen Seite nach unten gegen Ständerbalken A und kurze Fußstrebe E. Schrauben Sie durch ein Ende der kurzen Ständerstrebe D hindurch in die kurze Fußstrebe E, und durch das andere Ende hindurch in den Ständerbalken B. Verwenden Sie jeweils zwei 75 mm lange Schrauben für jede Verbindung.
20. Wiederholen Sie Schritt 19, um die andere kurze Ständerstrebe D an der gegenüberliegenden Seite von Ständerbalken B und kurzer Fußstrebe E zu befestigen.
21. Wiederholen Sie Schritt 1 bis 20, um die zweite Ständerkonstruktion zu bauen.

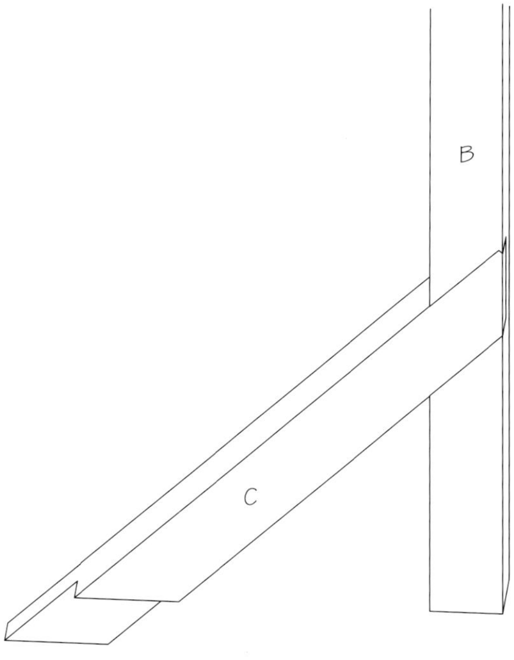

Abbildung 6

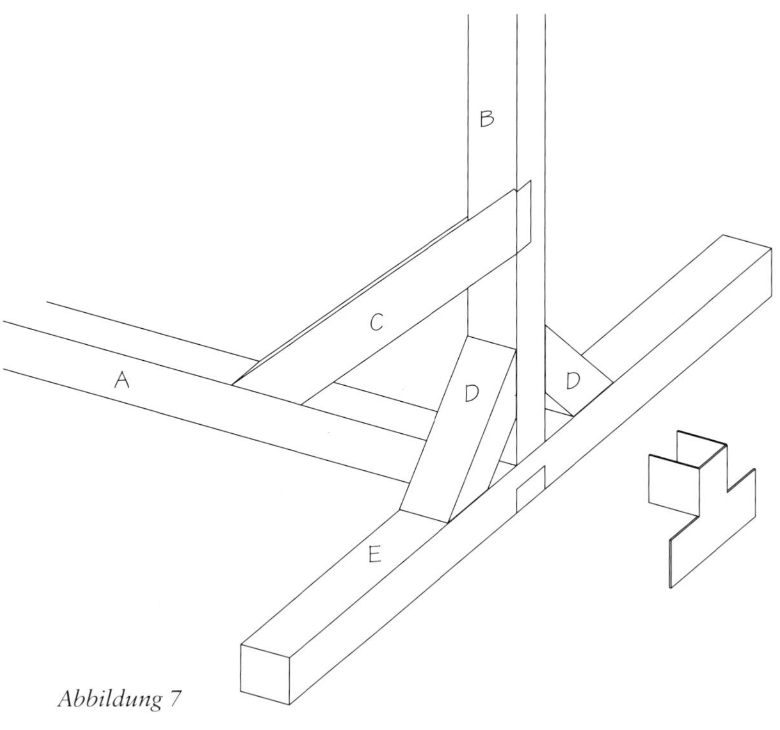

Abbildung 7

Abschließende Arbeiten

22. Schrauben Sie 125 mm unterhalb des oberen Endes und auf der gleichen Seite wie die langen Ständerstreben C jeweils einen Schraubhaken in jeden Ständerbalken B.

23. Die Enden der langen Fußstreben müssen nun entsprechend der Größe Ihrer Hängematte markiert und zugeschnitten werden. Stellen Sie die beiden Ständer einander gegenüber, wobei die Enden der langen Fußstreben nebeneinander liegen. Befestigen Sie Ihre Hängematte an den Schraubhaken zwischen den beiden Ständern. Bewegen Sie die beiden Ständer näher aufeinander zu oder weiter auseinander, je nachdem, wie groß Ihre Hängematte ist und wie hoch über dem Boden Sie diese hängen haben wollen. **Es ist gefährlich, jetzt schon in die Hängematte zu klettern!**

24. Wenn Sie die Länge der langen Fußstreben A festgelegt haben, markieren Sie diese auf den langen Fußstreben A und markieren dann jeweils eine Zugabe von 305 mm, damit sich beide langen Fußstreben A überlappen können. Schneiden Sie die langen Fußstreben A auf die markierte Länge zu.

25. Erinnern Sie sich an die zusätzliche Nut am rechten Ende der langen Fußstrebe A in Abbildung 1 (Seite 110)? Nun, jetzt ist es soweit, diese zu schneiden. Schneiden Sie eine 305 mm breite und 45 mm tiefe Nut in beide langen Fußstreben, wobei Sie sicherstellen, daß diese spiegelbildlich zueinander angeordnet sind.

26. Spannen Sie die beiden genuteten Enden zusammen und bohren Sie jeweils 75 mm von jedem Ende entfernt ein Loch durch beide Fußstreben, groß genug für Ihre 100 mm langen Bolzen.

27. Stecken Sie eine Federscheibe auf jeden Bolzen, stecken Sie die Bolzen durch die Löcher, stecken Sie eine weitere Federscheibe und eine Mutter auf und ziehen Sie die Muttern fest.

28. Markieren Sie die Mitte des oberen Endes jedes Ständerbalkens und schrauben Sie dort einen gedrechselten Pfostenabschluß fest.

29. Wir haben unseren Hängematten-Ständer unbehandelt gelassen, aber wenn Sie ein etwas ordentlicheres Aussehen wünschen, füllen Sie einfach alle Risse und Spalten sowie Schraubenlöcher mit Holzkitt und schleifen Sie anschließend gründlich alle Oberflächen.

30. Streichen oder beizen Sie das fertiggestellte Projekt in der Farbe Ihrer Wahl oder versiegeln Sie es einfach mit Klarlack.

31. Klettern Sie in Ihre Hängematte und gönnen Sie sich ein Nickerchen.

Gartenbank

Diese handliche Gartenbank kann bei den unterschiedlichsten Gelegenheiten eingesetzt werden. Wir haben sie schon als Sitzbank verwendet, als eine Art Kaffeetisch für draußen und sogar als Ständerkonstruktion für eine ganze Menge von Pflanzen. Sie ist einfach herzustellen und gleichzeitig sehr stabil.

Materialbedarf

9,50 lfm	18 x 95 mm Fichte
7,00 lfm	25 x 45 mm Fichte
3,50 lfm	38 x 58 mm Fichte

Befestigungsmaterial

60 Nägel	30 mm
15 Nägel	40 mm
30 Schrauben	30 mm
30 Schrauben	40 mm
20 Schrauben	65 mm

Zuschnitt-Liste

Teil	*Beschreibung*	*Stück*	*Material*	*Abmessungen*
A	Bankzarge lang	2	18 x 95 mm Fichte	1441 mm lang
B	Bankzarge kurz	2	18 x 95 mm Fichte	360 mm lang
C	Bein	4	38 x 58 mm Fichte	420 mm lang
D	Auflageleiste	2	25 x 45 mm Fichte	1289 mm lang
E	Leiste Sitzfläche	14	18 x 95 mm Fichte	360 mm lang
F	Querstrebe Bein	2	38 x 58 mm Fichte	284 mm lang
G	Mittelstrebe	2	25 x 45 mm Fichte*	1289 mm lang
H	Abstandleiste kurz	3	25 x 45 mm Fichte*	50 mm lang

* müssen auf 25 x 38 mm heruntergehobelt werden

Bau der Sitzfläche

1. Schneiden Sie zwei lange Bankzargen A aus 18 x 95 mm Fichte auf je 1441 mm Länge zu.

2. Schneiden Sie zwei kurze Bankzargen B aus 18 x 95 mm Fichte auf je 360 mm Länge zu.

3. Stellen Sie die beiden kurzen Bankzargen B zwischen die Enden der langen Bankzargen A, wie in Abbildung 1 gezeigt. Schrauben Sie durch die langen Bankzargen A hindurch in die Enden der kurzen Bankzargen B, wobei Sie jeweils zwei 40 mm lange Schrauben für jede Verbindung verwenden.

Hinzufügen der Beine

4. Schneiden Sie vier Beine C aus 38 x 58 mm Fichte auf je 420 mm Länge zu.

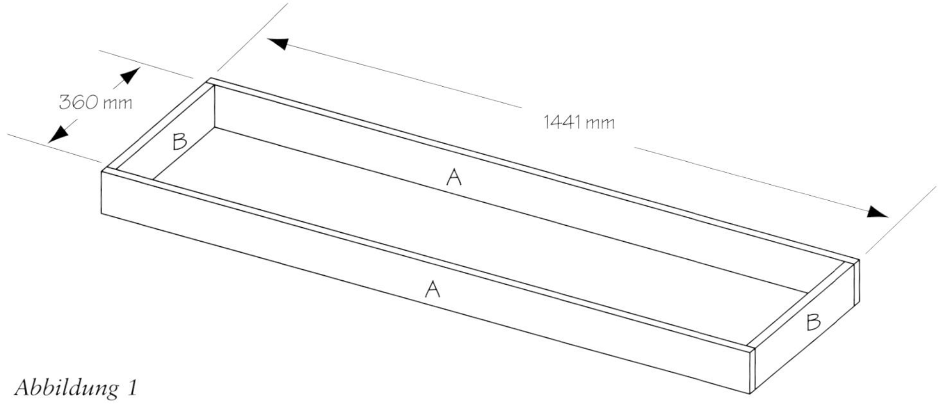

Abbildung 1

5. Befestigen Sie 18 mm unterhalb der Oberkanten der Bankzargen (A und B) die vier Beine an den vier Innenecken der Sitzkonstruktion, wie in Abbildung 2 gezeigt. Schrauben Sie durch die Bankzargen (A und B) hindurch in die Beine C, wobei Sie jeweils zwei 40 mm lange Schrauben für eine Beinaußenseite verwenden.

Hinzufügen der Auflageleisten

6. Schneiden Sie zwei Auflageleisten D aus 25 x 45 mm Fichte auf je 1289 mm Länge zu.
7. Befestigen Sie eine Auflageleiste D an der Innenseite einer langen Bankzarge A, wie in Abbildung 3 gezeigt. Sie sollte bündig mit der Oberkante der Beine C ausgerichtet werden, also 18 mm unterhalb der Oberkante der langen Bankzarge A. Schrauben Sie durch die Auflageleiste D hindurch in die lange Bankzarge A, wobei Sie ungefähr alle 150 mm jeweils 30 mm lange Schrauben verwenden.

8. Wiederholen Sie Schritt 7, um die andere Auflageleiste D an der Innenseite der gegenüberliegenden langen Bankzarge A zu befestigen.

Hinzufügen der Leisten für die Sitzfläche

9. Schneiden Sie 14 Leisten E für die Sitzfläche aus 18 x 95 mm Fichte auf je 360 mm Länge zu.
10. Schieben Sie die 14 Leisten E über die Oberkanten der Beine C und die Auflageleisten D, wie in Abbildung 4 auf Seite 117 gezeigt. Richten Sie sie gleichmäßig mit einem kleinen Abstand von ungefähr 5 mm zueinander zwischen den beiden kurzen Bankzargen B aus. Ein exaktes Ausmessen ist nicht notwendig – stellen Sie einfach sicher, daß die Abstände ungefähr gleich groß sind und die Leisten alle parallel zueinander. Nageln Sie durch die Enden jeder Leiste hindurch in die Auflageleisten D und die Beine C, wobei Sie jeweils zwei 30 mm lange Nägel für jedes Ende verwenden.

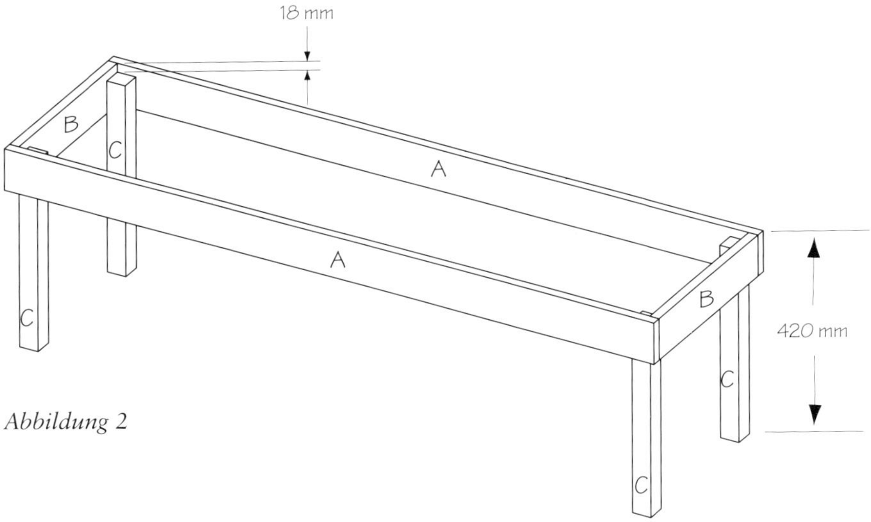

Abbildung 2

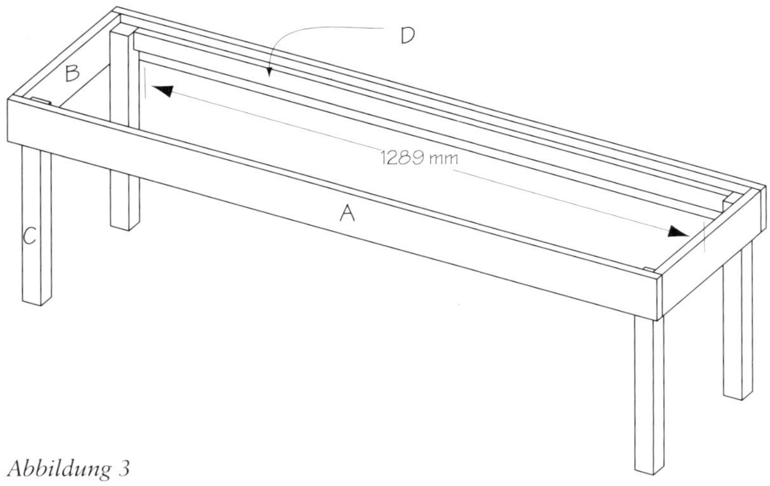

Abbildung 3

Hinzufügen der Querstreben für die Beine

11. Schneiden Sie zwei Querstreben F für die Beine aus 38 x 58 mm Fichte auf je 284 mm Fichte zu.

12. Befestigen Sie eine Querstrebe F zwischen zwei Beinen C, und zwar 200 mm über deren Fuß, wie in Abbildung 4 gezeigt. Schrauben Sie durch die Beine C hindurch in die Enden der Querstreben F, wobei Sie jeweils zwei 65 mm lange Schrauben für jede Verbindung verwenden.

13. Wiederholen Sie Schritt 12, um die andere Querstrebe F zwischen den gegenüberliegenden Beinen C zu befestigen.

Hinzufügen der Mittelstreben

14. Schneiden Sie zwei lange Mittelstreben G aus 25 x 38 mm Fichte (heruntergehobelt aus 25 x 45 mm) auf je 1289 mm zu.

15. Schneiden Sie drei kurze Abstandleisten H aus 25 x 38 mm Fichte (heruntergehobelt aus 25 x 45 mm) auf je 50 mm Länge zu.

16. Stellen Sie die beiden langen Mittelstreben G in einem Abstand von 50 mm zueinander parallel auf eine ebenen Oberfläche. Passen Sie die drei Abstandleisten H gleichmäßig zwischen die beiden langen Mittelstreben ein, mit einem Abstand von nur etwas mehr als 300 mm zueinander, wie in Abbildung 5 gezeigt.

17. Nageln Sie durch die beiden langen Mittelstreben G hindurch in die Enden der Abstandleisten H, wobei Sie jeweils zwei 40 mm lange Nägel für jede Verbindung verwenden.

18. Passen Sie die Mittelstrebenkonstruktion mittig zwischen die beiden Querstreben F der Beine ein. Schrauben Sie durch die Querstreben F hindurch in die Enden der beiden Mittelstreben G, wobei Sie jeweils zwei 65 mm lange Schrauben für jede Verbindung verwenden.

Oberflächenbehandlung

19. Füllen Sie alle Risse, Spalten und Schraubenlöcher mit Holzkitt und schleifen Sie sorgfältig alle Oberflächen der Gartenbank.

20. Grundieren und streichen oder beizen Sie die fertiggestellte Bank in der Farbe Ihrer Wahl. Wir haben unsere Projekt im natürlichen Holzton des Fichtenholzes belassen.

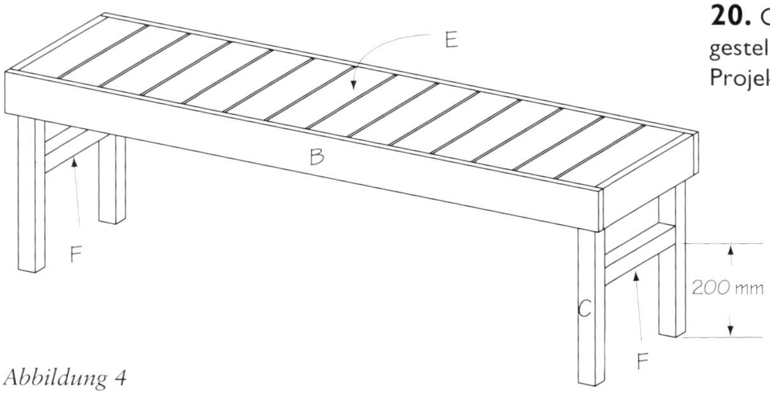

Abbildung 4

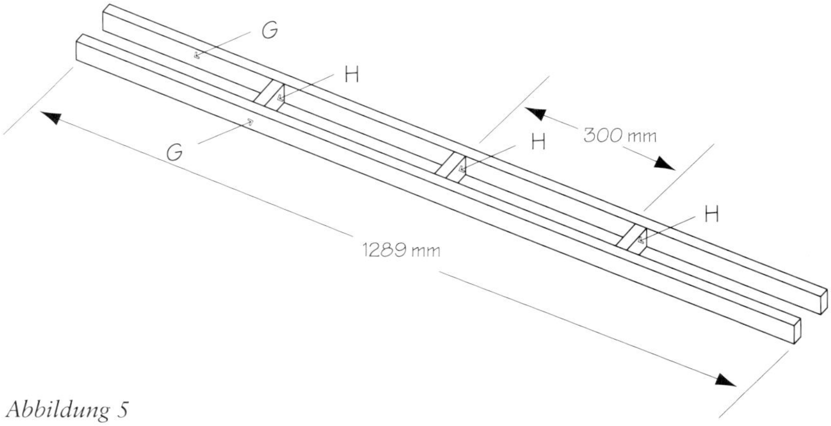

Abbildung 5

Windlichter

Diese Lichter sind schnell gebaut und versorgen Sie mit einer stilvollen Beleuchtung für Abendessen im Garten und sie kosten fast gar nichts. Wir haben unser Paar weiß gestrichen und ein Efeumuster aufgestempelt. Kombinieren Sie sie mit Ihren Lieblingskerzen, und sie werden warmes Licht und Atmosphäre auf Ihrer Tafel im Garten verbreiten.

Materialbedarf

Anmerkung: Das folgende Material reicht für die Herstellung eines Windlichts. Verdoppeln Sie einfach die Mengen, wenn Sie zwei davon bauen wollen.

1,50 lfm 18 x 95 mm Fichte
0,50 lfm 18 x 145 mm Fichte
Glasschirm für Windlichter
Grundierfarbe
Farbe für den Motivhintergrund
Farbe für das Motiv
Pinsel
Stempel mit einem Motiv Ihrer Wahl
Wasserfester Klarlack

Befestigungsmaterial

20 Nägel 30 mm

Zuschnitt-Liste

Teil	*Beschreibung*	*Stück*	*Material*	*Abmessungen*
A	Seitenteil	4	18 x 95 mm Fichte	300 mm lang
B	Ober-/Unterteil	2	18 x 145 mm Fichte	140 mm lang
C	Kerzenhalter	1	18 x 95 mm	50 mm lang

Bau des Lampe

1. Schneiden Sie vier Seitenteile A aus 18 x 95 mm Fichte auf je 300 mm Länge zu.

2. Setzen Sie die vier Seitenteile A zusammen, wobei jedes das nächste überlappt, wie in Abbildung 1 gezeigt. Wenn die vier Seitenteile A in der richtigen Position sind, mißt jede Seitenkante des Ständers 113 mm. Geben Sie Leim auf die Kontaktflächen und nageln Sie alle vier Seitenteile A über ihre gesamte Länge zusammen. Verwenden Sie 30 mm lange Nägel in einem Abstand von jeweils ungefähr 100 mm.

3. Schneiden Sie zwei Ober-/Unterteile B aus 18 x 95 mm Fichte auf je 140 mm Länge zu.

4. Schieben Sie das Unterteil B mittig über die Ständerkonstruktion aus den Seitenteilen A. Nageln Sie durch das Unterteil B hindurch in die Seitenteile A.

5. Schneiden Sie einen Kerzenhalter C aus 18 x 95 mm Fichte auf ein Quadrat mit 50 mm Seitenkante zu. Bohren Sie ein Loch im Durchmesser einer Kerze (unseres hatte einen Durchmesser von 18 mm) in die Mitte des Quadrats. Schneiden Sie von den Ecken des Quadrats, wie in Abbildung 2 gezeigt, so viel weg, daß der Kerzenhalter in die untere Öffnung des Glasschirms paßt.

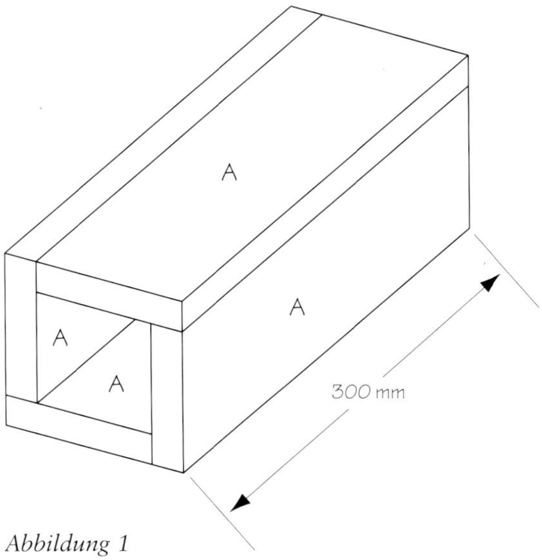

Abbildung 1

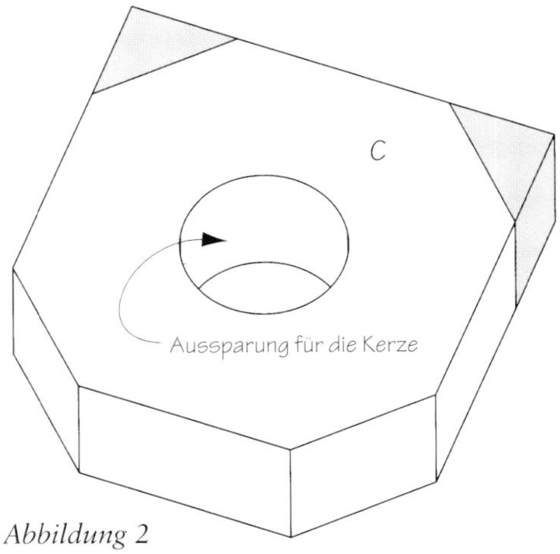

Abbildung 2

6. Schieben Sie den Kerzenhalter C mittig über das Oberteil B. Geben Sie Leim auf die Kontaktflächen und nageln Sie durch den Kerzenhalter C hindurch in das Oberteil B. Verwenden Sie vier 30 mm lange Nägel (einen an jeder Ecke).

7. Stellen Sie die Ständerkonstruktion aufrecht hin. Schieben Sie das Oberteil B mit dem daran befestigten Kerzenhalter C mittig darüber. Nageln Sie durch das Oberteil B in die Seitenteile A.

Oberflächenbehandlung

8. Füllen Sie alle Risse, Spalten und Nagellöcher mit Holzkitt und schleifen Sie sorgfältig alle Oberflächen des fertiggestellten Windlichts.

9. Wir haben unsere Lampen grundiert, weiß gestrichen und dann mit einem Efeumuster gestempelt. In Geschäften für Künstler- oder Bastelbedarf gibt es viele unterschiedliche Arten von Stempeln, so daß es Ihnen möglich sein sollte, ein Efeumotiv wie dieses oder ein anderes Muster, das zu Ihrem Tischdekor paßt, zu finden. Stellen Sie sicher, daß die Farbe für den Stempel sich mit der Farbe für Ihren Motivhintergrund verträgt.

10. Wenn die Farbe getrocknet ist, versiegeln Sie Ihr fertiggestelltes Windlicht, um es vor Witterungseinflüssen zu schützen.

Liege

Diese einfach zu bauende Liege wird eines Ihrer Lieblingsmöbel werden, um ein Nickerchen in der Sonne zu halten oder unter einem schattigen Baum ein gutes Buch zu lesen. Weil es Räder hat, können Sie sie an jeden beliebigen Ort bewegen – sogar an den Strand!

Spezielle Werkzeuge und Techniken

Nuten

Materialbedarf

9,50 lfm	45 x 95 mm Fichte
14,00 lfm	18 x 95 mm Fichte
8,00 lfm	25 x 45 mm Fichte
1,00 lfm	Dübelstab 25 mm

Befestigungsmaterial

72 Schrauben	40 mm
15 Schrauben	80 mm
50 Nägel	30 mm
50 Nägel	40 mm
2 Schloßschrauben	10 x 50 mm mit Unterlegscheiben und Muttern
2 Schloßschrauben	10 x 75 mm mit Unterlegscheiben und Muttern
2 Maschinenbolzen	10 x 100 mm mit Unterlegscheiben und Muttern

2 Räder (für Rasenmäher, Durchmesser ungefähr 180 mm)

Zuschnitt-Liste

Teil	*Beschreibung*	*Stück*	*Material*	*Abmessungen*
A	Bankzarge lang	2	45 x 95 mm Fichte	2095 mm lang
B	Bankzarge kurz	2	45 x 95 mm Fichte	610 mm lang
C	Hinterbein	2	45 x 95 mm Fichte	360 mm lang
D	Vorderbein	2	45 x 95 mm Fichte	310 mm lang
E	Querstrebe Beine	1	45 x 95 mm Fichte	610 mm lang
F	Auflageleiste	2	25 x 45 mm Fichte	1155 mm lang
G	Leiste Sitzfläche	11	18 x 95 mm Fichte	610 mm lang
H	Rasterleiste	1	18 x 95 mm Fichte	480 mm lang
I	Rahmenteil kurz	2	25 x 45 mm Fichte	555 mm lang
J	Rahmenteil lang	2	25 x 45 mm Fichte	830 mm lang
K	Rückensprosse	8	18 x 95 mm Fichte	605 mm lang
L	Rundstab	1	Dübelstab 25 mm	605 mm lang
M	Extender	2	25 x 45 mm Fichte	380 mm lang

Bau des Rahmens

1. Schneiden Sie zwei lange Bankzargen A aus 45 x 95 mm Fichte auf je 2095 mm Länge zu.

2. Schneiden Sie zwei Nuten (Ausklinkungen) quer über die Breite der Bankzargen A, wie in Abbildung 1 gezeigt. Jede Nut ist 95 mm breit und 22 mm tief.

3. Schneiden Sie zwei kurze Bankzargen B aus 45 x 95 mm Fichte auf je 610 mm Länge zu.

4. Stellen Sie die beiden langen Bankzargen A im Abstand von 610 mm parallel zueinander auf eine ebene Fläche. Dabei müssen sich die genuteten Seiten gegenüberliegen. Stellen Sie die beiden kurzen Bankzargen B zwischen die langen Bankzargen A, wie in Abbildung 2 gezeigt. Schrauben Sie durch die langen Bankzargen A hindurch in die Enden der kurzen Bankzargen B, wobei Sie jeweils zwei 80 mm lange Schrauben für jede Verbindung verwenden.

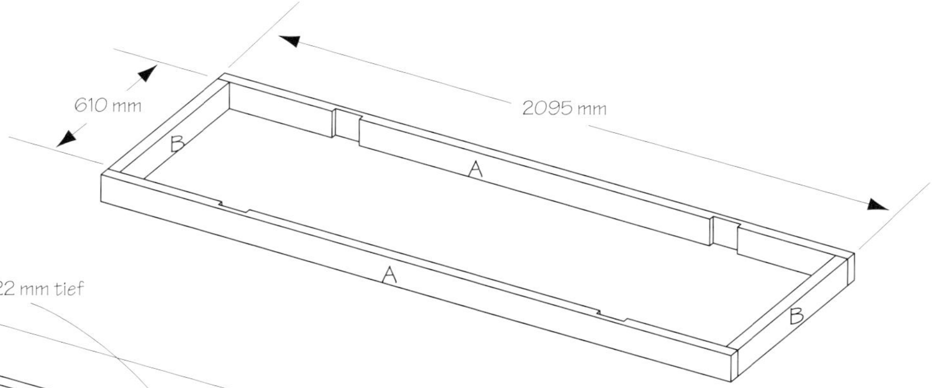

Abbildung 2

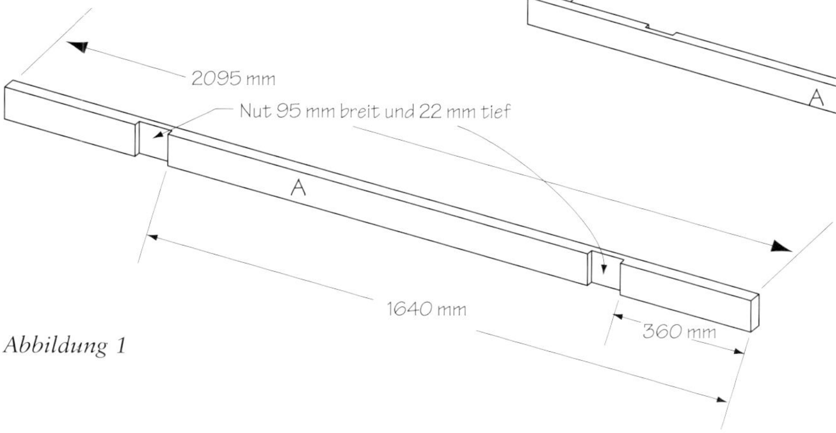

Abbildung 1

Hinzufügen der Beine

5. Schneiden Sie zwei Hinterbeine C aus 45 x 95 mm Fichte auf je 360 mm Länge zu.

6. Klinken Sie ein Ende eines Hinterbeins C auf 95 mm Breite und 23 mm Tiefe aus, wie in Abbildung 3 gezeigt. Dabei bleibt ein Zapfen von 22 mm Stärke stehen, der in die Nut paßt. Wiederholen Sie den Arbeitsschritt, um am anderen Hinterbein C eine Ausklinkung vorzunehmen.

7. Geben Sie Leim auf die Kontaktflächen und passen Sie den Zapfen des einen Hinterbeins C in eine der Nuten der Bankzargen A, wie in Abbildung 4 gezeigt. Schrauben Sie sowohl durch den Zapfen hindurch in die Bankzarge A als auch durch die Bankzarge hindurch in den Zapfen, wobei Sie jeweils zwei 40 mm lange Schrauben für jede Seite der Verbindung verwenden. Wiederholen Sie den Arbeitsschritt, um das andere Hinterbein C an der gegenüberliegenden Bankzarge A zu befestigen.

8. Schneiden Sie zwei Vorderbeine D aus 45 x 95 mm Fichte auf je 310 mm Länge zu.

9. Klinken Sie ein Ende eines Vorderbeins D auf 95 mm Breite und 23 mm Tiefe aus, wie in Abbildung 5 gezeigt.

10. Bohren Sie ein 10 mm großes Loch in das gegenüberliegende Ende des Vorderbeins D. Das Loch sollte mittig in der breiten Seitenfläche des Vorderbeins D sitzen und vom Ende 40 mm entfernt sein.

11. Wiederholen Sie Schritt 9 und 10, um am anderen Vorderbein D eine Ausklinkung vorzunehmen und ein Loch für den Bolzen zu bohren.

12. Geben Sie Leim auf die Kontaktflächen und passen Sie den Zapfen des einen Vorderbeins D in eine der restlichen Nuten der Bankzargen A ein, wie in Abbildung 4 gezeigt. Schrauben Sie sowohl durch den Zapfen hindurch in die Bankzarge A als auch durch die Bankzarge in den Zapfen, wobei Sie jeweils zwei 40 mm lange Schrauben für jede Seite der Verbindung verwenden. Wiederholen Sie den Arbeitsschritt, um das andere Vorderbein D zu befestigen.

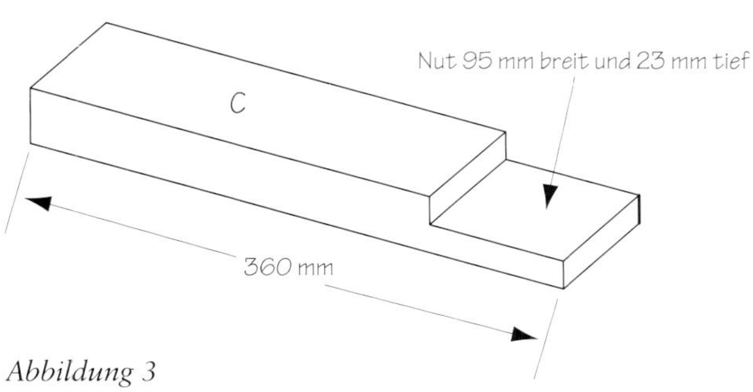

Abbildung 3

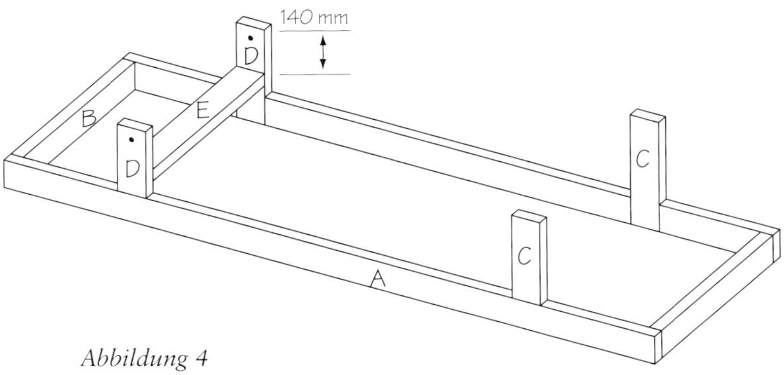

Abbildung 4

13. Schneiden Sie eine Querstrebe E für die Vorderbeine D aus 45 x 95 mm Fichte auf 610 mm Länge zu.

14. Passen Sie 140 mm von der Standfläche des Beins entfernt die Querstrebe E zwischen den beiden Vorderbeinen D ein, wie in Abbildung 4 auf Seite 123 gezeigt. Schrauben Sie durch die Vorderbeine D hindurch in die Enden der Querstrebe E, wobei Sie jeweils zwei 80 mm lange Schrauben für jede Verbindung verwenden.

Hinzufügen der Auflageleisten

15. Die Liegefläche besteht aus zwei Teilen: dem Hinter- oder Fußteil, das starr ist; und dem Kopf- und Rückenteil, das verstellbar ist. Das Fußteil besteht aus Leisten, die auf Auflageleisten aufliegen. Schneiden Sie zwei Auflageleisten F aus 25 x 45 mm Fichte auf je 1155 mm Länge zu.

16. Geben Sie Leim auf die Kontaktflächen und befestigen Sie eine Auflageleiste F 18 mm unterhalb der Oberkante der langen Bankzargen A, wie in Abbildung 6 gezeigt. Schrauben Sie durch die Auflageleiste F hindurch in die lange Bankzarge A, wobei Sie 40 mm lange Schrauben in einem Abstand von jeweils 100 bis 125 mm setzen. Wiederholen Sie diesen Arbeitsschritt, um die andere Auflageleiste F an der gegenüberliegenden Bankzarge A zu befestigen.

Hinzufügen der Leisten für die Sitzfläche

17. Schneiden Sie 11 Leisten G aus 18 x 95 mm Fichte auf je 610 mm Länge zu.

18. Befestigen Sie eine Leiste G auf den Auflageleisten F, und zwar 10 mm von der kurzen Bankzarge B entfernt, wie in Abbildung 7 gezeigt. Nageln Sie durch die Leisten G hindurch in die Auflageleisten F. Verwenden Sie jeweils zwei 30 mm lange Nägel für jede Verbindung.

19. Wiederholen Sie diesen Arbeitsschritt, um die übrigen 10 Leisten G auf der Oberkante der Auflageleisten F zu befestigen, und lassen Sie jeweils einen Abstand von 10 mm zur vorherigen Leiste.

Bau der Rasterleisten

20. Der Neigungswinkel des Kopf-und-Rücken-Teils kann verstellt werden, indem man eine hölzerne Stange in eine Vielzahl von Schlitzen in den Rasterleisten einrasten läßt. Schneiden Sie ein Rasterleisten-Doppel H aus 18 x 95 mm Fichte auf 480 mm Länge zu.

21. Bohren Sie sechs 25 mm große Löcher mit einem Abstand von 50 mm (zwischen den Lochrändern) zueinander in das Rasterleisten-Doppel H, wobei Sie 40 mm vom einen Ende entfernt beginnen, wie in Abbildung 8 gezeigt. Diese Löcher müssen genau mittig auf der Trennlinie angebracht werden.

22. Schneiden Sie das Rasterleisten-Doppel H in zwei Hälften, und zwar entlang der in Abbildung 8 gezeigten Trennlinie, wobei Sie jeweils durch das Zentrum aller sechs Löcher sägen. Die so entstandenen Hälften stellen nun die Einrast-Vertiefungen für die Verstellung des Kopf-und-Rücken-Teils dar.

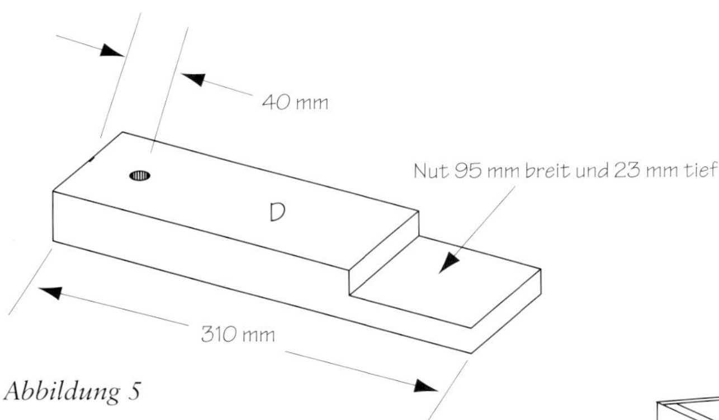

Abbildung 5

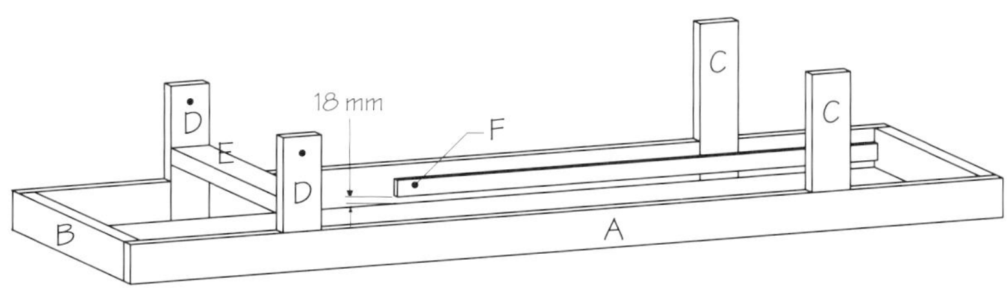

Abbildung 6

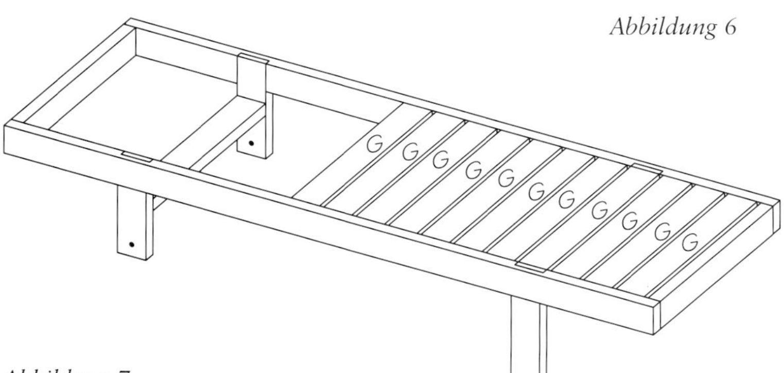

Abbildung 7

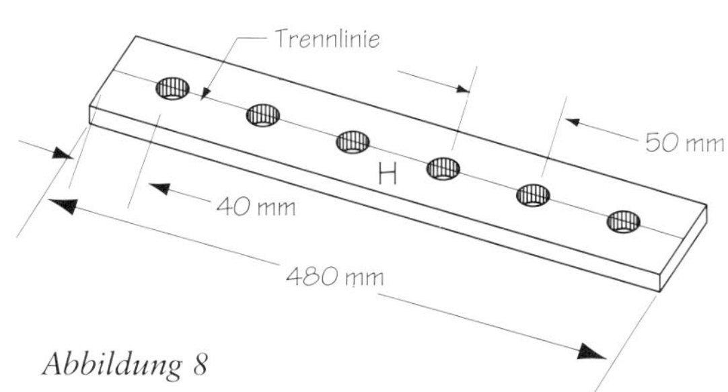

Abbildung 8

23. Befestigen Sie die eine Hälfte (mit den Löchern nach oben) 57 mm von der Unterkante der langen Bankzarge A und 40 mm von der kurzen Bankzarge B am Kopfteil entfernt, wie in Abbildung 9 gezeigt. Beachten Sie, daß die Unterkante der Rasterleiste über die Unterkante der Bankzarge A hinausragt. Geben Sie Leim auf die Kontaktflächen und verwenden Sie gleichmäßig verteilte 40 mm lange Schrauben, um die Rasterleiste H an der Bankzarge A zu befestigen. Wiederholen Sie diesen Arbeitsschritt, um die andere Rasterleiste H an der gegenüberliegenden Bankzarge A zu befestigen.

Bau der Rückenlehne

24. Schneiden Sie zwei kurze Rahmenteile I aus 25 x 45 mm Fichte auf je 555 mm Länge zu.
25. Schneiden Sie zwei lange Rahmenteile J aus 25 x 45 mm Fichte auf je 830 mm Länge zu.
26. Messen Sie jeweils 345 mm vom Ende der langen Rahmenteile J ab und markieren Sie die Mitte der breiten Fläche. Bohren Sie dort ein 20 mm großes und 7 mm tiefes Senkloch. Dann bohren Sie ein 10 mm großes Loch ganz durch das lange Rahmenteil J hindurch, wie in Abbildung 10 gezeigt.
27. Stellen Sie die beiden langen Rahmenteile J in einem Abstand von 555 mm zueinander parallel auf eine ebenen Fläche. Passen Sie die beiden kurzen Rahmenteile I zwischen die beiden langen Rahmenteile J ein, wie in Abbildung 10 gezeigt. Nageln Sie durch die langen Rahmenteile J hindurch in die Enden der kurzen Rahmenteile I, wobei Sie jeweils zwei 40 mm lange Nägel für jede Verbindung verwenden.
28. Schneiden Sie acht Rückensprossen K aus 18 x 95 mm Fichte auf je 605 mm Länge zu.
29. Schieben Sie mit einem Abstand von 10 mm zueinander die Rückensprossen K über die Rahmenkonstruktion, in der gleichen Art und Weise, wie Sie das schon bei der Befestigung der 11 Leisten G für die Sitzfläche getan haben. Nageln Sie durch die Enden der Rückensprossen K hindurch in die Oberkanten der beiden langen Rahmenteile. Verwenden Sie jeweils zwei 40 mm lange Nägel für jede Verbindung.

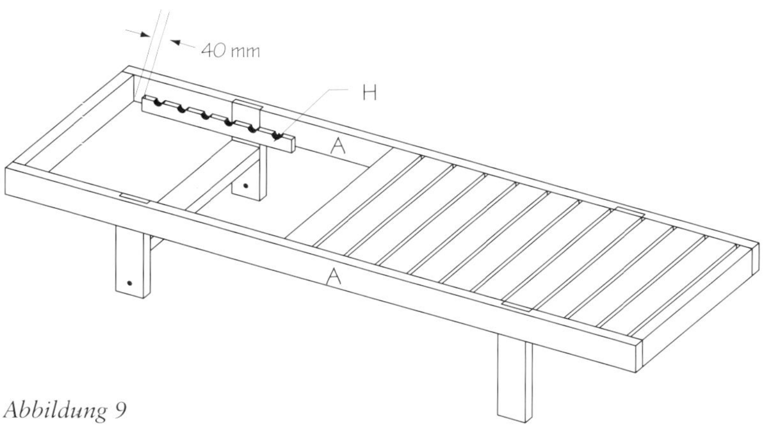

Abbildung 9

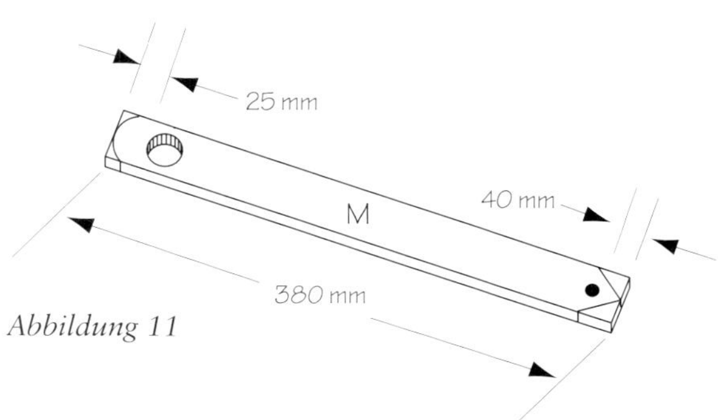

Abbildung 11

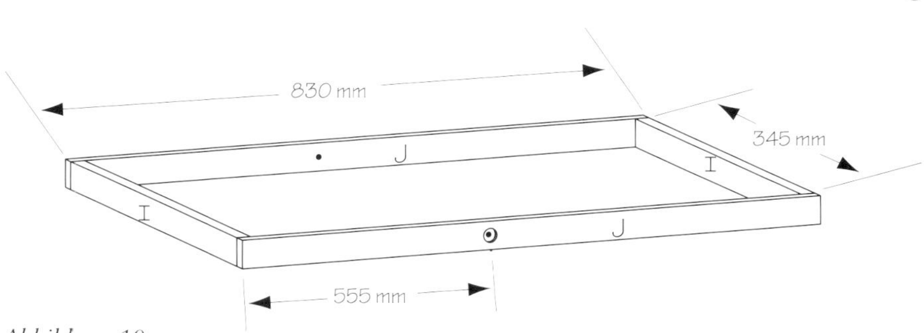

Abbildung 10

Bau der Verstelleinrichtung

30. Schneiden Sie einen Rundstab L aus einem 25 mm starken Dübelstab auf 605 mm Länge zu.

31. Schneiden Sie zwei Extender M aus 25 x 45 mm Fichte auf je 380 mm Länge zu.

32. Bohren Sie jeweils ein 25 mm großes Loch durch das eine Ende des Extenders M, wie in Abbildung 11 auf Seite 125 gezeigt. Dann runden Sie jeweils das Ende des Extenders entsprechend dem Radius der gerade gebohrten Löcher ab.

33. Formen Sie jeweils das gegenüberliegende Ende des Extenders M, indem Sie beide Ecken abschneiden, und bohren Sie ein 10 mm großes Loch in dasselbe Ende, wie in Abbildung 11 gezeigt.

34. Schieben Sie den Rundstab L durch die gerade gebohrten und 25 mm großen Löcher in beide Extender M. Stellen Sie sicher, daß die Extender bündig mit den Enden des Rundstabs abschließen. Dann nageln Sie durch jeden Extender hindurch in den Rundstab, wobei Sie jeweils einen 40 mm langen Nagel verwenden.

35. Schieben Sie die Extender so zwischen die Rahmenkonstruktion der Rückenlehne, daß die Löcher aufeinanderliegen. Sichern Sie sie, indem Sie jeweils eine 50 mm lange Schloßschraube durch die Rahmenkonstruktion des Rückenteils hindurch durch das Loch im Extender M schieben. Stecken Sie eine Unterlegscheibe und eine Mutter auf und ziehen Sie diese fest an.

36. Die fertige Liege besteht aus dem Kopf-und-Rücken-Teil, das höher- und tiefergestellt werden kann, und dem starren Leistenrahmen mit den Beinen. Ein Loch muß durch den Zargenrahmen und die Lehnenkonstruktion gebohrt werden, um die Schloßschraube aufzunehmen, die es ermöglicht, daß die Lehne höher und tiefer gestellt werden kann.

Um die Lehnenkonstruktion in die Liegenkonstruktion einzufügen, legen Sie die Liegenkonstruktion aufrecht umgedreht auf eine ebene Fläche. Halten Sie die Lehnenkonstruktion umgedreht und passen Sie sie unterhalb der Querstrebe E für die Vorderbeine zwischen die beiden langen Bankzargen A so ein, daß die Rückensprossen K auf der Arbeitsfläche ruhen, wie in Abbildung 12 gezeigt. Zwingen Sie die langen Rahmenteile J der Lehnenkonstruktion fest an die langen Bankzargen A, um sie sicher in ihrer Lage zu halten, während Sie die Löcher bohren.
Messen Sie 850 mm vom Kopfteil der Liege auf den langen Bankzargen A ab und bohren Sie jeweils ein Loch durch beide Bankzargen A und durch die langen Rahmenteile J der Lehnenkonstruktion, das groß genug ist, um eine 75 mm lange Schloßschraube aufzunehmen. Führen Sie die Schloßschraube jeweils in die lange Bankzarge A und das lange Rahmenteil J ein. Stecken Sie eine Unterlegscheibe und eine Mutter auf und ziehen Sie diese fest.

Endbehandlung

37. Schieben Sie eine Unterlegscheibe über einen 100 mm langen Bolzen. Dann schieben Sie den Bolzen durch ein Rad und weiter durch das im Vorderbein D gebohrte Loch. Stecken Sie eine Unterlegscheibe und eine Mutter auf und ziehen Sie diese fest. Wiederholen Sie diesen Arbeitsschritt, um das andere Rad am gegenüberliegenden Vorderbein D zu befestigen.

38. Schleifen Sie sorgfältig die fertiggestellte Liege.

39. Wir wollten ein möglichst natürliches Aussehen für unsere Liege und haben deswegen nicht einmal die Löcher zugekittet. Falls Sie jedoch die Oberfläche Ihrer Liege behandeln wollen, füllen Sie einfach alle Schraubenlöcher und Risse mit Holzkitt und schleifen noch einmal darüber. Sie können die Liege im natürlichen Holzton belassen oder sie in jeder gewünschten Farbe beizen oder streichen.

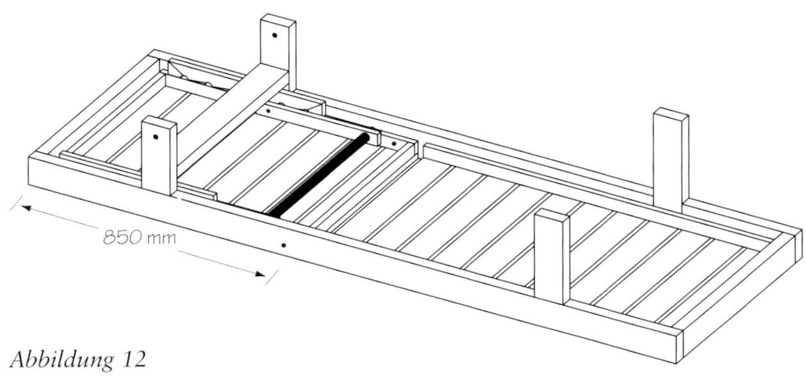

Abbildung 12

Danksagung

Wir erwähnen dankbar die Unterstützung von vielen Menschen, die an der erfolgreichen Produktion dieses Buches beteiligt waren. Vielen Dank an:

- Evan Bracken (Light Reflektions, Hendersonville, NC), der es wieder einmal zustande brachte, in nur vier Tagen alle Projekte zu fotografieren. Danke für dein Talent und deine Geduld!
- Deborah Morgenthal (Lark Books, Ashville, NC), der Herausgeberin, deren Sachkenntnis, Geduld und Freundlichkeit uns während der Arbeit an diesem Buch begleitete.
- Kathy Holmes (Lark Books, Asheville, NC), unserer Grafikerin, für die schöne und leserfreundliche Gestaltung dieses Buches.
- Thomas Stender (Chicago, IL) für die Umsetzung meiner Skizzen in professionelle Illustrationen und für das Aufspüren von Fehlern.
- die folgenden Personen, die uns mit Fotografien ausgeholfen und uns in ihren Garten und in ihre Privatsphäre gelassen haben:
  Jack Bergbom, Jessica Diehl, Debbie und Maurice Droulers, Charlene Foy, Phil Goldman, Patti Kertz, Benny und Becky Parrish, Carrie und Marty Shindler und Phil Winkelspecht.

Danke, daß ihr euren Scharfsinn und eure Zeit zur Verfügung gestellt habt, damit dieses Buch besser wird!

Register

CALLWEY

Die Bücher.

Heidi Howcroft
Bauen mit Holz im Garten
160 Seiten, 247 Abbildungen, 57 Strichzeichnungen. Gebunden.

Ob Pergola, Zaun oder Sommerhaus – dieses Buch steckt voller kreativer Gestaltungsideen und zeigt, wie vielseitig verwendbar der Baustoff Holz ist. Detaillierte Anleitungen erläutern die Bau-Geheimnisse. Über 150 Beispiele, die den Umgang mit Holz im Freien in einem ganz neuen Licht zeigen.

Wer sehnt sich nicht nach einem geschützten Plätzchen im Garten? Zita Bauch-Troschke präsentiert eine Fülle von Gestaltungsvorschlägen für die Begrünung von Lauben und Pergolen, Pavillons und Gartenhäusern. Ein Ratgeber mit fachkundigen Informationen und traumhaft schönen Beispielen.

Zita Bauch-Troschke
Begrünte Wände, Lauben und Pergolen
128 Seiten, 124 Abbildungen, 32 Zeichnungen. Gebunden.

CALLWEY VERLAG
MÜNCHEN